高等学校教师教育创新培养模式"十三五"规划教材

现代教育技术教程

第三版

主　编　雷体南　汪家宝
副主编　李新平　汪学均　郝　峰　倪　浩
参　编　杨世军　彭文秀　高凤芬　江　佩　刘瑞子　何伟康　吴振涛

华中科技大学出版社
http://www.hustp.com
中国·武汉

内 容 提 要

本书由七章构成:第一章教育信息化与现代教育技术,对教育信息化和现代教育技术的相关概念以及现代教育技术的研究范畴、应用发展趋势进行了介绍;第二章教师信息技术应用能力要求与教师专业化发展,对教师专业化发展的相关概念以及信息时代教师信息技术应用能力要求、现代教育技术促进教师专业发展等内容进行了介绍;第三章信息化教学环境,对信息化教学环境的相关概念以及多媒体教室、多媒体网络教室、电子书包教学系统、智慧校园、智慧教室、网络互动学习平台等信息化教学环境的基本结构和教学功能进行了介绍;第四章信息化教学过程设计,对信息化教学设计的相关概念、过程以及信息化教学设计方案的编写方法进行了介绍;第五章信息化教学模式与学习方式,对信息化教学模式和信息化学习方式的相关概念、基于问题的探究式教学模式和任务驱动式教学模式的内涵与结构、电子白板和电子书包的教学应用模式以及几种常见的信息化学习方式进行了介绍;第六章信息化教学资源的设计,对信息化教学资源的相关概念以及多媒体课件的设计与开发过程进行了介绍;第七章信息化教学资源开发,对多媒体素材处理与集成的工具以及多媒体课件、电视教材、微课的设计与制作方法进行了介绍。

本书既可作为高等院校师范生现代教育技术公共课的教材,也可作为教育硕士现代教育技术公共课以及各级各类学校在职教师现代教育技术培训的教材。

图书在版编目(CIP)数据

现代教育技术教程/雷体南,汪家宝主编.—3版.—武汉:华中科技大学出版社,2016.4(2022.7重印)
ISBN 978-7-5680-1615-5

Ⅰ.①现… Ⅱ.①雷… ②汪… Ⅲ.①教育技术学-教材 Ⅳ.①G40-057

中国版本图书馆CIP数据核字(2016)第052190号

现代教育技术教程(第三版) 　　　　　　　　　　　　　　雷体南　汪家宝　主编
Xiandai Jiaoyu Jishu Jiaocheng

策划编辑:曾　光
责任编辑:史永霞
封面设计:孢　子
责任监印:朱　玢
出版发行:华中科技大学出版社(中国·武汉)　　　电话:(027)81321913
　　　　　武汉市东湖新技术开发区华工科技园　　　邮编:430223
录　　排:华中科技大学惠友文印中心
印　　刷:武汉邮科印务有限公司
开　　本:787mm×1092mm　1/16
印　　张:17
字　　数:445千字
版　　次:2022年7月第3版第5次印刷
定　　价:36.00元

本书若有印装质量问题,请向出版社营销中心调换
全国免费服务热线:400-6679-118　竭诚为您服务
版权所有　侵权必究

总序

教师兴则教育兴,教师强则教育强。当今世界,大力加强教师队伍建设,创新教师教育培养模式,提高教师专业化水平,是世界各国教育改革与发展的一个共同目标。我国颁布的《国家中长期教育改革和发展规划纲要(2010—2020年)》提出,"教育大计,教师为本。""有好的教师,才有好的教育。""加强教师教育,构建以师范院校为主体、综合大学参与、开放灵活的教师教育体系。深化教师教育改革,创新培养模式,增强实习实践环节,强化师德修养和教学能力训练,提高教师培养质量。"

教材建设与开发是创新教师教育培养模式、促进教师专业化发展的一个重要手段,也是深化教师教育改革、提高教师培养质量的一项重要举措。2009年6月,教育部启动实施"教师教育创新平台项目计划",明确提出要努力创新教师培养模式,加强教师教育学科群建设,深化学科专业、课程教学改革。在这种背景下,我们组织一批教学经验丰富、研究成果突出的高校专业教师,根据教师教育创新培养模式以及教师专业化发展的新形势、新目标和新任务,以华中科技大学出版社为平台,编写了"高等学校教师教育创新培养模式'十二五'规划教材",包括《教育学教程》、《心理学教程》、《现代教育技术教程》、《课程与教学论教程》、《中国教育史教程》、《外国教育史教程》、《教师伦理学教程》、《学与教的心理学》、《学校心理咨询与辅导》、《公关心理学》、《班主任工作艺术》、《多媒体课件设计与制作》、《教育科研技能训练》、《教师教学技能训练》、《教师语言艺术训练》和《人格心理学——理论·方法·案例》共16本。

通过教材建设与开发创新教师教育培养模式,探索教师专业化成长之路,是一种新的尝试,也是一项比较复杂的系统工程。本系列规划教材的编写,以《国家中长期教育改革和发展规划纲要(2010—2020年)》精神为指导,在坚持教材编写的科学性、创新性、系统性、规范性等基本原则的基础上,力图从以下三个方面进行有益的探索。

(1) 在传承教育学专业基础知识的基础上,突出教师教育教材编写的实践取向。教师教育教材体系的变革,是当前创新教师教育培养模式的一个重要课题。教师教育教材的编写,既要体现系统、严密、扎实的教育理论知识,又要突出丰富、生动、具体的教育实践情境;既要注重将抽象的理论知识引入鲜活的实践领域,又要注意将日常实践经验导向富有魅力的理论阐释。其重点和难点在于达成理论与实践两方面的动态平衡和相互转化,并始终专注于教材的现实取向和实践立场,以克服理论脱离实际、知识与能力相分离、所学非所用等方面的流弊。本系列规划教材的编写,力求在简明介绍、评述相关理论知识及其背景的基础上,凸显教材的实践取向和实用价值。如《班主任工作艺术》、《多媒体课件设计与制作》、《教育科研技能训练》、《教师教学技能训练》、《教师语言艺术训练》等教材,都充分体现了这种取向。

(2) 在坚持教材编写为教师服务的基础上,突出教材编写的学习者取向。任何教材的编写,既要考虑教师"教"的需要,又要考虑学习者"学"的需要,好教材通常是教师"好教",学生

"好学",教学一致,师生相长。本系列规划教材的编写,力求在为从事教师教育的专业教师提供优质的课程与教学设计的基础上,坚持"以学习者为主,为学习服务"的基本原则。基于创新教师教育模式所要达成的目标,教师的"教"需要满足学生的"学","教材"需要趋向于"学材"。尽管许多教材名曰"教程",但我们更倾向于将它转化为"学程",追求"教程"与"学程"的有机统一。同时,在教材的编写过程中注重学习资源与问题情境相结合、文字表述与图表呈现相结合、文本学习与思想交流相结合、知识掌握与能力训练相结合。

(3) 在坚持教材编写的普适性、通用性原则的基础上,突出教材编写的区域性特色。湖北是我国的教育大省,湖北教育尤其是教师教育在中部地区具有重要的比较优势与特色。未来10年湖北将努力从教育大省迈进教育强省,而教师教育必将是湖北省基础教育改革与发展的一项重点工作。本系列规划教材的编写者以湖北省属高校专业教师为主,旨在充分利用湖北省丰富的高校教师教育方面的教学和研究资源,以及广大中小学校教育教学改革的先进经验,凸显教师教育教材编写的区域特色和比较优势。同时,也注意充分吸收其他地区教师教育的理论和实践成果。

本系列规划教材的编写,是一次较大规模的集体劳动的成果。湖北大学、江汉大学、长江大学、三峡大学、湖北师范学院、湖北第二师范学院、湖北民族学院、黄冈师范学院、孝感学院、咸宁学院、襄樊学院、荆楚理工学院、郧阳师范高等专科学校等10余所院校的百余名专业教师的热诚加盟,华中科技大学出版社领导和各位编辑的大力支持,各位同仁的精诚团结与通力合作,使本系列规划教材的编写得以顺利进行。编委会同仁深知编写系列规划教材是一件非常不易的大事,有的教材或许存在某些问题、差错,欢迎广大读者及时指出,以便修订时完善。

本系列规划教材适用于高等师范院校学生和综合性大学师范专业学生学习,同时可作为在职教师培训教材和专业教师教学参考用书。

靖国平
2010 年 11 月 30 日

第三版前言

21世纪,人类社会已进入信息时代,在信息化社会的现代教育中,以多媒体和网络技术为核心的现代教育技术的迅速发展,不仅使传统的教育观念、教育方法和教学组织形式发生了巨大的变革,还对教师的专业能力发展和知识结构更新提出了新的要求。为了应对这一挑战,教育部于2004年12月25日颁布了《中小学教师教育技术能力标准(试行)》(以下简称《标准》),《标准》从"意识与态度""知识与技能""应用与创新"及"社会责任"四个方面对中小学教师教育技术能力的培养提出了具体要求。本书以《标准》为编写依据,于2009年出版了第一版,并于2012年修订出版了第二版。

近几年,我国教育信息化进入了快速发展期。2010年,《国家中长期教育改革和发展规划纲要(2010—2020年)》正式发布,明确指出"信息技术对教育发展具有革命性影响",并提出将教育信息化纳入国家信息化发展整体战略。2012年,教育部正式发布了《教育信息化十年发展规划(2011—2020年)》,该规划作为我国教育信息化发展的国家战略,概括提出了我国教育信息化十年内的8项任务和5个行动计划。此后,这8项任务和5个行动计划的重点工程又被概括为"三通两平台"建设。为适应教育信息化的发展要求,全面提升中小学教师信息技术应用能力,促进信息技术与教育教学的深度融合,教育部又于2014年5月27日颁布了《中小学教师信息技术应用能力标准(试行)》(以下简称《能力标准》)。

《能力标准》对中小学教师的信息技术应用能力提出了基本要求和发展性要求,是规范和引领中小学教师在教育教学和专业发展中有效应用信息技术的准则,是各地开展教师信息技术应用能力培养、培训和测评等工作的依据。本书以《能力标准》为依据,根据"三通两平台"的建设要求,在第一版和第二版的基础上进行了修改和完善:修改和增加了现代教育技术的应用发展趋势(虚拟现实、人工智能、云计算、物联网、移动互联网的教育应用趋势)和教师信息技术应用能力要求;修改和增加了录播教室、交互式电子白板、电子书包、智慧校园、智慧教室等信息化教学环境;修改和增加了信息化教学设计、信息化教学模式、翻转课堂、信息化学习方式、微课程的设计与制作等相关内容。本书的目的是帮助学习者了解现代教育技术的相关知识,熟悉信息化教学环境的应用功能和基本操作,掌握信息化教学设计、信息技术与课程整合的基本理论和方法,学习信息化教学资源设计与开发的一般过程,为学习者成为一名合格的教师做好准备。

本书在内容和编排体例上有如下特点。

1. 以《能力标准》为指导。本书在编写过程中,以《中小学教师信息技术应用能力标准(试行)》为指导,结合高等院校师范生的学习特点和当前中小学教师信息技术应用的实际情况,采用"基本知识为主、教学实践为辅、侧重能力培养"的原则组织结构内容,立足于"易学、易懂、易用"的编写策略。

  2. 以信息化教学需要为依据。本书在编写过程中，结合中小学校信息技术应用的实际情况，注重信息化教学新思想、新方法、新环境和新模式在教学中的应用。

  3. 以知行并举为原则。本书在编写过程中，坚持知识学习与能力训练并重的基本原则。本书系统地介绍了学科知识，提供了大量的学习案例，并根据学习内容设计了相应的实践活动，使学习者在学习掌握基本知识的同时，应用信息技术进行教育教学实践的能力也能得到同步发展。

  本书由雷体南主持编写和进行总体设计，雷体南、汪家宝、李新平负责全书的统稿工作。各章编写人员分工为：第一章由杨世军撰写，第二章由汪学均撰写，第三章由郝峰、倪浩撰写，第四章由江佩撰写，第五章由彭文秀、刘瑞子撰写，第六章由吴振涛、何伟康撰写，第七章由李新平、高凤芬撰写。

  本书在编写过程中参考和引用了国内外大量的研究资料和相关文献，吸收了许多国内外专家学者的真知灼见。在此，我们向这些研究成果的作者表示诚挚的谢意。本书的出版得到了华中科技大学出版社的大力支持，在此一并表示衷心的感谢。

  由于信息技术和现代教育技术还在不断发展，与之相关的教育应用研究也在不断深入，以及本书编者的水平有限，书中难免会有一些疏漏及不妥之处，望各位专家及读者提出宝贵意见。

编 者
2015 年 9 月

目 录

第一章 教育信息化与现代教育技术 (1)
第一节 信息技术与教育信息化 (1)
一、信息技术及其对教育的影响 (2)
二、教育信息化与信息化教育 (6)
【拓展阅读】 三通两平台工程 (10)
【实践活动1-1】 浏览教育网站 (12)
第二节 现代教育技术的概念 (13)
一、什么是教育技术 (13)
二、什么是现代教育技术 (17)
三、现代教育技术在教育教学改革中的重要作用 (17)
第三节 现代教育技术的应用和发展趋势 (19)
一、虚拟现实技术的教育应用 (19)
二、人工智能技术的教育应用 (19)
三、云计算的教育应用 (19)
四、物联网的教育应用 (20)
五、移动互联网的教育应用 (21)
【实践活动1-2】 学校现代教育技术发展调查 (21)

第二章 教师信息技术应用能力要求与教师专业化发展 (23)
第一节 教师信息技术应用能力要求 (24)
一、信息时代要求培养学生的学习能力和创新能力 (24)
二、信息时代要求教师角色转换 (25)
三、信息时代教师信息技术应用能力要求 (28)
【阅读材料】 思维导图 (31)
【实践活动2-1】 运用搜索引擎获取学习信息资源 (32)
第二节 应用信息技术促进教师专业化发展 (33)
一、教师专业化发展的内涵 (33)
二、应用信息技术促进教师专业化发展 (34)
【实践活动2-2】 建立自己的博客 (37)

第三章 信息化教学环境 (39)
第一节 信息化教学环境的概念 (40)

一、什么是信息化教学环境……………………………………………………(40)
　　二、信息化教学环境的特点……………………………………………………(41)
第二节　多媒体教学系统…………………………………………………………(42)
　　一、多媒体教室…………………………………………………………………(42)
　　【实践活动 3-1】　多媒体教室设备操作……………………………………(49)
　　二、多媒体网络教室……………………………………………………………(50)
　　三、录播教室……………………………………………………………………(53)
第三节　电子书包教学系统………………………………………………………(55)
　　一、什么是电子书包……………………………………………………………(55)
　　二、电子书包的系统结构………………………………………………………(56)
　　三、电子书包的功能……………………………………………………………(59)
　　【拓展阅读】　智慧校园与智慧教室…………………………………………(62)
第四节　网络互动学习平台………………………………………………………(68)
　　一、什么是网络互动学习平台…………………………………………………(68)
　　二、网络互动学习平台的系统功能……………………………………………(69)
　　【实践活动 3-2】　Moodle 网络互动学习平台体验与创建…………………(71)

第四章　信息化教学过程设计………………………………………………………(73)
第一节　教学设计概述……………………………………………………………(74)
　　一、什么是教学设计……………………………………………………………(74)
　　二、教学设计的层次……………………………………………………………(74)
　　三、教学设计的一般过程………………………………………………………(75)
第二节　信息化教学设计…………………………………………………………(80)
　　一、什么是信息化教学…………………………………………………………(80)
　　二、什么是信息化教学设计……………………………………………………(81)
　　三、信息化教学设计过程模式…………………………………………………(83)
第三节　信息化教学设计方案的编写……………………………………………(99)
　　一、教学设计方案编写格式……………………………………………………(99)
　　二、信息化教学设计案例………………………………………………………(103)
　　【拓展阅读】　走进英特尔未来教育…………………………………………(117)
　　【实践活动 4-1】　信息化教学方案设计……………………………………(118)

第五章　信息化教学模式与学习方式………………………………………………(121)
第一节　信息化教学模式…………………………………………………………(122)
　　一、教学模式概述………………………………………………………………(122)
　　二、信息化教学模式概述………………………………………………………(124)
第二节　基于问题的探究式教学模式及其案例…………………………………(126)
　　一、基于问题的探究式教学模式概述…………………………………………(126)
　　二、基于问题的探究式教学模式结构…………………………………………(128)
　　三、基于问题的探究式教学模式应用案例……………………………………(130)
第三节　任务驱动教学模式及其案例……………………………………………(133)

一、任务驱动教学模式概述……………………………………………（133）
　　二、任务驱动教学模式结构……………………………………………（134）
　　三、任务驱动教学模式应用案例………………………………………（135）
　第四节　电子白板教学应用模式……………………………………………（137）
　　一、电子白板对教学的影响……………………………………………（137）
　　二、电子白板教学应用模式……………………………………………（138）
　　三、电子白板教学模式应用案例………………………………………（140）
　第五节　电子书包教学应用模式……………………………………………（145）
　　一、电子书包对教学的影响……………………………………………（145）
　　二、电子书包教学应用模式……………………………………………（146）
　　三、电子书包教学模式应用案例………………………………………（154）
　第六节　信息化学习方式……………………………………………………（158）
　　一、信息化学习方式概述………………………………………………（158）
　　二、信息化学习方式……………………………………………………（159）
　　三、信息化学习的典型应用——WebQuest……………………………（164）

第六章　信息化教学资源的设计………………………………………………（170）
　第一节　信息化教学资源的概念……………………………………………（170）
　　一、什么是信息化教学资源……………………………………………（170）
　　二、信息化教学资源的类型……………………………………………（171）
　　三、信息化教学资源的特点……………………………………………（172）
　第二节　多媒体课件的设计与开发过程……………………………………（173）
　　一、什么是多媒体和多媒体课件………………………………………（173）
　　二、多媒体课件的设计原则……………………………………………（174）
　　三、多媒体课件的开发过程……………………………………………（176）
　　四、多媒体课件稿本的编写……………………………………………（178）
　　五、多媒体课件稿本设计案例…………………………………………（185）
　　【实践活动6-1】多媒体课件设计………………………………………（191）

第七章　信息化教学资源开发…………………………………………………（193）
　第一节　多媒体素材处理与集成工具………………………………………（194）
　　一、多媒体素材的类型及格式…………………………………………（194）
　　二、多媒体素材的处理工具……………………………………………（195）
　　三、多媒体素材的集成工具……………………………………………（198）
　第二节　多媒体课件的制作…………………………………………………（199）
　　一、PowerPoint制作课件………………………………………………（199）
　　【实践活动7-1】用PowerPoint制作课件………………………………（221）
　　二、Flash制作课件……………………………………………………（223）
　　【实践活动7-2】Flash制作课件………………………………………（235）
　第三节　电视教材的制作……………………………………………………（236）
　　一、什么是电视教材……………………………………………………（236）

二、如何编制电视教材 …………………………………………………………（236）
　　三、认识会声会影 X7 的操作环境与编辑流程 ………………………………（239）
　【实践活动 7-3】　用会声会影编制电子相册 …………………………………（248）
　第四节　微课的设计与制作 ………………………………………………………（249）
　　一、微课概述 ……………………………………………………………………（249）
　　二、微课的开发流程 ……………………………………………………………（250）
　　三、微课的制作方法 ……………………………………………………………（252）
　【实践活动 7-3】　利用录屏软件录制微课 ……………………………………（256）
参考文献 ……………………………………………………………………………（258）

第一章 教育信息化与现代教育技术

 核心概念

信息技术
教育信息化/信息化教育
教育技术/现代教育技术

 学习目标

(1) 掌握信息技术、教育信息化、信息化教育、教育技术和现代教育技术的基本概念。
(2) 明确信息技术对教育的影响,深刻认识现代教育技术在教育教学改革中的重要作用。
(3) 理解教育信息化和信息化教育的区别与联系及信息化教育的最终目的。
(4) 了解现代教育技术的发展趋势,并时刻关注现代教育技术的发展方向和最新研究热点。

 知识概览

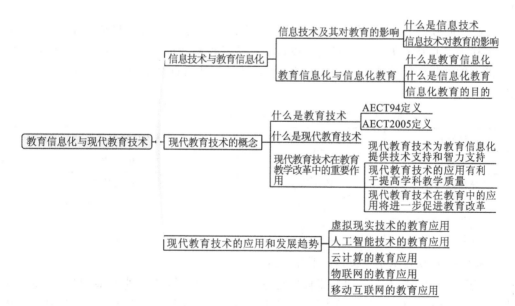

第一节 信息技术与教育信息化

面对世界范围内扑面而来的信息化浪潮,传统的教育系统正面临着严峻的挑战。现代信息技术进入教学,引起了教育系统的一系列巨大变化。这些变化深刻地改变着教育的生态与面貌。以现代信息技术为支撑的现代教育技术在为信息时代的教育变革插上了腾飞翅膀的同时,也迫切需要教师重新审视和摆正自身的角色。

一、信息技术及其对教育的影响

(一) 什么是信息技术

信息技术有很多种不同的定义,如联合国教科文组织(UNESCO)对信息技术的定义:应用在信息加工和处理中的科学、技术与工程的训练方法和管理技巧;上述方法和技巧的应用;计算机及人、机的相互作用;与之相应的社会、经济和文化等诸种事物。我们认为,信息技术是指人类对数据、语言、文字、声音、图画和影像等各种信息进行采集、处理、存储、传输和检索的经验、知识及其手段、工具的总和,即信息技术就是改造信息的技术。

在深入理解信息技术的含义之前,我们必须先弄清楚什么是信息及信息的加工处理究竟包括哪些方面。

信息的本质是什么,至今尚无一个统一的答案。我们认为,信息普遍存在于自然界、人类社会和思维活动之中,包括消息、信号(符号)、数据、资料、情报、新闻和知识等。信息是人们赖以生存和发展的重要资源,它既不是物质,也不是能量,而是当代社会的三大资源(信息与物质资源、能量资源并称为当代社会的三大资源)之一。

信息不经过加工处理是不能为人们所用的,也就是说,不经过加工处理的信息不可能发挥其真正的价值。信息处理主要是指信息的获取、加工处理(组织存储、加工、检索、表达、使用)、传递等一系列过程。因此在某种程度上说,信息技术可被看作是对信息进行加工处理的技术总和。

以前,人们曾把信息技术简单地理解为计算机技术。其实,计算机只是一种处理信息的工具,不能代表信息技术的全部。我们可以将信息技术理解为能够扩展、延伸人类信息器官功能、协助人们进行信息处理的一类技术的总称。表 1-1 从信息技术对人体信息器官的影响上对其基本内容做了界定。

表 1-1 人体信息器官与扩展人体信息器官的技术对照表

人体信息器官名称	人体信息器官功能	用来扩展人体信息器官功能的技术
感觉器官	获取信息	感测技术
传导神经网络	传递信息	通信技术
思维器官	加工和再生信息	计算机技术(智能技术)
效应器官	使用和反馈信息	控制技术

具体来讲,信息技术主要包括以下几方面技术。

(1) 感测与识别技术——感觉器官功能的延长。它包括信息识别、信息提取、信息检测等技术。这类技术的总称是"传感技术"。它几乎可以扩展人类所有感觉器官的传感功能。传感技术、测量技术与通信技术相结合而产生的遥感和遥测技术,使人感知外部世界信息的能力得到进一步的加强。

(2) 信息传递技术——传导神经网络功能的延长。它的作业是实现信息快速、可靠、安全的转移。各种通信技术都属于这个范畴。广播技术也是一种传递信息的技术。由于存储、记录可以看成是从"现在"向"未来"或从"过去"向"现在"传递信息的一种活动,消除和克服人们在时间和空间上的限制,因而也可将它看作是信息传递技术的一种。

(3) 计算机和智能技术——思维器官功能的延长。信息处理包括对信息的编码、压缩和加密等。在对信息进行处理的基础上,还可形成一些新的更深层次的决策信息,这称为信息的"再生"。信息的处理与再生都有赖于现代电子计算机的超凡功能。

(4) 控制技术——效应器官功能的延长。它是信息过程的最后环节,它的作用是根据输入指令对外部事物的运动状态进行干预,即信息施效,包括控制技术、显示技术等。

> 信息技术在生活中的应用十分广泛,已经渗透到机械、医药、通信、教育等生活中的各个方面。
>
> 例1 白领小王买了台吉利汽车,发现:当车前物体或车后物体很近的时候车都会发出"嘀嘀嘀嘀"的报警声;还可以使用钥匙远距离开关车门;当使用汽车的自动速度挡位时,汽车还会自动稳定在设定的速度上行驶。
>
> 例2 据国外媒体报道,2013年全球手机拥有量将超过PC机的总和,苹果和谷歌表示,新的移动设备可以取代电脑。2010年第一季度智能手机销量同比增长了近57%。目前我国有1.16亿手机用户。甚至更多的人利用手机上网看新闻、收发e-mail、进行视频通话等。
>
> 例3 目前有很多人在家上班,成为SOHO(small office home office)一族,人们还可以网上看病、网上购物,甚至利用互联网举行网上会议。
>
> 例4 在很多好莱坞和国产的大片中,计算机特技效果可以以假乱真,令人眼花缭乱,匪夷所思。此外,在网络游戏中人们可以和电脑软件中的虚拟围棋高手对弈。
>
> 例5 激光照排系统与汉字输入技术使"古老的汉字"走上了数字化道路。

(二) 信息技术对教育的影响

信息技术的发展给现代教育带来了发展的动力,为现代教育提供了丰富的信息资源与工具,信息技术的应用已成为现代教育技术的特征之一。因此,认识知识、信息及信息技术在现代教育中的重要性,对教育发展及其前景都有着不可低估的作用。

1. 信息技术对教育内容的影响

信息技术促进教育改革与学习革命,首先就是教育内容的改革与革命。现代技术,尤其是互联网的飞速普及,极大地扩展了学生的知识来源。信息时代的学生,不仅仅从包括家庭、社会、学校在内的本土文化环境及书本中获取知识,而且可通过卫星电视、国际互联网,从跨文化、跨时空的电子信息资源中汲取知识。知识资源的拓展,给学生发展提供了更广阔的天地,也向学校教育提出了新的课题——如何使学生在广阔的电子空间中得到充分的发展,成为信息时代所需要的人才。

第一,信息时代需要有知识的人才。人类知识财富需要代代相传,传授前人积累的知识仍然是学校教育的主要内容之一。信息社会的知识时效性比以往任何时候都强,知识更新的周期比以往任何时候都短。因此,知识的拥有不仅是对前人积累的知识的继承,更重要的是对知识的更新。

第二,信息社会不仅需要会学习的人才,同时还需要具有协作能力的人才。有些人认为,整天与计算机打交道会令人失去情感,失去人际协作能力,由此推断出信息社会中只需要与机器打交道，不需要感情，不需要人际协作的结论。其实不然。计算机网络技术的发展，虽然减少了人际交流的机会，但是并不意味着降低了人际沟通和协作的重要性。如果说工业化中采用机器的结果是以流水线的集体劳作方式代替了个体劳动方式，从而显示人际协作的重要性，那么，信息社会中的远距离交流模式是以网络化的更为精密的系统协调代替了流水线式的协调。团体意识、分工合作观念、相互理解、相互尊重和相互协调等都是信息社会中的人们必须具备的能力与品质。很多企业都更看重具有合作精神的员工，愿意给他们更多的发展机会。

　　第三，信息社会需要身心健康的人才。无论在什么社会，人都必须学会生存。生存的最基本条件就是能够适应环境，因此，最基本的生存能力就是适应环境的能力。信息技术加快了整个社会的活动节奏，只有身心健康的人才能在信息社会中生存与发展。近年来美国、日本等发达国家出现的青少年吸毒率、自杀率、犯罪率上升的现象已经为我们敲响了警钟。可见，技术的高度发达可以提高物质文明水平，而与之相适应的精神文明建设则非技术所能及。教育是塑造人类灵魂的工程，是精神文明建设的主要途径。为社会培养身心健康的人才是教育的时代使命。

2. 信息技术对教学方法的影响

　　建构主义理论提出，知识并不是简单地由教师传递给学生，而是学习过程中学习者在大脑中主动地进行建构而形成的。信息时代的学习环境极大地丰富了学生的知识来源，超文本计算机教学软件和互联网信息系统给学生带来了更多的学习机会。信息技术和与其相伴随的学习环境必然带来教学方法上的革命。在信息时代教与学的方法将产生根本的变革。

　　第一，教师把"讲"变为"导"。曾经有人怀疑信息时代精心设计的多媒体计算机教学软件将会代替教师的角色，其实不然，信息时代教师仍然是一个非常重要的教育角色。但是，教的方法已经有本质上的变革，"教"师应该变为"导"师。工业革命以前，一个人可以通晓百科，一位老师可以包揽从天文地理到人文科技的所有课程，但随着人类知识的积累、丰富，出现了分科教学的学校教育。一个人可以成为物理学家或化学家，而通晓百科的通才已经不可能存在了。信息时代，信息与知识的爆炸性膨胀，使任何一个人都无法避免要不断更新知识，以求跟上时代的步伐。所以，站在讲台上的教师，即使是对着一位十来岁的小学生，也不一定各方面都比学生懂得多。因此，传统课堂教学中，教师的讲课应该变为向导式的引导教学。在介绍了基本的知识以后，教师的主要任务是引导学生进行积极主动的学习与探索活动。只有这样，才能充分发挥学生的潜在能力及丰富的信息资源的作用，达到教学效果的质与量的高水平。

　　第二，学生把"听"变为"学"。在信息时代的教学过程中，学生应该承担更多的责任，具有更强的自主性，因而具有更大的创造性。信息时代，教科书与教师不是仅有的知识来源，学生除了从课堂上学习知识外，更重要的是运用学习的技能，从丰富的学习资源中探索与汲取知识。这种建立在学生兴趣与自觉性上的学习，将会使学生所获得的知识更加深刻。总而言之，信息技术给教育带来了前所未有的改变和挑战，这对于每一个教育工作者来说，新世纪的教育改革任重道远。

3. 信息技术对教师的影响

　　《基础教育课程改革纲要（试行）》指出："大力推进信息技术在教学过程中的普遍应用，促进信息技术与学科课程的整合，逐步实现教学内容的呈现方式、学生的学习方式、教师的教学方式和师生互动方式的变革，充分发挥信息技术的优势，为学生的学习和发展提供丰富多彩的教育环境和有力的学习工具。"这也就对每一位教师实施新课程提出了新的要求，创新地运用信息技术也就成为教师实施新课程建设的重要素养之一。

第一,信息技术扩展了教师的概念。随着计算机软件技术的发展,计算机的智能特征使它成为新一代的电子教师。这就使教师分为两类:一类是在教育中从事教学活动的传统教师;另一类是基于计算机软件的电子教师。尽管目前电子教师还主要是担负着辅助教学的职能,但已经成为对传统教师的有力补充。

第二,信息技术促使教师的基本功和技能技巧的现代化。信息技术使教师这个角色的职能更新更趋向于多元化,对教师教学基本功的要求就更高。除了具有原来的基本功外,还要具有信息技术的基本功,如编写信息化教学教案,设计信息化教学过程,收集、处理各种信息,对信息资源进行及时调控、反馈等。

第三,信息技术改变教师的教学方式。教师的"讲"变为"导","教"师变为"导"师,学生的"听"变成了"学"。

第四,信息技术使教师的角色重新定位。在传统教学中,教师的主要职能是传道、授业、解惑。信息技术使教师的角色发生了重大变化,从"以教师为中心"转变为"以学生为中心",教师变为学习的主导者、启发者、帮助者和促进者,其作用力来自信息技术。从教学规律看,信息技术都采用超文本形式,克服了传统教学知识结构的缺陷,符合现代教育认知规律;从教学模式看,信息技术既可以进行个别化自主学习,又能形成相互协作学习;从教学内容看,信息技术集声、文、图、像于一体,使知识容量大、内容充实、形象,更具吸引力,为学习者创造了一个更大的时空范围;从教学手段看,信息技术强调以计算机为中心的作用,从根本上改变了传统教学中教师、学生、教材的格局,使学校的功能和结构、教与学的功能和结构发生了相应的变化。信息技术使教师的教学观念、思想行为发生巨大变化。信息技术的应用,使教师成为教学活动的设计者、操作者和组织者,教学软件的编制者,从而出现了诸如指导型教师、伙伴型教师、科研型教师、学习型教师等各种类型的教师。

4. 信息技术对学生学习的影响

信息时代的降临使人类的生存方式和学习方式经历着一场历史性的巨大变革,知识和信息总量正以指数级的速度增长,由此带来的是学生学习方式的巨大转变。

第一,信息技术对学生的学习能力提出更高的要求。在信息技术主导的时代里,没有任何一种知识或技能可以成为一个人终身的学识,终身学习已成为每个人所必需的。个人要跟上不断变化的新形势,就必须具备学习能力。也就是说,个体的学习能力已成为一项最基本的生存能力,只有不断地学习才能适应未来社会的不断变化。

第二,信息技术使传统认知工具发生变化。信息技术与学科课程的整合,使得传统的认知工具得到了充实,学生可以利用信息技术作为认知工具进行更有效的学习。认知工具包括以下几个方面(李克东,2001)。一是作为课程学习内容和学习资源的获取工具。获取和占有信息是处理和应用信息的前提,将信息技术作为信息获取工具,是学生发现和获取信息的一种良好途径。二是作为情境探究和发现学习的工具。信息技术与学科课程整合可以根据一定的课程学习内容,利用多媒体和网络开发工具将课程内容以多媒体、超文本、友好交互等方式转化为数字化学习资源,根据教学需要,创设一定的情境,让学生在这些情境中探究和发现。三是作为协作学习和交流的通信工具。在传统的课堂教学中,由于人数、教学内容和课时等因素的限制,协作学习通常无法顺利开展,而信息技术为有效实现协作学习提供了良好的技术基础和支持环境。四是作为自我评测和信息反馈的工具。信息技术可以为学生提供十分高效和准确的学习评测系统,学生可以不断地了解自己的学习情况,发现各种问题,为不断进步打下基础。

第三,信息技术使学生的学习角色发生转变。在网络信息时代,受教育者个体的发展水平,将越来越取决于个体不断利用信息技术进行自我学习和自我教育的能力。信息时代要求培养信息型的人才,而信息型人才带来的则是学生传统角色的转变。传统的"填鸭式"教学使学生学习相对比较被动,而信息时代则要求学生主动地采取多种学习方式进行学习,使传统单一的学习方式多样化,学生变为学习的主体,主动参与到学习活动中,由单纯的被动接受者转变为主动的学习者甚至创造者,通过小组协作学习等方式进行探究学习。

二、教育信息化与信息化教育

(一) 什么是教育信息化

信息化(informationalization)这个概念是同信息产业(information industry)、信息社会(information society)等概念相伴而生的,最早起源于日本。信息化并不是国际上普遍接受的概念,而仅仅在日本、中国和俄罗斯有所使用,其中在中国使用最普遍。"信息化"概念于1967年由日本科学技术和经济研究团体提出,其基本看法是,今后人类社会将是一个以信息产业为主体的信息化社会。信息化被用来描述社会进化过程:在工业社会,有形的物质生产占主导地位,而信息社会的主要特征是无形的信息生产创造价值,并占据主导地位。"信息化"一词就是用来描述上述社会进化过程的。可见,信息化概念从一开始就是从社会经济结构演进的角度提出来的,是与信息革命等紧密相连的概念。

在中文中,"化"是用来表达某种应用及其过程、状态或结果的特定用词。所谓信息化,可以理解为信息的应用或应用的过程、状态或结果。信息化不仅仅表现为信息技术的发展和信息基础设施的建设。从本质上讲,信息化是现代社会生产方式和生活方式由传统模式向以信息为基础的生存模式的转变,这一转变为各社会主体共同分享信息资源、提高劳动生产率和生活质量提供了一个前所未有的生存空间。所以,信息化的精髓在于信息与社会传统的融合与聚变,改变社会生产、社会生活及人自身的思想观念等。

教育信息化是关系到整个教育改革和教育现代化的系统工程,发展教育信息化是使我国现有的教育系统适应信息时代对新一代公民教育的基本要求。教育信息化无论从概念上还是从内涵上来说,都与信息通信技术(ICT)保持着紧密的关系。1993年,在NII报告中就专门列出了教育信息化的目标:"通过信息网络来实现按需教育、远程课堂,并提供最好的教师和教材,以及虚拟的实验环境……以虚拟图书馆、虚拟博物馆、电子报刊、网上游戏、视频点播、交互式电视等手段支撑起学习化社区和方便的生活。"

从一些学术论文的研究来看,教育信息化的概念主要有以下几种。

(1) 教育信息化是指在教育与教学领域的各个方面,在先进的教育思想指导下,积极应用信息技术,深入开发、广泛利用信息资源,培养适应信息社会要求的创新人才,加速实现教育现代化的系统工程。

(2) 教育信息化是指在教育领域全面深入地运用现代化信息技术来促进教育改革和教育发展的过程,其结果必然是形成一种全新的教育形态——信息化教育。

(3) 教育信息化是指在教育中普遍运用现代信息技术,开发教育资源,优化教育过程,以培养和提高学生的信息素养,促进教育现代化的过程。

(4)教育信息化即在教育过程中比较全面地运用以计算机、多媒体、网络等为基础的现代信息技术,促进教育的全面改革,使之进一步适应信息化社会对教育发展提出的各种要求。

上述定义均从不同角度涉及了教育信息化概念的主要内容,如:强调了教育信息化是一个动态的不断发展的过程,界定了教育信息化的领域及范围,突出了教育信息化的原始动力和直接目的——现代信息技术的教育应用,体现了信息资源在教育信息化过程中的核心地位等。

通过对国内已有教育信息化定义的整合,并参照国家信息化定义,我们认为:教育信息化是指在国家及教育部门的统一规划和组织下,在教育系统的各个领域全面深入地应用现代信息技术,促进教育改革和加速实现教育现代化的过程。

从技术上看,教育信息化的基本特点是数字化、网络化、智能化和多媒化。

数字化:从广义上讲,信息技术古已有之,但我们现在所说的信息技术,主要是指以计算机为基础的数字化技术。数字化使得教育技术系统的设备简单、性能可靠和标准统一。

网络化:当今的数字化信息网络做到了"天网"(如数字卫星通信系统、移动数字通信系统)和"地网"(目前以因特网为主)合一。网络化的优点是资源共享、时空不限、多向互动和便于合作。

智能化:人工智能将成为信息化教学系统的核心技术,智能化将使得系统能够做到教学行为人性化、人机通信自然化、繁杂任务代理化。

多媒化:以计算机为基础的多媒体技术使得信息媒体设备一体化、信息表征多元化、真实现象虚拟化。

(二)什么是信息化教育

信息技术以教育信息化的形式促进教育的结果是达到一种新的教育形态——信息化教育。所谓信息化教育,就是在现代教育思想、教育理论的指导下,主要运用现代信息技术来实现开发教育资源,优化教育过程,以培养和提高学生信息素养为重要目标的一种新的教育方式。也就是说,信息化教育是以现代教育理论为指导、以新型教学模式为核心、以现代信息技术为支撑、以丰富的教育资源为基础的教育方式。

教育信息化与信息化教育既有区别又有联系。可以把教育信息化看作一个追求信息化教育的过程。教育信息化比较注重教学环境的建设,为教学提供信息化的物质保证,而信息化教育则比较侧重于对教育教学的研究和支持,重点关注如何将信息技术有效地运用于教育教学之中。

从教育层面看,信息化教育具有以下显著特征。

(1)教材多媒化:教材多媒化就是利用多媒体特别是超媒体技术,建立教学内容的结构化、动态化、形象化表示。随着网络线路带宽的不断提升,现在大多数网上课件都实现了多媒化,它们不但包含文字和图形,还能呈现声音、动画、录像及模拟的三维景象。

(2)资源全球化:利用网络,特别是互联网,可以使全世界的教育资源连成一个信息海洋,供广大教育用户共享。网上的教育资源有许多类型,包括教育网站、电子书刊、虚拟图书馆、虚拟软件库和新闻组等。

(3)教学个性化:利用人工智能技术构建的智能导师系统能够根据学生的不同个性特点和需求进行教学并提供帮助。为了做到这一点,学生个性的测定,特别是认知方式的检测,将成为教育研究的重要课题。

(4)学习自主化:由于以学生为主体的教育思想日益得到认同,故利用信息技术支持自主学习成为必然发展趋向。事实上，超文本/超媒体之类的电子教材已经为自主学习提供了极其便利的条件。

（5）活动合作化：通过合作方式进行学习活动也是当前国际教育的发展方向。信息技术在支持合作学习方面可以起重要作用，其形式包括通过计算机合作（网上合作学习）、在计算机面前合作（如小组作业）和与计算机合作（计算机扮演学生同伴角色）。

（6）管理自动化：利用计算机管理教学过程的系统叫作计算机管理教学（CMI）系统，它包括计算机测试与评分、学习问题诊断、学习任务分配等功能。最近的发展趋势是在网络上建立电子学档，其中包含学生身份信息、活动记录、评价信息、电子作品等。利用电子学档可以支持教学评价的改革，实现面向学习过程的评价。

（7）环境虚拟化：教育环境虚拟化意味着教学活动可以在很大程度上脱离物理空间和时间的限制，这是电子网络化教育的重要特征。目前已经涌现出一系列虚拟化的教育环境，由此带来的必然是虚拟教育。虚拟教育可分为校内模式和校外模式，校内模式是利用局域网开展网上教育，校外模式是指利用广域网进行远程教育。在许多建设了校园网的学校，如果能够充分开发网络的虚拟教育功能，就可以做到虚拟教育与实在教育结合、校内教育与校外教育贯通，这也是未来信息化学校的发展方向。

（8）系统开放化：在网络平台上可以建设一个开放性的教育系统，支持按需学习、弹性学习和终身学习。

（三）信息化教育的目的

信息化教育以素质教育为最高目标，因而信息化教育的目的是培养面向 21 世纪，能够参与国际化竞争的人才和具有创新精神及实践能力的劳动者，提高全民族的综合素质，加速弥合与发达国家之间的"数字鸿沟"。

1．培养学习者的信息素养

信息化教育的首要目标是提高学习者的信息素养。信息素养是指人所具有的对信息进行识别、加工、利用、创新、管理的知识、能力与情意等各方面基本品质的总和。信息素养的内容主要包括信息意识、信息知识、信息能力、信息道德等几个方面。信息化教育应该培养学习者利用信息系统主动获取信息的能力、对信息进行分析和评价的能力、对信息进行处理和运用的能力，以及养成良好的信息伦理道德观念。

2．培养学习者的创新精神与实践能力

信息化教育是以培养人的创新精神和创新能力为基本价值取向的教育。它不同于传统教育的最显著特征是关注人的发展。创新性与主体性密不可分，创新精神是主体性体现的最高层次。没有积极主动的学习，也就谈不上创新精神的培养。因此，信息化教育能充分发挥学生的主体作用，通过学生主动的思考、探索、发现、创造，使他们成为学习的主人。

信息化教育以现代教育技术为支撑，强调信息技术与学科课程教学的有机融合，不是把信息技术仅仅作为辅助教或辅助学的工具，而是强调要把信息技术作为促进学生自主学习的认知工具和情感激励工具，利用信息技术所提供的自主探索、多重交互、合作学习、资源共享等学习环境，把学生的主动性、积极性充分调动起来，使学生的创新思维与实践能力在整合过程中得到有效的锻炼。

信息化教育就是利用现代信息技术手段，通过信息技术与学科课程教学的有效整合来实

现一种理想的学习环境和全新的、能充分体现学生主体作用的学习方式,从而彻底改革传统的教学结构和教育本质,达到培养大批创新人才的目的。

3. 培养学习者的自主学习能力与协作学习能力

联合国教科文组织提出,教育必须培养学习者,使其学会学习与学会合作,以帮助其具备面对未来社会挑战的能力。因而,自主学习能力与协作学习能力的培养也是信息化教育的重要目标之一。

信息化教育让学生真正成为学习的主体,让学生积极能动地参与教学活动,积极主动地进行学习认识和学习实践活动。让学生真正成为教学主体,不仅是指教学的目标是增进学生的主体性,更是指教学过程是随着学习内部矛盾的发展而展开的学生自我教育、自我活动和自我拓潜的过程,是提高学生的主体性、培养学生的自学能力和交往能力、充分拓展学生潜能的过程。

在信息化教育中,现代信息技术的应用改变了学生认识事物的过程,改变了传统的教学模式,能产生由学生控制的非线性的发现式学习环境,更利于学生的自主探索学习,培养学生的自主学习能力。

作为信息化教育的目标之一,协作学习有利于促进学生高级认知能力的发展,有助于学生协作意识、技巧、能力、责任心等方面的素质的培养,因而受到广大教育工作者的普遍关注。但是,在传统的课堂教学中,由于人数、教学内容等种种因素的限制,协作学习能力的培养常常使得教师有心无力。在信息化教育中,现代信息技术尤其是多媒体技术和网络通信技术的应用,为实现协作式学习、培养学习者的合作精神与协作能力提供了良好的技术基础和支持环境,大大地扩大了协作的范围,有效地推动了学习者协作学习能力的培养。

4. 培养学习者的终身学习能力

1965年,联合国教科文组织在《论终身教育的报告》中首次提出终身教育的概念。国际教育委员会的坎德加富尔说:"唯有全面的终身教育才能培养完善的人,我们再也不能刻苦地一劳永逸地获取知识了,而需要终身学习如何去建立一个不断演进的知识体系。"如果没有终身学习的意识和能力,就难以在21世纪生存。建立终身学习体系已经成为21世纪世界教育改革和发展的共同趋势。信息化教育的另一个重要目标就是培养学习者的终身学习能力。

在信息化教育中,以网络技术、多媒体技术及计算机技术为代表的信息技术为终身学习理想的实现提供了一个全新的教育平台,终身教育正在由理念变为现实。信息技术的飞速发展为终身学习提供了新的契机和活力,学习型社会和社会化学习的局面正在形成。信息化教育秉承终身学习的理念,不仅要求教师在课程教学中注重学生终身学习能力的培养,教会他们学习的方法和技能,而且要营造一个宽松、和谐、民主的文化氛围以利于终身学习的进行。同时,教师自身也本着终身学习、教学相长的理念不断充实和寻求自我的可持续发展,给学生身正为范的人格示范,以及学而不厌、诲人不倦的人师精神。在教学过程中,教师要提高信息化教学能力,学生要提高信息化学习能力。

教育信息化是衡量一个国家和地区教育发展水平的重要标志,实现教育现代化、创新教学模式、提高教育质量,迫切需要大力推进教育信息化。2010年7月,国务院发布的《国家中长期教育改革和发展规划纲要(2010—2020年)》中指出:要加快教育信息基础设施建设,到2020年,基本建成覆盖城乡各级各类学校的教育信息化体系,促进教育内容、教学手段和方法现代化;同时,要加强优质教育资源的开发与应用,强化信息技术应用;强调提高教师应用信息技术水平,更新教学观念,改进教学方法,提高教学效果;鼓励学生利用信息手段主动学习、自主学习,增强运用信息技术分析、解决问题的能力。2012年3月,教育部印发《教育信息化十年发展规划(2011—2020年)》,提出了教育信息化的发展目标、发展任务、行动计划和保障措施,进一步为教育信息化的发展指明了方向和前进的道路。

要大力推进"三通两平台"建设,即宽带网络校校通、优质资源班班通、网络学习空间人人通,建设教育管理公共服务平台、教育资源公共服务平台。力争实现四个新突破,即教育信息化基础设施建设新突破、优质数字教育资源共建共享新突破、信息技术与教育教学深度融合新突破、教育信息化科学发展机制新突破。

【拓展阅读】

三通两平台工程

近几年来,我国教育信息化进入快速发展期,《国家中长期教育改革和发展规划纲要(2010—2020年)》将教育信息化单列一章,并列为十大重大项目之一,明确指出"信息技术对教育发展具有革命性影响",提出把教育信息化纳入国家信息化发展整体战略。2012年,教育部正式发布了《教育信息化十年发展规划(2011—2020年)》(以下简称《十年规划》)。《十年规划》是我国教育信息化发展的国家战略,概括提出了我国教育信息化十年内的8项任务和5个行动计划。此后,这8项任务和5个行动计划的重点工程又被概括为"三通两平台"建设。"十二五"期间,以"三通两平台"建设为核心目标的我国教育信息化发展思路已经逐渐明确。

(一)"三通两平台"起源及其内涵分析

2012年3月教育部正式颁布《十年规划》,同年5月28日,杜占元副部长在北京召开的教育信息化试点工作座谈会上指出,教育信息化的核心理念是信息技术与教育教学实践的深度融合,贯彻应用驱动是实现教育信息化的关键思路,当前推进教育信息化的工作重点是三大任务和两个平台,是教育信息化"十二五"核心目标。三大任务:第一是要基本解决各级各类学校宽带网接入与网络学习环境的问题;第二是加强优质资源的建设与共享,每个班级都要用上优质资源,资源应用是关键;第三是建设实名制的网络学习空间环境,努力推动个人自主学习和教学互动。两个平台:一是教育管理公共服务平台;二是教育资源公共服务平台,就是资源云服务平台。这可以概括为"三通工程",即宽带网络校校通、优质资源班班通和网络学习空间人人通。

"三通两平台"的本质是促进信息技术与教育教学的深度融合,通过信息技术的深化应用促进教与学的变革,提高人才培养的质量和效率,最终达到提升我国综合国力的目标。"三通两平台"中"两平台"是基础,是通过信息化建设工作实现的,而"三通"则主要强调应用效果,具体内涵分析如下。

"宽带网络校校通"是以校为本的教育信息化软硬件基础设施建设与应用,当前重点是要从根本上解决各级各类学校的宽带接入问题,初步完成各级各类学校网络条件下基本的教学和学习环境建设。

"优质资源班班通"是以班为本的信息化教育教学应用,要形成丰富的各级各类优质教学资源,并且将这些资源送到每一个班级,在教学、学习过程中得到普遍使用,促进教学模式与教学方法创新。

"网络学习空间人人通"是以人为本的基于信息化环境的教学与学习,当前重点是使每个教师、高校学生、职校学生和初高中学生基本实现每人拥有一个实名的网络学习空间和环境,把技术和教育融合落实到每个教师和学生的日常教学和学习中,促进教学方式与学习方式的变革。

教育资源公共服务平台就是《十年规划》中的教育云资源平台,该平台要为各类教育资源的汇聚与共享提供支撑,为教育资源建设与应用的衔接提供机制与服务,还要为课堂教学、学生自学提供交流与协作服务。

教育管理公共服务平台就是《十年规划》中的教育云管理服务平台,该平台要为各级各类学校提供校务管理服务,为地方各级教育行政部门提供教育基础信息管理和决策支持,为社会公众提供教育公共信息服务。

(二)"三通两平台"体系结构

"三通两平台"中"两平台"是基础,而"三通"则构筑于两平台之上,通过两平台所提供的信息化服务在教育教学中的深化应用,达到"三通"的效果。

体系结构由三层内容组成,最底层为基础设施层,为省级数据中心的建设,目标是为教育资源公共服务平台和教育管理公共服务平台提供基础运行环境。

中间层是运行于省级数据中心的教育资源和管理服务两大平台,这两大平台是"三通"工程中的信息系统层,通过平台中的信息系统,为各级教育行政部门、各级各类学校和教师、学生、家长提供教育资源、教与学的沟通交流、教育管理等服务。

最顶层为应用层,各级教育行政部门、各级各类学校和教师、学生、家长通过对平台所提供服务的深化应用,实现校校通、班班通、人人通,也就是实现信息技术与教育教学深度融合。

(三)"三通两平台"实施模式

"三通两平台"作为"十二五"期间我国教育信息化工作的核心目标与标志工程,是一项相互关联的系统工程,需要各级教育行政部门和各级各类学校协同配合、各司其职,更需要相关企业积极参与。

省级教育行政部门负责建设包含教育管理公共服务和教育资源公共服务的教育云平台;学校组织师生通过教育云平台开展信息化教育教学活动,改革创新教育教学模式,提高教学质量;区县教育行政部门推动学校应用教育云平台开展信息化教育教学活动、信息化校务管理,提供培训、指导与技术支持服务;地方各级教育行政部门还要通过教育云平台开展本级教育服务与监管活动。

实施"三通"工程,还要创新资源建设和配置方式,要探索建立可持续的运营维护机制,充分发挥企业的积极性,倡导用市场化的办法,由专业化的企业或非营利性机构提供服务,由学校或政府购买,形成政府、企业、学校、社会组织优势互补的格局。具体地,可供参考的实施模式建议如下。

1. 省级教育行政部门建设教育云平台

● 自建或租用企业资源建设教育数据中心。

● 建设教育管理公共服务平台,基于云服务模式,为本地区各级教育行政部门和各级各类学校提供管理信息化等业务应用服务。

● 采购成熟的商业软件或企业运营的云服务建立教育资源公共服务平台,为本地区学校和师生提供网络学习空间、教育资源服务、教学交流与协作服务。

● 构建综合的省级教育云门户,将各种资源与服务整合起来,以统一的门户为各类用户提供网络学习空间、教育资源服务、教学互动与交流服务以及教育公共信息服务。

2. 宽带网络校校通

● 采取以政府政策支持为主,大企业参与建设,学校持续使用的机制。

- 学校采用地面互联网、移动互联网、卫星网等多种网络接入方式,实现校校通宽带。

3. 优质资源班班通

- 通过省级教育行政部门建立的教育云平台,采取企业竞争提供、学校自主选择、政府评估准入的机制,支持多种服务模式。
- 公益性资源服务模式:基础性教育资源由政府投资建设或购买,用户无偿使用。
- 导向性资源服务模式:个性化教育资源和部分通用性强的优质商品化教育资源由地方教育行政部门进行认定,以低价或免费的方式为辖区内师生提供服务,根据师生使用情况给资源提供者付费或给资源使用者补贴。
- 商业性资源服务模式:商品化教育资源由教育行政部门评估准入,教育云平台提供服务让消费者能够方便地找到其中意的优质教育资源并消费。通过市场调节,让企业投入建设优质教育资源能够有良好的回报,推动实现优质教育资源建设的良性循环。

4. 网络学习空间人人通

- 通过省级教育行政部门建立的教育云平台,为个人、学校和教育机构、教育行政部门建立各类网络学习空间。
- 个人空间:包括教师空间、学生空间和家长空间等,个人空间建设应以教师空间建设为核心,推动优质资源共建共享,并通过学习任务、学法指导等关键应用带动学生空间建设,通过家校沟通、家长学校等关键应用联通家长空间。
- 机构空间:依托学校、教育机构等开展实体机构空间建设,依托学科协作组、学习圈等凝聚同一学科或共同学习兴趣的成员开展虚拟机构空间建设,推动优质教育资源的聚合和共享,加强学科协作和网络教研。
- 区域空间:以县(区)级以上行政区域为主体开展空间建设,实现区域内个人和机构的信息汇聚,展示区域范围内空间建设成果,实现优质资源推送、智能数据挖掘、活动考核评估、积分汇总与评价激励等功能。
- 网络学习空间建设与运营要充分发挥企业的作用,要探索利用市场化机制推行实名制的网络学习空间。

(四)"三通两平台"网络资源

"三通两平台"官方网站:http://www.edu88.com/。

实践活动 1-1

浏览教育网站

【活动目标】

(1) 了解本专业现有的网络教育资源;
(2) 了解浏览教育网站的具体步骤;
(3) 能够对本专业现有的网络教育资源进行评价,并对不足之处提出相应的对策。

【活动任务】

通过老师提供的链接进入相关网站,在老师的指导下浏览网络教育资源,并组成小组进行网络教育资源的评价。

【活动步骤】

(1) 通过文字资料了解什么是网络教育资源,以及网络教育资源的评价标准是什么;

(2) 单击老师提供的链接进入本专业的网络教育资源网站,浏览各种网络教育资源;

(3) 分小组讨论,对不同的网络教育资源设计进行评价,指出不足之处并给出相应对策。

【活动成果】

各小组采用现场演讲或PPT展示的方式向其他同学讲述本小组的学习结果。

第二节 现代教育技术的概念

21世纪的竞争是经济的竞争,是科学技术的竞争,是综合国力的竞争,但说到底是人才的竞争,是教育的竞争!所以,当务之急是我国教育的现代化,推动教育从"应试教育"向"素质教育"转变!为实现这一目标,教育技术肩负着巨大的历史使命!它是教育信息化、教育现代化和教育改革的必然选择,是提高全民素质的必由之路!

一、什么是教育技术

教育技术是技术的子范畴,教育技术就是人类在教育教学活动过程中所运用的一切物质工具、方法技能和知识经验的综合体,它分为有形(物化形态)技术和无形(观念形态)技术两大类。有形技术主要指在教育教学活动中所运用的物质工具,它往往通过黑板、粉笔等传统教具,或者幻灯、投影仪、电影、视听器材、计算机、网络、卫星等各种教育教学媒体表现出来。无形技术既包括在解决教育教学问题过程中所运用的技巧、策略、方法,又包括其中所蕴含的教学思想、理论等。有形技术是教育技术的依托,无形技术是教育技术的灵魂,这才是教育技术的真正内涵。

(一) AECT94 定义

1994年美国教育传播与技术协会(Association for Educational Communications and Technology,简称AECT)出版了《教学技术:领域的定义和范畴》一书。该书是在美国教育传播与技术协会的主持下,通过美国众多教育技术专家的积极参与,并举行一系列专题学术会议进行研究讨论,历时5年时间,最后由巴巴拉·西尔斯(Barbara B. Seels)和丽塔·里奇(Rita C. Richey)总结成文。所以该书实际是美国教育技术学术界的集体研究成果。书中所给出的教育技术的定义和教育技术的研究领域,不仅反映了当时美国教育技术学术界,而且在很大程度上也反映了当时国际教育技术学术界对教育技术的看法。

1994年美国教育传播与技术协会所发表的教育技术领域定义(简称AECT94定义)的英文全文如下:

Instructional Technology is the theory and practice of design, development, utilization, management and evaluation of processes and resources for learning.

教育技术是为了促进学生的学习,对有关的学习过程与学习资源进行设计、开发、利用、管理和评价的理论和实践。

AECT94定义中的学习是指由经验引起的行为、知识、能力的相对持久变化。影响并促进学习既是教育技术的出发点,又是最终目的和归宿,教育技术所包含的各个部分都要围绕促进学习来进行,这体现了以学习者为中心的思想。

教育技术的研究对象是有关学习过程和学习资源。但这里所说的学习过程(即AECT94

定义所说的学习过程），根据西尔斯和里奇原著中的本意，是指广义的学习过程，既包括无教师参与的学习过程，也包括有教师参与的学习过程。而有教师参与的学习过程通常又称为教学过程。所以，更确切地说，AECT94定义中的学习过程，实际是"学与教"的过程，或者说包括学习过程和教学过程两个方面。过程是指为了达到预定学习效果而采取的一系列操作或活动，是一个包括输入、行为和输出的序列。过程通常是程序化的，但不总是这样。当过程由一系列正式的步骤组成时，它是程序化的；当过程顺序不是很有序时，过程就不一定是程序化的。过程的设计是否合理，取决于我们对学习资源、学习内容、学习者的有机安排。学习资源并非仅指用于教学过程的设备和材料，而是指在学习过程中可被学习者利用的一切要素。学习资源有人力资源和非人力资源之分。人力资源包括教师、同伴、小组、群体等；非人力资源包括各种教学设施、教学材料和教学媒体等。这些学习资源既可以单独使用，也可以组合使用。

用AECT94定义来观察教育技术实践十分方便。首先，教育技术的目的是促进学习。关于学习过程，教育技术改变过去仅以口耳相传的教学方式，将媒体的使用和媒体对信息的传递能力、对学生认知水平的影响及学生的接受效率等因素考虑在内，使教学方法在符合现代教育思想的条件下更充实且更具活力。关于学习资源，教育技术将人、媒体、信息、环境等均看成是帮助和促进学习的可用资源，研究如何使这些资源在学习过程中更好地发挥作用及如何开发更具价值的教学信息资源，这种极具系统论色彩的研究方法使其对问题的探究更深入更彻底。

教育技术的五个范畴，包括设计、开发、利用、管理和评价，它们既是工作过程，也是工作方法，具体含义如图1-2所示。

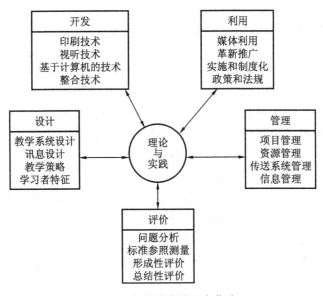

图1-2 教育技术的五个范畴

1. 设计

设计是详细说明学习条件的过程，其目的是生成策略或产品。这里的设计既包括微观层次的设计，又包括宏观层次的设计。微观层次的设计如某一课、某一单元的设计或微观的信息设计，宏观层次的设计如教学系统的设计。

从设计范畴的理论研究和实际探索的落脚点出发，可将设计范畴分为教学系统设计、讯息设计、教学策略和学习者特征四个子领域。其中：教学系统设计是一个包括分析、设计、开发、

第一章 教育信息化与现代教育技术

实施和评价教学等步骤的有组织的过程;讯息设计主要指运用有关心理学原理来设计传递信息与反馈信息的呈现内容、呈现方式及人机交互等,讯息设计常常与媒体和学习任务的性质有关;教学策略是对具体的教学内容、教学活动程序、方法、媒体等因素的总体考虑;学习者特征是指影响学习过程有效性的学习者经验背景的各个方面,包括智力因素、非智力因素,以及文化背景、宗教背景等。

2. 开发

开发是指针对学习资源和学习过程,按照事先设计好的方案予以实施,将其转化为物理形式的过程。技术是开发范畴的驱动力量。从技术发展的历史过程来划分,可将开发范畴分为印刷技术、视听技术、基于计算机的技术和整合技术四个子领域。这种划分并不是简单地对技术进行分类,而是基于一定的理论与设计原则对各种开发技术特征的详细阐释。

印刷技术是主要通过机械或照相印刷过程制作、发送材料(如书和静态视觉材料)的方法,包括文本、图形和照片等形式的呈示和复制,即文本材料和视觉材料的开发,它们在很大程度上依赖于有关人的视知觉、阅读、信息加工过程及学习的理论。视听技术是通过机械或电子设备来制作或发送材料以呈现听觉和视觉信息的方法。视听技术能够根据行为主义和认知心理学的原理开发线性动态的视觉信息。基于计算机的技术是利用基于微处理器和有关教学资源来制作和发送材料的方法。基于计算机的技术通常包括硬件和软件两个方面。随着计算机技术的进一步发展,特别是网络通信、多媒体、数据库、人工智能、专家系统、人机界面技术的进步,基于计算机的教学系统正朝着集成化方向发展,把信息资源、工具、在线帮助、监测系统、情境、教学和管理等功能都综合在一个系统环境中,这种方法就是整合技术。这种技术的特征是学习者可以在各种信息资源中进行高度的交互活动。

3. 利用

利用是通过教与学的过程和资源来促进学习者进行学习活动的过程。利用范畴包括四个子领域:媒体利用、革新推广、实施和制度化、政策和法规。

媒体利用是对学习资源的系统使用,是依据教学设计方案进行决策的过程。革新推广是为了使改革的成果能被采纳而通过有计划的策略进行传播的过程。实施是组织中的个人对革新成果的合理使用,制度化的目的是要将革新成果整合到整个组织结构中。政策和法规是影响和规范教育技术推广和使用的强制性规则和行为。

4. 管理

管理指的是通过计划、组织、协调和监督来控制教学。管理范畴分为项目管理、资源管理、传送系统管理和信息管理四个子领域。

项目管理是指计划、监督和控制教学设计和开发项目;资源管理是指计划、监督和控制资源分配以支持系统和服务;传送系统管理包括计划、监督和控制那些组织教学材料分发的方法,是用于向学习者呈现教学信息的媒体和使用方法的组合;信息管理包括计划、监视和控制信息的存储、转换或处理,其目的是为学习提供资源。管理范畴的发展趋势是管理决策将越来越依靠信息。

5. 评价

评价是对一个事物的价值的确定。在教育技术领域中,评价是对计划、产品、项目、过程、目标或课程的质量、有效性或价值的正式确定。评价范畴包括问题分析、标准参照测量、形成性评价和总结性评价。

问题分析是指使用信息收集和决策策略来确定问题的本质和范围。问题分析是教学评价的前端步骤，因为目标和约束条件都要在这个步骤中阐明。标准参照测量是确定学习者对预定内容的掌握程度的技术。标准参照测量使学生知道相对于标准来说，他们目前所达到的程度。形成性评价包括收集达标方面的信息，并使用这些信息作为进一步发展的基础。总结性评价包括收集达标方面的信息和使用这些信息来做出利用方面的决策。关于形成性评价和总结性评价的区别，斯泰克(Bob Stake)有一句很好的总结："当厨师品尝汤时，那是形成性评价；当客人品尝汤时，那就是总结性评价"。对于教育技术来说，既要注重对教育教学系统的总结性评价，更要注重形成性评价并以此作为质量监控的主要措施。为此应及时对教育、教学过程中存在的问题进行分析，并参照规范要求（标准）进行定量的测量与比较。

教育技术的五个范畴，即设计、开发、利用、管理和评价，既相互独立又相互渗透，其中设计、开发、利用是教育技术研究中相对独立的内容或阶段，前者的输出是后者的输入，后者的输入是前者的输出。另外，虽然研究者的工作可以集中在一个范畴里，但他们需要其他范畴的理论与实践的研究成果。实践者则经常需要同时考虑几个或所有范畴的功能。这五个范畴之间的关系不是一个线性的关系，它们都围绕"理论与实践"开展工作，并通过"理论与实践"相互作用、相互联系。

需要指出：AECT94 定义在英文表达上将原来的"Educational Technology"改为"Instructional Technology"，汉语直译为教学技术。因此，有人认为教育技术只关心技术在学校教育中的应用，而教学技术则可以包括技术在教学与培训中的应用；也有人认为教育技术的概念范围太宽泛，而教学技术则集中于教学问题。但在一般情况下，国际上将这两个术语作为同义词，并且国内也习惯于教育技术的称呼，因此本书不刻意讨论它们的区别。

（二）AECT2005 定义

2005年，美国教育传播与技术协会对教育技术的新定义是：

Educational Technology is the study and ethical practice of facilitating learning and improving performance by creating, using, and managing appropriate technological processes and resources.

"教育技术是通过创造、使用、管理适当的技术过程和资源，促进学习和改善绩效的研究和符合道德规范的实践。"

新的定义表明如下几个方面。

(1) 界定的概念名称是"教育技术"（Educational Technology），而不是"教学技术"（Instructional Technology）。

(2) 教育技术有两大领域："研究"（study）和"符合道德规范的实践"（ethical practice）。

(3) 教育技术有双重目的："促进学习"（facilitating learning）和"改善绩效"（improving performance）。由此看出，随着事业的发展，教育技术的目的已从"为了学习"（for learning）扩展到进一步"促进学习"而不是"控制或强迫学习"（facilitating rather than controlling or causing learning），扩展到学习之外的"绩效"的改善方面，扩展到对学校教育与企事业人员培训的双重考虑，扩展到教学效果、企业效益与教育投入（成本）等多因素的整体评价。

(4) 教育技术有三大范畴："创造"（creating）、"使用"（using）、"管理"（managing）。

（5）教育技术有两大对象："过程"和"资源"。新定义中，"过程"和"资源"之前有一个限定词"appropriate technological"，它表明教育技术是指"适当的技术性的""过程"与"资源"，这与AECT94定义中的"学习过程"与"学习资源"有一定区别。

（6）教育技术的主要特征在于其技术性。这具体表现在两个方面：一是教育技术研究的重点是适当的技术性过程与技术性资源；二是技术实践的"符合道德规范"性、技术工具与方法运用的先进性、技术使用效果的高绩效性。

二、什么是现代教育技术

随着教育技术的发展，研究者不断尝试将技术运用到教学之中，让枯燥静态的学习内容生动活泼地展示在同学们面前，从而大大提高了教学效果。另一方面，这种运用也对教师提出了更高的要求，我们必须寻找现代教育技术与学科整合的最佳结合点，实现课堂教学最优化。

"现代教育技术"是20世纪90年代以后在国内被大量使用的一个术语，并与教育技术并行通用的一个概念，两者没有本质的区别。但是现代教育技术带有强烈的现代化、信息化色彩，以现代信息技术（计算机、多媒体、网络、数字音像、卫星广播、虚拟现实、人工智能等技术）对教育资源的开发和在教育中的应用为核心。

所谓现代教育技术，是指以现代教育理论为指导，以系统方法为基础，以现代信息技术为手段，通过对教与学过程和教与学资源的设计、开发、利用、管理和评价，以实现教学过程优化的理论与实践。

与教育技术定义比较，该定义强调必须运用现代教育理论和现代信息技术；不但研究学习过程，还要研究教学过程；强调现代教育技术追求的目标是实现教学过程优化。

我们可以从以下五个方面来理解该定义的基本思想。

第一，现代教育技术的应用必须要以现代教育理论做指导。现代教育技术的应用是教育思想的体现。应用现代教育技术，首先必须考虑能充分体现教师的指导作用、充分发挥学生认知主体地位的新教育思想。

第二，现代教育技术要充分运用各种信息技术。当前应用于教育中的现代信息技术主要包括模拟与数字音像技术、卫星广播电视技术、计算机多媒体技术、人工智能技术、互联网络通信技术和虚拟现实仿真技术，等等。对现代信息技术的使用，应根据教学实际的需要加以选择，同时，不能一味地追求高档设备而抛弃常规的音像技术，要避免出现高级设备低级使用的现象。

第三，现代教育技术的核心方法是系统方法。将系统科学与教育、教学进行整合，运用教育设计的理论和方法分析和解决教学问题。

第四，现代教育技术以优化教与学过程和教与学资源为任务，这就要求不仅要研究教与学资源，还必须重视研究教与学过程，即对教学模式的研究。

第五，现代教育技术的应用包括设计（设计教学过程、教学软件、教学环境和教学模式）、开发（开发教学软件、硬件、课程和教学模式）、利用（应用于实际教学过程中）、评价和管理五个基本环节。而且，随着现代信息技术的发展，教育技术的应用方式也在不断地发展。

三、现代教育技术在教育教学改革中的重要作用

随着现代信息技术、科学技术的发展，科技成果迅速进入教育领域。现代教育技术以其强

劲的势头,成为教育改革和发展的突破口,并发挥着越来越重要的作用。

(一)现代教育技术为教育信息化提供技术支持和智力支持

要实现教育现代化,首先必须实现教育信息化。教育信息化的基本特点是在教学过程中比较全面地使用以计算机多媒体和网络通信为基础的现代化信息技术。教育技术能为教育信息化提供智力支持和技术支持。

在智力支持方面,教育技术能提供现代教育观念,以及中国电教界几十年来积累的宝贵经验和方法;在技术支持方面,教育技术能为教育信息化提供大量学习资源、大量人才及各种先进设备。

只有依靠教育技术的长足进步,才能尽早实现我国教育信息化的目标,才能缩短与世界其他教育技术先进国家的差距。对于科教兴国和提高全民素质,现代教育技术起着至关重要的作用。

(二)现代教育技术的应用有利于提高学科教学质量

作为现代教育技术的重要组成部分,教学媒体与教学设计都有助于激发学生的学习积极性。合理使用教学媒体,使呈现的教学内容形象、生动、感染力强,能有效地激发学生的学习兴趣与动机。通过教学过程与媒体组合的设计,可进一步激发学生的求知欲。另外,利用现代教育技术可提供大量的音像教材等学习资源,在学科教学过程中辅助使用这些内容和资源,有利于帮助学生形成概念、掌握规律,方便教师在课堂教学过程中突破重点和难点,提高学生对知识的巩固程度。

(三)现代教育技术在教育中的应用将进一步促进教育改革

现代教育技术在各级各类教育中广泛应用,正在或已经改变了教育的诸多方面,并将进一步推动教育教学改革。

1. 在教育观念方面

现代教育技术真正树立了以学生为主体、教师为主导的现代教育思想、观念,使教师从单纯地讲授知识转变为主要设计教学过程,学生从单纯地接受知识转变为主要依靠自学。同时,现代教育技术的发展淡化了学校的概念,网络教学、远程教育的发展,使学校成为虚拟、开放、社会化的学校。另外,现代教育技术的发展使受教育者逐步树立了终身教育的观念。

2. 在教学模式方面

现代教育技术的应用对传统的教育模式提出了挑战,要求教师的角色(讲授者→指导者)、学生的地位(接受者→主体)、媒体的作用(演示工具→认识工具)及教学过程(传统的逻辑分析讲授过程→通过发现问题、探究问题使学生获得知识、培养能力)进行变革,从而构建能适应现代教育的新型教学模式。

3. 在教育信息呈现方面

利用现代教育技术可使教学信息以多种形式呈现。特别是多媒体教学系统,为教和学增加了新的维度和方向,形成了整体化、多通道、全方位的教育信息加工、传输模式,为培养和发展学生的思维能力闯出了新路子。

另外，现代教育技术使教学组织形式、教学原则、教材形式和教学评价方法等方面发生的改变也将促进教育教学的改革。

第三节 现代教育技术的应用和发展趋势

随着计算机技术、卫星通信技术、网络技术、虚拟现实技术、人工智能技术等在教育领域应用研究的不断深入，现代教育技术快速发展，其发展趋势表现在以下几个方面。

一、虚拟现实技术的教育应用

虚拟现实（virtual reality，简称 VR）教学模式是一种最新的教育技术应用模式，是多媒体技术的进一步发展。多媒体技术提供的是交互界面，而虚拟现实技术提供的则是交互空间，即计算机媒体、三维空间加声音。其主要特征可概括为实时交互性（real-time interactive）、多感知性（multi-sensation）、存在感（presence）和自主性（autonomy）。虚拟现实技术提供了高度逼真的模拟环境，使用者在其中成为虚拟真实世界的参与者，成为屏幕上活动的一部分。使用者完全沉浸于其中而无法将其与真实世界区分开来，给人以较强的临场感和逼真感。

虚拟现实技术是计算机科学与技术的延伸，它与多媒体声像、人机接口、通信与机器人技术密切相关。完整的人体跟踪界面包括带有提供三维视频效果的头戴显示器、有精细感觉又在景物范围内产生运动的数据手套，以及其他身体运动跟踪装置。虚拟现实技术的应用几乎包括人类活动的全部领域，如在医学中仿真各种外科手术，包括一般的开刀直至复杂的人体器官更换。学生不必冒医疗事故风险就可以反复练习病房中的各种实际操作。上地理课时，虚拟现实技术可以把学生带到非洲或美洲旅行，让他们欣赏那里的自然景色和风光；上物理课时，学生可以在虚拟世界中观察原子、离子，目睹各种物理现象，等等。在教育技术领域中，虚拟社区、虚拟学校是现在正在研究的重要内容。

二、人工智能技术的教育应用

智能辅助教学系统由于具有"教学决策"模块、"学生模型"模块和"自然语言接口"，因而具有能与人类优秀教师相媲美的下述功能：

（1）了解每个学生的学习能力、认知特点和当前知识水平；

（2）能根据学生的不同特点选择最适当的教学内容和教学方法，并可对学生进行有针对性的个别指导；

（3）允许学生用自然语言与"计算机导师"进行人机对话。

三、云计算的教育应用

云计算在教育领域中的迁移称为"教育云"，是未来教育信息化的基础架构，包括了教育信息化所必需的一切硬件计算资源，这些资源经虚拟化之后，向教育机构、教育从业人员和学员提供一个良好的平台。

教育云包括云计算辅助教学（cloud computing assisted instructions，CCAI）和云计算辅助教育（cloud computing based education，CCBE）等形式。

(1) 促进教育公平。云计算应用于教育时,教育信息资源存储在"云"上,只要有了连接网络的终端设备和信息资源访问权限,无论身处偏僻的山区,还是繁华的城市,人人都拥有公平使用这些优质信息资源的权利。由众多优秀教师提供的教育信息资源可以被教育欠发达地区的师生所共享,这也在一定程度上缓解了优秀教师资源分布不均的矛盾。

(2) 降低教育成本。云计算大大降低了学校教育资源建设中的软硬件成本。有了云计算,学校就可以继续使用这些较旧的计算机,从而可以大大降低学校教育资源建设中的硬件成本。一个大的区域或高层教育部门,可以集中租用云服务,以减少重复投资,提高信息资源利用率,倡导"绿色教育"。

(3) 变革教学活动方式。教育信息化系统迁入"云"之后,师生可以随时随地进行教学活动,促进移动学习。

(4) 提高管理效率。云计算在学校的应用将进一步推动教育信息化的深入实施。通过云教育平台,学校管理者可以向师生发布各种信息,及时获得师生的信息反馈。

(5) 助推终身教育。终身教育主张在每一个人需要的时刻以最好的方式为其提供必要的知识和技能,这就对国民的终身教育提出更高的要求。政府的人力资源和社会保障部门、工会、妇联以及各种行业协会可以组织各类专业技术人员开发高质量的培训、教育信息资源,在云平台上发布。属于不同行业、不同群体的个体可以根据需要自由选单,按需学习。

四、物联网的教育应用

物联网在欧美被称为 the Internet of things(IOT),强调 anything connection。中国科学院姚建铨院士指出:凡是由传感器、传感技术及利用某种物体相互作用而感知物体的特征,按约定的协议,实现任何时刻、任何地点、任何物体、任何人,实现所有人与人、物与物、人与物之间互联、互通,进行信息交换和通信,实现智能化的识别、定位、跟踪、监控和管理的一种网络,即可称为物联网。因此,物联网是传感网与因特网、移动通信网三网高效融合的产物,是信息系统与物理系统高效融合的产物(又称为信息物理融合系统)。

典型的物联网由三大部分组成,即 RFID 系统、中间件 Savant 系统和 Internet 系统。目前,对物联网在教育中的研究与应用虽尚处于起步阶段,但这一问题的探讨将给教育带来极大的变革。

(1) 有利于建立全面和主动的教学管理体系。利用现有物联网的核心技术——RFID 技术的支持,有利于完善教学管理的组织系统、评价和考核系统,从而对教学的质量建立保障和监控体系。

(2) 有利于构建完全交互与智能的教研环境。利用传感网络,可实现教学环境的实时信息反馈。将大型科研设备纳入物联网,可有效改变目前教研资源不平衡问题,经过授权后的研究者可以在全球范围内控制该设备,科研过程数据也可以被实时采集并以适当的方式提供,最终实现教学科研的数字化、网络化与智能化。利用嵌入了传感芯片的教学设施,不但能够像多媒体设施一样,对教学中的结构化信息进行处理,也可对常规多媒体设施所不能处理的非结构化信息,诸如学生的思维、体会、情感、意志等进行整合,从而真正实现教学环境的智能和交互。

(3) 有利于重构创新和开放的教学模式。依托物联网强大的物质和信息资源优势来建立基于物联网的科学探究模式。在该模式中,学习者可以最大限度地利用物联网资源,并在发掘物联网信息的同时促进高级思维能力的发展;更能引导学习者在每次知识建构、剖析、探讨和问题解决中进行反思、总结和提炼有价值的内容,并在物联网上与其他学习者共享。

(4)有利于拓展学习空间、培养学习者的自主学习能力。物联网能为学习者的常规学习、课后学习、区域合作学习提供支撑环境,拓展学习空间,有利于学习者的自主学习和满足个性化学习需要。学习者可以通过物联网,探究任何感兴趣的问题并及时地得到解决。

五、移动互联网的教育应用

移动互联网的英文名为"mobile Internet",简称 MI,指用户能够利用手机、PDA 或者其他手持终端通过通信线路接入网络。

移动教育(mobile education)是指依托目前比较成熟的无线移动网络、国际互联网以及多媒体技术,学生和教师通过使用移动设备(如手机等)来更为方便灵活地实现交互式教学活动。移动教育系统主要由四部分组成,即国际互联网、移动教育网、移动台和教学服务器,其具体功能有:

(1)学校对教师的教学活动通知;
(2)教师对学生的教学活动通知;
(3)学生对教师提出问题;
(4)教师对学生的问题进行浏览以及答疑;
(5)学生对考试分数的查询。

实践活动 1-2

学校现代教育技术发展调查

【活动目的】

通过参观所在学校现代教育技术环境和了解其历史发展的状况,感受我国现代教育技术的发展历程。

【活动任务】

1. 在任课教师或相关技术人员的带领下参观所在学校的教育技术环境,通过教师或相关技术人员的讲解与介绍,了解所在学校教育技术环境的基本构成与功能。
2. 浏览中小学网站,了解中小学网站的管理功能和教育功能。
3. 在参观完学校教育技术设施后,分组进行讨论并且分配任务,随后撰写调查报告。

【活动步骤】

1. 参观教育技术环境,并做好记录。

① 你参观的这个教育技术环境是:(在相应的选项前面打√)

□多媒体综合教室　　□多媒体网络教室　　□微格教室
□演播室　　　　　　□语音教室　　　　　□其他

② 构成这个教育技术环境的主要硬件设施有哪些?请简单列举。

_____　　_____　　_____　　_____

_____　　_____　　_____　　_____

③ 你参观的这个教育技术环境可以实现哪些功能?(在相应的选项前面打√)

□课堂教学　　□教务管理　　□自主学习

□协作学习　　□远程学习　　□资源管理　　□其他
④ 你认为还有哪些不足的地方？
□教学环境较差　　　　　　□教学设备明显不足　　□教学手段单一
□缺乏系统且全套的支持机制　□教学技术落后

2. 浏览所在学校的网站，并思考以下问题：
① 学校网站有哪些栏目？（在相应的选项前面打√）
□学校介绍　□招生信息　□就业信息　□师资力量　□新闻发布
□教学设备　□科研成果　□机构设置　□校长信箱　□校园论坛
□校际交流　□学校招聘　□学习园地　□个人空间　□教学素材
□校内生活　□校史回顾　□网上调查　□邮件服务　□教育资源
□法规指南　□校友录　　□留言板

② 上述栏目都显示了你所在学校承担的功能。学校什么时候开始有这些功能的？在这之前学校的教育技术环境状况如何？是如何一步步发展的？请在调查了解后简要地写在下面。

_____

③ 浏览了所在学校网站后，你有什么感想？

_____

3. 在参观结束后，分组讨论并交流一下参观和学习心得，并且根据所了解的情况撰写一份关于所在学校现代教育技术发展的调查报告。

【活动成果】
向其他同学展示自己参观了解的结果且相互交流，对活动任务中的问题进行深入的思考，并提交一份完整的关于学校现代化教育技术发展的调查报告及自己的活动心得。

本 章 小 结

教育信息化关系到整个教育改革和教育现代化的系统工程，发展教育信息化是使我国现有的教育系统适应信息时代对新一代公民教育的基本要求。教育中要普遍运用现代信息技术，开发教育资源，优化教育过程，以培养和提高学生的信息素养，实现信息化教育。本章比较详细地介绍了信息技术、教育信息化和信息化教育的基本概念以及它们的相互关系，在对AECT94定义的讨论基础上，阐述了现代教育技术的概念和应用发展趋势，包括虚拟现实技术的应用、人工智能技术的应用、云计算的教育应用，以及物联网的教育应用、移动互联网的教育应用等。

本 章 练 习

1. 名词解释：
信息技术　教育信息化　信息化教育　教育技术　现代教育技术
2. 简述教育信息化与信息化教育的区别和联系，并结合自己的感受论述教育信息化给我们的生活和学习产生了什么样的影响。
3. 简述教育技术和现代教育技术的关系。

第二章 教师信息技术应用能力要求与教师专业化发展

核心概念

教师信息技术应用能力
教师专业化
教师专业化发展

学习目标

（1）了解信息时代对教师信息技术应用能力的要求。
（2）知道信息时代教师如何进行角色的转换。
（3）掌握教师专业化的概念。
（4）掌握运用信息技术促进教师专业化发展的技能。

知识概览

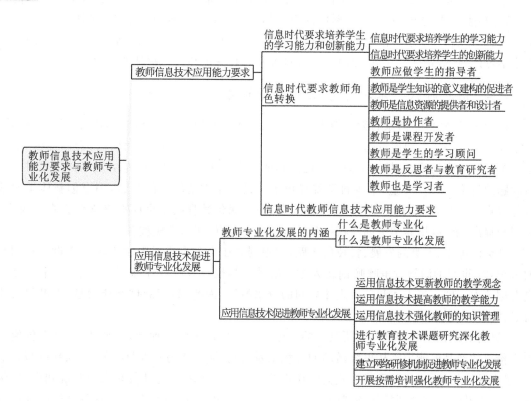

第一节 教师信息技术应用能力要求

随着教育信息化进程的加快,多媒体技术、通信技术、网络技术等已逐渐渗透到教育的各个方面。互联网、电子邮件、卫星远程通信、传真通信、虚拟现实等新的教育媒体的运用,强烈地冲击着人们的教育思想观念,改变着教育教学的环境、过程、方式和方法。信息时代一方面要求培养学生的学习能力和创新能力,另一方面要求教师的角色也要发生转变,提高教师的信息技术应用能力。

一、信息时代要求培养学生的学习能力和创新能力

(一) 信息时代要求培养学生的学习能力

随着21世纪的来临,以多媒体技术和网络技术为核心的当代信息技术,正以惊人的速度改变着人们的生存方式和学习方式,信息、知识呈几何级数急剧增加。人类的科学知识在19世纪是每50年增加一倍,20世纪70年代是每5年增加一倍,20世纪80年代是每3年增加一倍;而在信息时代,数字化的信息量则是12个月翻一番。为了应对这个变化的世界,每个人都要有强过以往任何时代的学习能力。

学习能力可以说是人类获得个体行为经验所必需的能力,它具体表现为:获取信息的能力(包括感知能力、阅读能力、搜集资料的能力)、加工、应用、创造信息的能力(包括记忆能力、思维能力、表达能力、动手操作能力、创造能力等)、学习的调控能力(包括确定学习目的、制订和调整学习计划、培养学习兴趣、克服学习困难等)、自我意识和自我超越的能力。

(二) 信息时代要求培养学生的创新能力

在知识经济时代,国家的创新能力包括知识创新能力和技术创新能力,是决定该国在国际竞争和世界总格局中的地位的重要因素。1995年,江泽民同志在全国科技大会上提出"创新是一个民族进步的灵魂,是一个国家兴旺发达的不竭动力"的论断,首先引发了科技界对于创新问题的讨论。1997年底,中国科学院提出了建设国家创新体系的报告,国家创新体系的基础是教育。1999年6月,中共中央、国务院在《关于深化教育改革全面推进素质教育的决定》中明确提出,要"以培养学生创新精神和实践能力为重点"实施素质教育。

社会的进步、人类的发展、科技的飞跃,归根到底在于人才的创造性劳动。21世纪是创新的世纪,21世纪的激烈竞争呼唤创新人才。哈佛大学校长普西曾经深刻地指出,一个人是否具有创造力,是"一流人才和三流人才之间的分水岭"。因此,高度的创新能力是21世纪人才所必备的基本素质。

具体说来,创新能力是人类所具有的运用一切信息创造出某种新颖、独特、有社会价值或个人价值的产品的能力。从思维活动的过程来看,创新能力作为一种复杂的、高层次的智慧活动,是多种认知能力、多种思维方式共同作用的结果。它要求人们具备扎实的基础知识、广阔的视野,以及善于综合开拓新领域的能力、掌握创新知识的方法论,尤其是具备良好的创造技能。它反映的是创新主体的行为技巧和运用能力,主要包括信息加工能力、动手能力、熟练掌握和运用创新技术的能力与创新结果的能力。它是深刻的认知能力、敏锐的观察能力、丰富的

想象能力、创新性的思维能力的综合体。其中深刻的认知能力是基础,敏锐的观察能力是关键,丰富的想象能力和创新性的思维能力则是其重要支柱。

一个没有创新能力的人,很难在人才竞争愈加激烈的知识经济时代立足,更不要说发展了。这就要求我们21世纪的主人们转变观念,把自己培养成为创新人才,在学习中自觉突出和强化创新能力的培养,以使自己成为适应知识经济时代发展需要的优秀人才。

现代教育技术要求教师改变过去的教学观念,从以传授知识为主转变为侧重学生能力的培养。在信息社会中,知识更新快,学习者在学校学习的知识只是其人生中所学知识的一小部分。因此,教师传授的知识是远不能满足需要的,每个人必须学会自己学习。在教学过程中,教师不仅要注重讲授知识,更重要的是培养学生的能力。在课堂教学中教师可采用研究型教学方式,使学生积极参与、主动交流,帮助学生发现规律、掌握知识,激发学生的创造欲,促进学生的思维能力、想象能力和创新能力的发展,培养学生的科学精神。

二、信息时代要求教师角色转换

信息时代是一个网络时代,网络化学习成为人们获得信息与知识的主要途径。传统的教育教学方式已经不能适应信息时代的要求,教师只有实现自身角色转换,才能适应信息时代教育发展的根本要求。教师角色的转换主要表现在以下一些方面。

(一)教师应做学生的指导者

在网络时代,学生很容易从外部数据资源中获得信息,教师的角色不再是信息的垄断者、讲授者或良好知识体系的呈现者,其主要职能已从"教"转变为"导"——引导、指导、诱导、辅导和教导。正如美国著名教育家杜威所说,教师是一个引导者,他掌握着舵,引导学生用力把船划向前方。教师的主要责任应该是组织课堂教学活动,疏导学生交流,引导学生思考,解答学生疑惑,使学生最终能够独立地学习并在该课程结束后能继续自主地进行学习。师生关系的定位应该是学生为主、教师为辅,而不是教师为主、学生为辅。

(二)教师是学生知识的意义建构的促进者

在建构主义的学习环境下,教师的作用将不再仅仅局限于将一套组织得很好的知识集合清楚明晰地讲解或呈现出来,更主要的是激发学生的学习兴趣,努力促使学生将当前的学习内容所反映的事物尽量和自己已经知道的事物联系起来,并通过创设符合教学内容要求的教学情境、提示新旧知识之间联系的线索,帮助学生建构当前所学知识的意义,并且尽可能地组织协作学习,开展讨论与交流,并对协作学习过程进行引导,使之朝着有利于知识的意义建构的方向发展。如:提出适当的问题,以引起学生的思考和讨论;在讨论中设法把问题一步步引向深入,以加强学生对所学内容的理解;启发诱导学生自己去发现规律,自己去评价、纠正错误。

(三)教师是信息资源的提供者和设计者

教师已不再单凭一支粉笔、一张嘴进行教学。投影仪、幻灯、录音、录像,尤其是计算机在教学中的广泛应用,给教师教学提供了更广阔的空间,但同时也给教学设计提出了更高的要求。教师要选择合适的教学媒体并进行相应的设计,发挥各种媒体在教学中的优势,为学生提供使其学习得以深入的支架。在一个基于多媒体计算机和网络通信技术的学习环境中,为了支持学习者主动探索和完成对所学知识的意义建构,教师在学习者学习的过程中,要为其提供各种信息资源,并且对信息资源进行设计。教师的任务有二:一是确定某主题所需信息资源的种类和每种资源在学习过程中所起的作用;二是担任在线专职信息查询顾问。这不仅要求教师掌握多媒体技术及与此相关的网络通信技术,学会在网上查找信息,能够设计开发先进的教学资源,并将它们融于教学活动中,为学习者创设必要的、最佳的学习环境,而且要求教师帮助学习者学会如何获取并有效地利用信息资源,完成对知识的主动探索和意义建构。

(四)教师是协作者

以网络为主的技术构造了一个全球化的课堂,使地理上分离的研究单位及个体之间的合作成为可能,为更公平地获取知识和信息提供了途径。这同时也对教育改革提出了重大的挑战——建立新型的合作关系,改变以往制度上分离及个体之间的工作相互隔离的状况。网络环境下的合作可以是在教学准备的过程中,不同国家或地区的教师的合作,如设计课程、讨论教学方法和教学模式的革新、分享经验、讨论难题的解决办法及合作开发教学软件等;还可以是教师与学生通过网络进行正式或非正式的交流与研讨,促使学生在合作的学习环境中发展批判性思维和创造性思维的能力。

在传统的教学中,教师之间也曾尝试过群体协作,共同努力完成某件事情或解决某一难题。但传统教学中的协作仅仅局限于教师之间,而且是在很小范围内的教师之间的协作,没有或很少有学生的参与。建构主义的学习理论特别强调协作学习,并将协作视为建构主义学习环境的要素之一。而这里的协作是一种新型的互相协作关系,它强调学生的参与,强调学生在教师的组织和引导下一起讨论和交流,共同地批判、考察各种理论观点,对问题提出自己的看法、论据及有关的材料,并对别人的观点做出分析和评论。通过这样的协作学习,教师和每位学生的思维和智慧就可以为整个学习者群体所共享,整个学习群体共同完成对所学知识的意义建构,多媒体和网络通信技术的发展为这种新型的协作学习环境提供了技术上的支持。在这种新型的协作学习环境中,教师作为群体协作者的作用体现在组织协作学习,并对协作学习过程进行引导,与学生建立良好而和谐的师生关系上。除了师生间的协作学习外,教师之间通过网络通信也可以进行超越时空和地域的协作,打破以往封闭自锁、各自为战、相互隔绝的学习与研究。

(五)教师是课程开发者

教材的编制是对教材的第一次开发,教师备课、教学是对教材的第二次开发。在传统的教学中,教师以一门课程开发者的角色而存在,但在信息时代,在建构主义的学习环境下,教师作为课程开发者的作用发生了很大的变化。教育技术专家指出,教师在开发课程体系时需要有一种建构主义的眼光,必须考虑社会生活每一方面的剧烈变革对课程体系和教学模式的影响。在制定新的课程体系时必须与其他教师通力合作,将社会需要放在首位,改变传统课程体系中的一些内容,重新确定基于一系列新的技能、技巧之上的课程体系及课程结构,重新组织课程的教学形式、教学策略,不断评价、完善新的课程体系。这对于教师来说无疑是巨大的挑战。

(六)教师是学生的学习顾问

在建构主义的学习环境下,学习除了学生之间的协作学习外,个别化学习也是其主要形式。因此,为了适应和促进学生的个别化学习,使每一个学习者都能获得适合各自需要的教学帮助,使每一个人的潜力都能得到最大的发挥,教师必将扮演学生学习顾问的角色。作为学生学习顾问的教师将独自或与他人合作给学生以一定的宏观引导和帮助,如确定学生为完成学业所需的知识和技能,帮助学生选择一种适合其特点的、能有效完成学业的学习计划,指引学生在学术研究方面的进展,对学生的学习进展情况给予一定的检查、评价等,其最终的目的在于促进学生的有效学习。

(七) 教师是反思者与教育研究者

反思是教师教学能力提高的一条重要途径。教师要不断对自己的教学工作进行反思和评价,提高对自己教学活动的洞察力,发现和分析其中存在的问题,并提出改进的方案。另外,教师之间也可以进行观察分析,讨论交流,从而帮助彼此发现问题,共同提高教学水平。

做教育研究者是提高教师职业专业化水平的必然途径,同时也是教师自我价值实现的重要方面。当新技术把教师从繁重的教学工作中解放出来后,教师将拥有更多的时间和精力从事教育科研,实现由"教书匠"向"研究者"的角色转换,成为名副其实的教育专家。著名教育家叶澜教授认为,以往对传递知识功能的强调,使人们忽视了教师工作的创造性特征。信息时代的教师将面临更多更新颖的教育教学问题,如研究怎样使学生提高他们处理信息的能力,研究不同的学习情境创设对学生学习产生的影响,研究如何利用新技术提高学生高层次思维和解决问题的能力,对网络提供的教学材料进行研究和评价并加以修改,为设计多媒体提供资料和数据等。

教师的教育研究能力主要是指研究学生及教育实践的能力。教师的大量研究是结合自己的实践工作与对象开展的。教师的研究能力首先表现为对自己教育实践的反思能力,善于从中发现问题,对日常工作保持一份敏感和探索的习惯,不断地改进自己的工作并形成理性认识。从这个意义上,教育研究成了教师作为专业人员的一种生活方式,他自己创造着自己的专业生活质量,这是教师在专业工作中自主性和自主能力的最高表现形式。其次,教师研究能力的进一步发展则是对新的教育问题、思想、方法等多方面的探索和创造能力,运用多方面的经验和知识,综合地、创造性地形成解决新问题的能力,这使教师的工作更富有创造性和内在魅力。另外,教师创造意识和能力的形成及在教育实践中的成功,会使教师十分看重对学生创造意识和能力的培养。毫无疑问,这是未来教育十分期望实现的价值。

(八) 教师也是学习者

未来的社会是一个学习终身化的社会。教师职业的特点决定了教师必然是终身的学习者。教师的责任之一,就是自身的培训,教师必须终身不断地培训自己。为了适应现代社会的挑战,为了学生的未来,教师要不断地接受新的知识,转变教育思想和观念,特别要掌握现代教育技术,具备操作现代教育教学媒体的能力,并借助技术手段进行学习,发挥现代教育技术的作用,提高教育的质量和效益。

综上所述,信息时代教师的角色将发生重大转变,且信息时代对教师能力的要求更高。教师不仅要精通教学内容,熟悉学生的心理特点,掌握学生的认知规律,掌握现代化的教育技术,充分利用人类学习资源,设计开发有效的教学资源,对学生的学习给予宏观的引导和具体的帮助,而且要时时提高自身的素质。因而,教师的新角色较之以往传统的知识传输者角色更为多元和复杂。

三、信息时代教师信息技术应用能力要求

为提高我国中小学教师教育技术能力水平,促进教师专业能力发展,2004年12月15日,教育部借鉴国外教师教育技术标准,结合我国教育国情,颁布了《中小学教师教育技术能力标准(试行)》。这是我国第一个中小学教师专业能力标准,它从意识与态度、知识与技能、应用与创新、社会责任等四个方面详细规定了中小学教师应该具备的教育技术能力要求。

随着我国教育信息化的深入发展,为全面贯彻党的十八届三中全会精神,落实教育规划纲要,构建教师队伍建设标准体系,全面提升中小学教师信息技术应用能力,促进信息技术与教育教学深度融合,教育部2014年5月27日颁布了《中小学教师信息技术应用能力标准(试行)》(简称《能力标准》)。

《能力标准》根据我国中小学校信息技术实际条件的不同、师生信息技术应用情境的差异,对教师在教育教学和专业发展中应用信息技术提出了基本要求和发展性要求。其中:①应用信息技术优化课堂教学的能力为基本要求,主要包括教师利用信息技术进行讲解、启发、示范、指导、评价等教学活动应具备的能力;②应用信息技术转变学习方式的能力为发展性要求,主要针对教师在学生具备网络学习环境或相应设备的条件下,利用信息技术支持学生开展自主、合作、探究等学习活动所应具有的能力。本标准根据教师教育教学工作与专业发展主线,将信息技术应用能力区分为技术素养、计划与准备、组织与管理、评估与诊断、学习与发展五个维度。表2-1所示为《能力标准》基本内容。师范生是明日之教师,是未来中小学教师队伍的主要后备军,对中小学教师的信息技术应用能力要求也应该是师范生努力达到的标准。

表2-1 《能力标准》基本内容

维度	Ⅰ.应用信息技术优化课堂教学	Ⅱ.应用信息技术转变学习方式
技术素养	1.理解信息技术对改进课堂教学的作用,具有主动运用信息技术优化课堂教学的意识	1.了解信息时代对人才培养的新要求,具有主动探索和运用信息技术变革学生学习方式的意识
	2.了解多媒体教学环境的类型与功能,熟练操作常用设备	2.掌握互联网、移动设备及其他新技术的常用操作,了解其对教育教学的支持作用
	3.了解与教学相关的通用软件及学科软件的功能及特点,并能熟练应用	3.探索使用支持学生自主、合作、探究学习的网络教学平台等技术资源
	4.通过多种途径获取数字教育资源,掌握加工、制作和管理数字教育资源的工具与方法	4.利用技术手段整合多方资源,实现学校、家庭、社会相连接,拓展学生的学习空间
	5.具备信息道德与信息安全意识,能够以身示范	5.帮助学生树立信息道德与信息安全意识,培养学生良好行为习惯

第二章 教师信息技术应用能力要求与教师专业化发展

续表

维度	Ⅰ.应用信息技术优化课堂教学	Ⅱ.应用信息技术转变学习方式
计划与准备	6.依据课程标准、学习目标、学生特征和技术条件,选择适当的教学方法,找准运用信息技术解决教学问题的契合点	6.依据课程标准、学习目标、学生特征和技术条件,选择适当的教学方法,确定运用信息技术培养学生综合能力的契合点
	7.设计有效实现学习目标的信息化教学过程	7.设计有助于学生进行自主、合作、探究学习的信息化教学过程与学习活动
	8.根据教学需要,合理选择与使用技术资源	8.合理选择与使用技术资源,为学生提供丰富的学习机会和个性化的学习体验
	9.加工制作有效支持课堂教学的数字教育资源	9.设计学习指导策略与方法,促进学生的合作、交流、探索、反思与创造
	10.确保相关设备与技术资源在课堂教学环境中正常使用	10.确保学生便捷、安全地访问网络和利用资源
	11.预见信息技术应用过程中可能出现的问题,制订应对方案	11.预见学生在信息化环境中进行自主、合作、探究学习可能遇到的问题,制订应对方案
组织与管理	12.利用技术支持,改进教学方式,有效实施课堂教学	12.利用技术支持,转变学习方式,有效开展学生自主、合作、探究学习
	13.让每个学生平等地接触技术资源,激发学生学习兴趣,保持学生学习注意力	13.让学生在集体、小组和个别学习中平等获得技术资源和参与学习活动的机会
	14.在信息化教学过程中,观察和收集学生的课堂反馈,对教学行为进行有效调整	14.有效使用技术工具收集学生学习反馈,对学习活动进行及时指导和适当干预
	15.灵活处置课堂教学中因技术故障引发的意外状况	15.灵活处置学生在信息化环境中开展学习活动发生的意外状况
	16.鼓励学生参与教学过程,引导学生提升技术素养并发挥其技术优势	16.支持学生积极探索使用新的技术资源,创造性地开展学习活动

续表

维度	Ⅰ.应用信息技术优化课堂教学	Ⅱ.应用信息技术转变学习方式
评估与诊断	17.根据学习目标科学设计并实施信息化教学评价方案	17.根据学习目标科学设计并实施信息化教学评价方案,并合理选取或加工利用评价工具
	18.尝试利用技术工具收集学生学习过程信息,并能整理与分析,发现教学问题,提出针对性的改进措施	18.综合利用技术手段进行学情分析,为促进学生的个性化学习提供依据
	19.尝试利用技术工具开展测验、练习等工作,提高评价工作效率	19.引导学生利用评价工具开展自评与互评,做好过程性和总结性评价
	20.尝试建立学生学习电子档案,为学生综合素质评价提供支持	20.利用技术手段持续收集学生学习过程及结果的关键信息,建立学生学习电子档案,为学生综合素质评价提供支持
学习与发展	21.理解信息技术对教师专业发展的作用,具备主动运用信息技术促进自我反思与发展的意识	
	22.利用教师网络研修社区,积极参与技术支持的专业发展活动,养成网络学习的习惯,不断提升教育教学能力	
	23.利用信息技术与专家和同行建立并保持业务联系,依托学习共同体,促进自身专业成长	
	24.掌握专业发展所需的技术手段和方法,提升信息技术环境下的自主学习能力	
	25.有效参与信息技术支持下的校本研修,实现学用结合	

《能力标准》中涉及的术语如下。

(1) 多媒体教学环境:包括简易多媒体教学环境与交互多媒体教学环境。简易多媒体教学环境主要由多媒体计算机、投影机、电视机等构成,以呈现数字教育资源为主。交互多媒体教学环境主要由多媒体计算机、交互式电子白板、触控电视等构成,在支持数字教育资源呈现的同时还能实现人机交互。

(2) 通用软件:是指广泛应用于教育教学活动中的通用性软件,例如办公软件、即时交流软件、音视频编辑软件等。

(3) 学科软件:是指特别适用于某些学科的软件,如几何画板、在线地图、听力训练软件、虚拟实验室等。

(4) 数字教育资源:是对教学素材、多媒体课件、主题学习资源包、电子书、专题网站等各类与教育教学内容相关的数字资源的统称。

(5) 信息化教学:与传统教学相对而言,泛指以信息技术支持为显著特征的教学形态。

(6) 技术资源:是对通用软件、学科软件、数字教育资源和网络教学平台等资源的统称。

(7) 网络教学平台:是对能够为教育教学活动开展提供支持的网络平台的统称,如网络资源平台、网络互动平台、课程管理平台、在线测评系统、在线教学与学习空间等。

(8) 移动设备:是对便携式计算通信设备的统称,如笔记本电脑、平板电脑、智能手机等。

(9) 评价工具:是指开展评价所使用的各种支持工具,如试卷、调查问卷、测试量表、评价量规、观察记录表、成长记录或电子档案袋等。

(10) 教师网络研修社区:是指支持教师进行学习、交流、研讨等活动的网络平台,一般具备个人空间、教师工作坊等功能,能够建立不同类型的学习共同体,汇聚与生成研修资源,支持教师进行常态化研修。

第二章 教师信息技术应用能力要求与教师专业化发展

【阅读材料】

思维导图

思维导图,又叫心智图,是表达发散性思维的有效的图形思维工具。思维导图是一种革命性的思维工具,简单却又极其有效。思维导图运用图文并重的技巧,把各级主题的关系用相互隶属与相关的层级图表现出来,把主题的关键词与图像、颜色等建立记忆链接。思维导图充分运用左、右脑的机能,利用记忆、阅读、思维的规律,协助人们在科学与艺术、逻辑与想象之间平衡发展,从而开启人类大脑的无限潜能。思维导图因此具有人类思维的强大功能。

近年来,思维导图完整的逻辑架构及全脑思考的方法在世界范围内被广泛应用于学习及工作中,不仅大大缩短了所需时间,降低了物质资源消耗,而且对于个人或公司绩效的大幅度提升也产生了令人无法忽视的巨大功效。

思维导图是英国人托尼·巴赞(Tony Buzan)创造的一种记录笔记的方法。托尼·巴赞是世界级的著名作家。他是一个演讲者,是为政府、商业机构、各行各业、学校提供有关大脑、学习和思维技巧方面信息的顾问,他是思维导图的创始人(见图2-1)。

图2-1 托尼·巴赞与思维导图

思维导图被称为瑞士军刀般的思维工具。和传统的直线记录方法完全不同,思维导图以直观形象的图示建立起各个概念之间的联系,如图2-2所示。

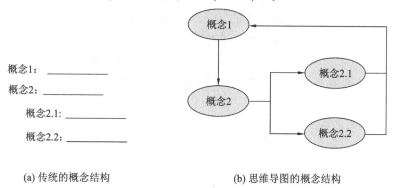

(a) 传统的概念结构　　　　　(b) 思维导图的概念结构

图2-2 思维导图与传统记笔记方式的比较

思维导图和传统的记笔记方法相比有较大的优势:①它顺应了大脑的自然思维模式,可以让我们的各种观点自然地在图上表达出来;②能够加强记忆,因为在图示中通过使用关键词,既可以积极地听讲,又能强迫我们在做笔记的时候就思考句子的要点到底是什么;③激发右脑,因为在创作导图的时候还使用颜色、形状和想象力。科学研究发现,人的大脑是由两部分组成的。左大脑负责逻辑、词汇、数字,而右大脑负责形象思维、直觉、创造力和想象力。所以,图像的使用加深了我们的记忆,因为使用者可以把关键词和颜色、图案联系起来。

其实,思维导图不仅可以用于做笔记,还可以用于制订计划、组织讨论等。例如讨论问题时,可以由一人担任秘书工作,把整个讨论用思维导图的形式画出来,如图2-3所示。

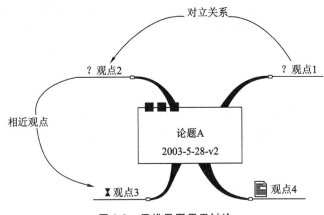

图2-3 思维导图用于讨论

思维导图的具体做法包括以下几个步骤。

首先准备几张白纸和不同颜色的笔,把主题画在纸的中央,主题可以用关键词和图像来表示。所谓关键词,是表达核心意思的字词,关键词应该是具体的、有意义的,这样才有助于我们进行回忆。

然后开始考虑"次主题",也就是在上一层主题下的延伸。在"次主题"后,罗列更为详细的要点。这个时候要注意的是,不要强迫自己用一定的顺序或结构来罗列要点。任何一个要点出现的时候,尽可以自然地将它用"关键词"的方式表达出来,并把它和最相关的"次主题"连接起来。

最后整理思维过程。在完成思维导图后,再用阿拉伯数字把它们标记出来。任何一个"次主题"都要用一种不同的颜色来表示。而且,如果可能的话,要尽可能用图像来表达一个关键词,这可以大大加深记忆。

现在,计算机已经在许多方面取代了"纸+笔",在制作思维导图上,计算机也以它的操作快捷、图像形式多样和容量大的特点显示了其相对于"纸+笔"工具的优势。现在,制作思维导图的软件很多,如Inspiration、mindmanager、PersonalBrain、brainstorm等,这些软件各有优缺点,在实际应用中可以根据需要进行选择。这些软件都非常容易掌握,不仅教师可以使用,学生也可以使用。

欲了解更多有关思维导图的内容,请以"思维导图"为关键词检索浏览互联网上的信息。

实践活动 2-1

运用搜索引擎获取学习信息资源

【活动目标】

通过该实践活动学习者要达到以下要求:

(1) 学会如何使用思维导图制订素材搜集的计划；
(2) 掌握如何通过搜索引擎寻找、搜集教学使用的各种资源；
(3) 学会如何分类整理搜集到的教学资源。

【活动任务】

假设你是教师，要准备一堂课的教学活动，需要获取相关的教学资源。要怎么找资料呢，又如何把它们分类、整理从而为教学服务呢？你来试试吧。

【活动步骤】

第一步，阅读教材与教参，了解学生对教学素材（文本、图形、图像、动画、音频、视频、网站、课件等）的偏爱。

第二步，运用思维导图制订素材搜集计划，即不同的教学过程需要哪些素材，并确定搜索关键词。

第三步，用百度、谷歌等搜索引擎搜索各种教学素材（文本、图形、图像、动画、音频、视频、网站、课件等），并保存下载的素材。

第四步，浏览这些资源，筛选出你认为能为教学服务的素材，并建立相应的文件夹对素材进行分类存放。

第五步，根据教学需要，对素材进行适当的处理、编辑并选择合适的素材组成教学材料。

【活动成果】

了解关于素材搜集计划的思维导图；能够独立使用搜索引擎寻找或查找所需资料，能独立搜索关于某一主题的文本、图形、图像、动画、音频、视频等资源并分类存放在相应的文件夹中。

第二节　应用信息技术促进教师专业化发展

一、教师专业化发展的内涵

（一）什么是教师专业化

一种职业要被认可为一种专业，应该具备如下基本特征。

（1）专业的社会功能属性。一种专门职业要具有不可或缺的社会功能，它决定了从业人员必须具备较高的专业道德规范和专业素养，以更好地履行专业职责，承担社会责任。

（2）专业的完整理论与成熟技能。这是一种专门职业成为专业的理论依据与技能保障。完整的专业理论为具体专业活动提供指导，并指明方向。它要求从事人员必须经过训练，掌握专业知识和专业技能，否则难以胜此重任。

（3）专业的自主权和组织性。一个公认的专业要有强大的专业组织以保证专业权限、专业水准，提升专业地位。

世界上最早提出教师职业专业化是1966年，国际劳工组织和联合国教科文组织在《关于教师地位的建议》中，首次以官方文件形式对教师专业化做出说明：应把教育工作视为专门的职业，这种职业要求教师经过严格的、持续的学习，获得并保持专门的知识和特别的技术。

目前，我国已经有了成熟的师范教育体系、教师资格认证机制及相对完善的教师职称评定体系。这些都为我国的教师专业化提供了良好的基础。

（二）什么是教师专业化发展

教师专业化发展是指教师在整个专业生涯中，通过终身专业训练，习得教育专业知识技能，实施专业自主，表现专业道德，逐步提高自身从教素质，成为一个良好的教育专业工作者的专业成长过程，即从一个"普通人"成长为一个"教育者"的专业发展过程。

教师专业化发展的基本内涵是：第一，教师专业既包括学科专业性，也包括教育专业性，国家对教师任职既有规定的学历标准，也有必要的教育知识、教育能力和职业道德的要求；第二，国家有教师教育的专门机构、专门教育内容和措施；第三，国家有对教师资格和教师教育机构的认定制度和管理制度；第四，教师专业发展是一个持续不断的过程，教师专业化也是一个发展的概念，既是一种状态，又是一个不断深化的过程。

教师专业化与教师专业化发展是两个相通但不相同的概念。教师专业化主要强调教师群体外在的专业性提升，而教师专业化发展主要指教师个体的内在的专业化提高。教师专业化发展有两个目标取向：一是"专业发展"目标取向，即不断改善专业发展制度，促进教师专业能力发展；二是"组织发展"目标取向，即不断整合专业组织，争取更大的专业权力。

二、应用信息技术促进教师专业化发展

（一）运用信息技术更新教师的教学观念

1. 教师自身的角色发生改变

当今世界科技日新月异，已经是一个网络无处不在的时代。教师作为教学系统的一个重要组成部分，应该在一个开放、自由的系统中与学生进行"视界的融合"。改变传统的教师权威角色，就是要运用现代信息技术，以互联网为平台，与学生进行平等对话与交流，打破传统教育教学观念的束缚，从自我封闭状态走向自由、开放、澄明的交互状态。

2. 教师要重新定位教学活动中的学生

在传统的教学活动中，教师是知识与学术的权威，对学生进行"填鸭式"的教学；学生只是被动地、接受式地学习，没有自主权。在这种教学状态下，学生严重缺乏学习的积极性、主动性、创造性。在今天的互联网背景下，学生进行探究式学习，借助网络搜索资料进行创造性的学习。学生的学习积极性、主动性得到了充分的发挥，学生不再只是一个"井底之蛙"，在某些方面很可能"弟子不必不如师"。所以，在网络的支持下，教师要重新审视自己的教学对象。

3. 教师要对教育中介进行再认识

教育中介是指那些在受教育者与教育者之间起桥梁作用的物质与意识的东西。教育中介包括物质中介与精神中介。教育物质中介主要指教学工具和教学内容。传统的教学活动中教师有一支粉笔、一本教材、一块黑板就能进行教学；网络时代的教学活动中，传统的黑板加粉笔的教室已经成为多媒体教室了，教师必须具备信息技术的素质才能进行教学活动。教学的工具也发生了变化，投影仪、电脑、音响、麦克风等信息技术设备远远优越于粉笔的功能，教师需要再认识教学工具。教学内容当然也不再是孔子时代的"六艺"，也不再是"四书五经"和"一本一纲"（教材和教学大纲），而是包括教材在内的多方面的知识内容。

第二章 教师信息技术应用能力要求与教师专业化发展

(二)运用信息技术提高教师的教学能力

近年来,随着基础教育课程改革的试验与推广、中小学教育信息化的普及、素质教育的全面推进,对传统的教学方式和教学手段进行改革势在必行。教育信息化实践证明,以信息技术为核心的现代教育技术对于改进教学、提高教学效益具有不可替代的作用。提升教师的教育技术能力水平,是促进教师专业化发展的重要方面。

教育教学能力主要是指教师的从教能力,它是教师在教学实践中将教育科学理论知识、技术内化为教师自己的应用知识和技能的过程中产生的。它不是由理论到实践的直接运用和过渡,也不是对现成的教学理论、知识和技术的被动接受,而是教师在实际的教育教学情境中,对教学场景的感知,对复杂而具体的实际问题的发现、观察、分析和对方案的寻找,经过反复的感悟、反思和研究而获得的。如今,一名教师仅具有教育理论素养和学科教学知识是远远不够的,还必须掌握一定的教学方法和教育技术手段,通过这些方法和手段把先进的教育理念和教学内容贯彻到教育教学过程之中,融入教学实践活动中去。因此,教育技术的应用能力在教师整体专业素质中占据重要地位,对于其开展高质量的教育教学活动具有十分重要的作用,是推进教育信息化、实施素质教育的基础性条件之一。

(三)运用信息技术强化教师的知识管理

随着社会的发展变迁,教育技术逐渐成为教师专业发展的核心动力,可以渗透到教师专业化发展的各个层面。而面对知识的迅速更新,对知识进行管理成为每个人必须具备的基本能力。知识管理并不是简单地对知识进行记录或将这些知识进行简单分类然后存储在文件夹中,而是首先对知识进行筛选,然后经过系统化梳理让零碎的知识有条理地存储在大脑中,并与他人分享知识。知识管理包括学习知识、保存知识、分享知识和使用知识。能够帮助我们进行知识管理的工具很多,比如:Google Reader 不仅可以作为学习工具,还可以作为保存知识和与他人共享知识的工具;博客或微博可以作为保存知识、分享知识的工具,同时也可以帮助使用者梳理知识,开展反思性学习。教师可以把自己在日常教学中遇到的问题或感悟、收获等写在博客中,便于日后的整理和利用,从而开展对教学问题的集体讨论,以促进深入思考。另外,教师可以利用微软开发的 OneNote 等软件来进行知识管理。

(四)进行教育技术课题研究深化教师专业化发展

1. 教学反思是教师开展教育教学研究的切入点

教学反思是教师在教学实践中批判地审视自己的教学行为及其所依据的观念、思想、教学结果、教学理论、教学背景,或者给予肯定、支持和强化,或者给予否定、思索和修正,从而不断提高自身主体性的过程。教师借助行为研究,不断探究,解决自身和教学目的、教学工具等方面的问题,将"学会教学"与"学会学习"统一起来,努力提升教学实践的合理性,使自己成为学者型教师。新一轮基础教育课程改革倡导教师进行教学反思,成为反思型实践者,以提高教师的专业化素质,增强其进一步解读和实施新课程的能力。教学反思的策略很多,有个体反思、群体反思和综合反思等。其中个体反思是实施其他一切反思策略的根基和原动力。

2. 校本研究是教师展开研究和专业成长的依托

校本研究就是以教师为研究主体,以解决在课程实施过程中教师所面对的各种具体问题为对象,由专业理论人员共同参与的一种教研活动方式。在开展教育技术校本研究活动中,学校作为课程改革与实施的最基本的单位,最重要的就是把立足点定位在充分利用本校特色、资源上,在上级教研主管部门的指导下,注重搞好校本研究的三个结合:一是与课堂教学改革、教学创新相结合;二是与提高教育教学质量相结合;三是与提升教师整体素质相结合。在教学实践和日常活动中所体会及获取到的经验(教学反思)有时是零碎的、不系统的,只有经过教师们的"去粗取精,去伪存真"的加工制作过程,才能形成系统的理性化的认识,而课题则恰恰是教学科研工作的一个有效载体。广大教师应立足课堂,从教学实际出发,积极参与课题研究,边实践、边研究、边整合。

3. 行动研究是教师提高科研能力最有效的方法

行动研究是指教师在从事教育实践过程中,对自己的实践过程进行研究,融教育理论与实践于一体的一种教育研究方法。行动研究较适合于没有接受过严格教育实验训练的中小学教师使用,符合中小学教育科研的发展战略,有利于改变中小学教师的职业形象,提高中小学教师的教育科研素养,促进教师专业化发展,对于提高中小学教育教学质量具有十分重要的意义。教师承担的研究任务和教师的教学行为直接相关,而且教师不是被动地执行专家提供的教学方案,而是在尝试和思考的过程中对方案进行评价和修改,与专家形成协作关系。专家更多的是负责理念的引领,而教师更多的关注实践上的可行性。最终在先进教学理念的引领下获得符合教学实际需求的教学改革方案。

(五)建立网络研修机制促进教师专业化发展

网络研修是一种以网络为基础开展教研工作的新方式,它借助网络,不受时空和人员限制,为广大一线教师提供了内容丰富、理念新颖、技术先进、实用便捷的优秀课程资源,创设教师与教师、教师与专业人员及时交流、平等探讨的活动平台和环境,促进课程改革实验的决策者、设计者、研究者与实施者的多元对话。它能发挥教师在教研活动中的主体作用,使城乡学校和教师能够网络研修平等获取信息资源和对话交流,弥补传统教研模式的不足。开展基于网络的教学研究,是创新教研形式、拓宽教学研究途径、缩小城乡教育资源差异、实现教育均衡发展的有效途径。

(六)开展按需培训强化教师专业化发展

为全面提升中小学教师信息技术应用能力,教育部于2013年10月25日印发《教育部关于实施全国中小学教师信息技术应用能力提升工程的意见》,启动全国中小学教师信息技术应用能力提升工程。提升工程围绕"应用"这一核心任务,将"培训、测评、应用"相结合,以农村教师为重点,拟到2017年底完成全国1000多万中小学(含幼儿园)教师新一轮提升培训,建立教师主动应用机制,推动每个教师在课堂教学和日常工作中有效应用信息技术。提升工程主要包括以下四项内容。

1. 建立教师信息技术应用能力标准体系

围绕深入推进基础教育课程改革和促进教师转变教育教学方式的现实需求,吸收借鉴国内外信息技术应用经验和最新成果,研究制订我国中小学教师信息技术应用能力标准、培训课程标准和能力测评指南等,有效引领广大教师提升信息技术应用能力、学科教学能力和专业自主发展能力。

2. 按照一线教师需求开展全员培训

采取符合信息技术特点的培训新模式,利用互联网,推行网络研修与现场实践相结合的混合式培训,推动移动学习,支持教师使用手机、平板电脑等移动终端进行便捷有效的学习。利用资源共建共享服务平台,建立培训资源建设新机制,汇聚各地培训课程资源和培训服务信息,促进资源交易与交换,引领各地重点建设典型案例资源,加工生成性资源,开发微课程资源,满足教师个性化学习需求。

3. 开展教师信息技术应用能力测评

建立网络测评系统,通过案例开展情境测评,为教师提供便捷有效的测评服务,让教师及时了解自身能力水平,明确不足,查漏补缺,以评促学、以评促用。

4. 建立推动教师主动应用信息技术的机制

将信息技术应用能力与教师管理挂钩,推动教师养成良好的应用习惯,将信息技术融于课堂教学、师生交流等各个环节,助推教师"激发教育创新,拓展成长空间,成就发展梦想"。

提升工程的实施将全面提升广大中小学教师信息技术应用能力,进一步破解教育信息化发展瓶颈问题,促进教师转变教学方式,深入推进基础教育课程改革,推动教师终身学习,有效促进专业自主发展。

实践活动 2-2

建立自己的博客

【活动目标】

(1) 学会自己申请博客,能在自己的博客空间中写博文,并上传图片等资源。
(2) 学会设置博客分类。
(3) 学会如何访问他人的博客,并对他人的博客进行评论。
(4) 学会使用微博发表自己的观点,与他人交流。

【活动任务】

在老师的指导下登录新浪网申请博客,并根据自己的喜好设定页面风格;然后将自己的作业以博客的形式上传到新建的"提交作业"栏目中;通过链接访问其他同学的作业,并留下自己的评论;最后在微博上记录自己建立博客的过程。

【活动步骤】

第一步,打开新浪博客首页 http://blog.sina.com.cn/,单击"开通新博客",按照网页上的提示,完成博客的申请。

第二步,回到新浪博客首页,登录自己的博客,进入页面设置,选择合适的博客界面风格然后保存。

第三步,写博文。单击"发博文"按钮进入博文编辑状态,将作业添加到博文编辑框后,单击"创建分类"按钮,添加日志分类"提交作业",然后单击保存设置返回博文编辑页面。

第四步,分类中选择"提交作业"栏目,设置访问权限为允许所有人评论。

第五步,单击"发博文"按钮提交作业。

第六步,回到博客首页,通过搜索其他同学的名字进入博客空间,访问其他同学提交的作业并留下自己的评论。

第七步,进入新浪微博记录自己建立博客的过程。

【活动成果】

拥有自己的博客,通过发布博文提交作业,并在作业内容中插入图片;对同学的博客以实名制进行评论;在自己的微博中记录博客的建立过程。

本 章 小 结

在信息时代教师的角色发生了重大转变,教师不仅要精通教学内容,熟悉学生的心理特点,掌握学生的认知规律,还必须具有信息技术的应用能力,充分利用、设计和开发有效的教学资源,对学生的学习给予宏观的引导和具体的帮助,而且要不断提高自身素质。本章介绍了信息时代教师角色的变化和教师应具备的信息技术应用能力要求,阐述了教师专业化和教师专业化发展的概念以及应用信息技术促进教师专业化发展的策略。

本 章 练 习

1. 名词解释:

教师信息技术应用能力　教师专业化　教师专业化发展

2. 结合《中小学教师教育技术能力标准(试行)》和《中小学教师信息技术应用能力标准(试行)》,简述信息时代教师的信息技术应用能力要求。

3. 信息时代要求培养学生的学习能力和创新能力,对教师提出了更高的要求,请结合自己的认识,谈谈信息时代学生的角色应该发生怎样的变化。

4. 简述信息时代如何应用信息技术促进教师专业化发展。

第三章 信息化教学环境

 核心概念

信息化教学
信息化教学环境
多媒体教学系统
交互式电子白板
电子书包
网络互动学习平台
智慧教育

 学习目标

（1）理解信息化教学环境的概念、组成及其特点。

（2）了解多媒体教室、多媒体网络教室、录播教室等多媒体教学环境的组成，并能熟练操作其中的主要设备，初步了解利用各种多媒体教学环境组织和实施教学活动的方法。

（3）理解交互式电子白板的概念，进而了解交互式电子白板教学系统的结构和功能，并能够熟练操作交互式电子白板。

（4）理解电子书包的概念，并了解电子书包的系统结构、基本功能和电子书包对学习的技术支持。

（5）理解智慧教育的概念，初步了解智慧校园和智慧教室的相关知识。

（6）了解网络互动学习平台的系统结构及其功能。

 知识概览

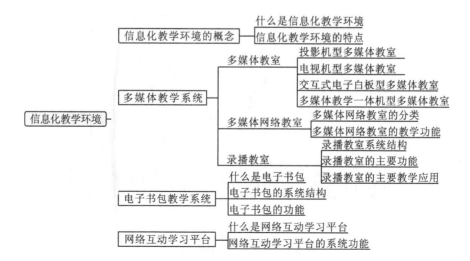

第一节 信息化教学环境的概念

一、什么是信息化教学环境

教学环境是教学活动得以进行的物质保证,即影响教学活动的各种外部条件,它是教育资源在空间和时间上组合变换的结果。不同资源组合所产生的教学环境具有各自的优势。从教学论的角度来看,教学环境是构成教学活动的一个重要因素。在教学实践中,教学环境对教学活动的顺利进行和对学生的身心健康发展都发挥着极其重要的影响。正如本杰明·布鲁姆所指出的,教学环境是一种能够塑造和强化学生行为的重要力量。

教学环境有广义和狭义之分。从广义上说,社会制度、法规政策、科学技术、师资力量、家庭条件、亲朋邻里等,都属于教学环境,因为这些因素在一定程度上制约或影响着教学活动的成效。从狭义的角度,即从学校教学工作的角度来看,教学环境主要指学校教学活动的场所、各种教学设施、校园文化和师生人际关系等。

信息化教学环境是与传统教学环境完全不同的一种新形式的教学环境,它建立在多媒体计算机和互联网基础之上,是在现代教育理论指导下,充分运用现代信息技术建立的能实现教学信息的获取和呈现方式多样化,有利于自主学习及协作学习的现代教学环境。信息化教学环境有利于学习者获取广泛的教学信息和相关资料。教学信息的呈现多媒体化,信息反馈及时,有利于教学个性化、学习自主化、作业协同化,便于施教者的指导和调控,为教学活动提供了有利的空间。

信息化教学环境有广义和狭义之分。从广义上说,信息社会中与教育、教学有关的各种要素皆属信息化教学环境,如:公共通信网络、现代媒体资讯等。从狭义上说,信息化教学环境主要是指开展信息化教学的硬件环境、软件环境、时空环境、文化信息环境、人文环境等,如图3-1所示。本章所讨论的信息化教学环境主要是指适应课堂教学的硬件环境(多媒体教学系统、校园网)和基于网络学习的软件环境(网络互动学习平台)。

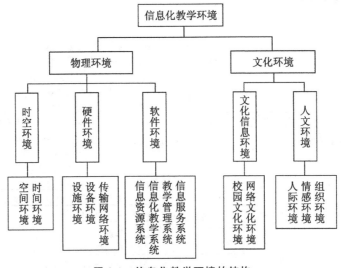

图 3-1 信息化教学环境的结构

二、信息化教学环境的特点

信息化教学环境中信息的传递方式和学生对知识信息加工的手段、方法与传统教学环境截然不同。利用现代教育技术手段的支持,信息化教学环境调动尽可能多的教学媒体、信息资源,构建了一个良好的学习环境。在教师的组织和指导下,信息化教学环境能充分发挥学生的主动性、积极性、创造性,使学生能够真正成为知识信息的主动建构者,达到良好的教学效果。

我们知道,以计算机为主的现代教学媒体(主要指多媒体计算机、教学网络、校园网和互联网)的出现带来了传统教学媒体所无法具备的特性:计算机交互性、多媒体特性、超文本特性、网络特性。这些特性能够使学生在课堂上的地位有所改变,使学生能够真正积极主动地探索知识,而不再是被动地接受知识信息,成为知识信息的主动建构者。在这种模式下,教师是课堂教学的组织者、指导者,学生建构意义的帮助者、促进者,而不是知识的灌输者和课堂的主宰。信息化教学环境具有如下特点。

1. 信息源丰富,知识量大

现代教育技术手段为课堂教学所提供的教学环境,使得课堂上信息的来源变得丰富多彩,教师和课本不再是唯一的信息源。多种媒体的运用不仅能够扩大知识信息的含量,还可以充分调动学生的多种感官,为学生提供一个良好的学习情境。

2. 学生学习主动、积极

现代教育技术手段的加入,尤其是多媒体计算机和网络的加入,使教师的主要作用不再是提供信息,而是培养学生自身获取知识的能力,指导学生的学习探索活动,让学生主动思考、主动探索、主动发现,从而形成一种新的教学活动进程的稳定结构形式。在整个进程中,教师有时处于中心地位(以便起主导作用),但并非自始至终如此;学生有时处于传递—接受学习状态(这时教师要特别注意帮助学生建立"新知"与"旧知"之间的联系以便使学生实现有意义的学习),但更多的时候是在教师指导下进行主动思考与探索;教学媒体有时作为辅助教学的教具,有时作为学生自主学习的认知工具;教材既是教师向学生传递的内容,也是学生建构意义的对象。可见,这样有利于提高学生的主动性和积极性。

3. 个别化教学,有利于因材施教

计算机的交互性给学生提供了个别化学习的可能,学生可以通过多媒体技术完整呈现学习内容与过程,自主选择学习内容的难易、进度,并随时与教师、同学进行交互。在现代教育技术手段所构造的教学环境下,学生可逐步摆脱传统的教师中心模式,学生由传统的被迫学习变为独立的主动学习,在学习过程中包含更多的主动获取知识、处理信息、促进发展的成分,有利于因材施教。

4. 互助互动,培养协作式学习

计算机的网络特性有利于实现培养合作精神并促进高级认知能力发展的协作式学习。在网络的帮助下,学习者通过互相协同、互相竞争或角色扮演等多种不同形式来参加学习,这对于问题的深化理解和知识的掌握运用很有好处,而且对认知能力的发展、合作精神的培养和良好人际关系的形成也有明显的促进作用。

5. 有利于创新精神的培养和信息能力的发展

多媒体的超文本特性与网络特性的结合，为培养学生的信息获取、信息分析与信息加工能力营造了理想的环境。众所周知，互联网是世界上最大的知识库、资源库，它拥有最丰富的信息资源，而且这些知识库和资源库都是按照符合人类联想思维的超文本结构组织起来的，因而特别适合于学生进行"自主发现、自主探索"式的学习，这样就为学生发散性思维、创造性思维的发展，以及创新能力的孕育提供了肥沃的土壤。

第二节　多媒体教学系统

多媒体教学系统是信息化环境的重要组成部分，是实现信息化教学的基础条件。多媒体教学系统是一个广义的概念，一般指由硬件、软件、教学内容、教学管理机构组成的一体化教学系统。它集声音、图像、视频和文字等媒体为一体，能产生生动活泼的效果，逐步打破"一块黑板、一板粉笔、一张嘴巴众人听"的教师灌输为主的传统教法，构建起新型的教学模式。运用多媒体教学系统进行教学有助于提高学生学习的兴趣和记忆能力；同时，它充分利用多媒体的表现力、参与性、重现力和受控性强的特点，能达到传授知识、开发智力、培养能力、实现因材施教和个别化教学的目的。本节讨论的多媒体教学系统是指由多媒体硬件设备组成的适应课堂教学的教学系统，主要包括多媒体教室、多媒体网络教室和微格教室。

一、多媒体教室

多媒体可以理解为直接作用于人感官的文字、图形图像、动画、声音和视频等各种媒体的统称，即综合多种信息载体的表现形式和传递方式的一种技术。多媒体技术不是各种信息媒体的简单复合，它是一种把文本、图形、图像、动画和声音等形式的信息结合在一起，并通过计算机进行综合处理和控制，能支持完成一系列交互式操作的信息技术。

多媒体教室一般指的是将多种媒体有机地组成一个整体置于一个教室内，使之具有多种功能。教师可以根据教学需要使用不同的媒体，以达到优化教学过程、提高教学质量的目的。它要求所有设备有机地组合在一起，使教师能够灵活控制，控制操作越直观、越简单越好。

多媒体教室种类较多，不同硬件的不同搭配便构成了不同类型的多媒体教室。本节按照计算机所连接的显示设备不同，将多媒体教室分为投影机型多媒体教室、电视机型多媒体教室、交互式电子白板型多媒体教室、多媒体教学一体机型多媒体教室四种基本类型。

（一）投影机型多媒体教室

投影机型多媒体教室的基本配置包括一台多媒体计算机、一台投影机及幕布。扩展配置包括视频展示台、影碟机、录音卡座、功效、音箱等，它们通过多媒体集成控制系统（又称中央控制系统，简称中控系统）连成一体。视音频信号可直接输入输出，并通过控制面板（见图3-2）统一操控，整个系统可与校园电视系统或计算机网络连接。由于采用多媒体投影机显示，因此显示画面大，图像清晰，教学效果好。投影机型多媒体教室的结构如图3-3所示。

1）中央控制系统

中央控制系统是多媒体教室各种设备连接的桥梁和控制中枢，一般由视、音频矩阵模块、VGA处理模块、控制码录入模块、继电器模块、控制面板、控制软件等组成。它可以使教师通

第三章 信息化教学环境

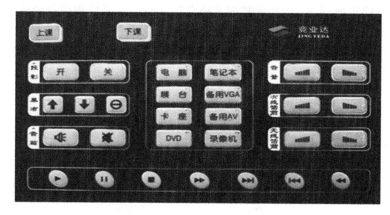

图 3-2　控制面板

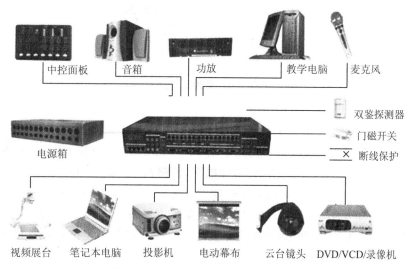

图 3-3　投影机型多媒体教室的结构图

过控制面板、鼠标或电脑触摸屏中的某种控制方式来自如地控制各种媒体。目前控制系统的控制方式较多，面板控制和电脑界面控制差异较大，性能指标相差也较大。有的控制面板让教师一看一目了然，较简单，运用起来十分方便。将多媒体教室的录像机信号、影碟机信号、录音卡座信号、实物展示台的 AV 信号、台式电脑或笔记本电脑的 VGA 信号、音频系统、电动银幕和电动窗帘的电源控制信号等输入到多媒体集中控制系统主机，一般可随意切换和调整各种媒体的画面、声音及相关设备（电动银幕、窗帘、照明等），从而完成教学任务。

2）多媒体计算机

多媒体计算机是多媒体教室的核心媒体。作为一个综合使用的多媒体教室，教室使用频率高，运行软件多，对图像、图形要求较高，为满足教学需要，在配备多媒体计算机时，应配置当前市场上的主流产品且参数相对较高的产品。多媒体电脑与控制系统主机相连，安装相应的软件，可以实现电脑触摸式操作或鼠标操作的所有功能，使显示器与投影屏幕同步显示画面。

3）视频展示台

视频展示台又称实物展示台，主要用于显示文稿、图片、胶片等，有的可以连接显微镜。实物展示台主要由上方悬挂的摄像头和底部的平面展台两部分组成，现在大部分展台在侧面还装配了照明光源。摄像头能根据实际需要，完成旋转、变焦、自动或手动聚焦等操作。平面展台可放置要显示的实物、文稿,为使实物或文稿有较好的色还原性和获得较清晰的图像,在展示台两侧或后面配备了照明光源。平面展台底部也配备了光源,能清晰显示幻灯片和胶片,且具有正像、负像、正片、负片等功能。现在市面上有的展台还具有图像帧存储和视频信号多路切换功能,如图 3-4 所示。

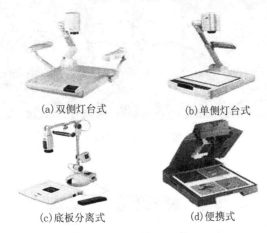

图 3-4 实物展示台

4) 投影机

多媒体投影机一般是吊装于多媒体教室内的,使多媒体画面能投射到大屏幕上。目前市场上多媒体投影机有两大类型。第一大类型是 CRT(cathoderay tube)三管式投影机,其主要特点是:清晰度高、使用寿命长,但体积大、耗电多、价格高、笨重(50 kg 以上)、不便安装。第二大类型是 LCD(liguid crystal display)和 DLP(digital light pro-cessing)液晶显示投影机。LCD 是一种液晶显示反射式投影机;DLP 是一种数码光输投影机。这类液晶显示投影机的主要特点是:体积小、耗电少、重量轻,便于携带和安装,使用范围广;但是投影机灯泡寿命较短,如图 3-5 所示。

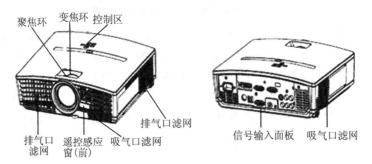

图 3-5 LCD 投影机

5) 音响系统

音响系统应包括功放、音箱、无线麦克风、有线麦克风、调音台和均衡器。无线麦克风的配备是为了满足教师能够边板书边讲课,活动范围较大时使用,它要求无线麦克风具有高灵敏度、高隔离度、强抗干扰能力、高信噪比(S/N)等功能,避免相邻多媒体教室互相串扰,减少外界干扰。调音台和均衡器是用于多个音源的调整和减少音频产生自激啸叫的。功放和音箱的配置要根据教室的大小、人数的多少而定,在容纳 100 人左右的教室里需要配备 100 W 以上的功放;在 150 人以上的教室里应配备 150 W 以上的功放或增加前置放大器。音箱和功放配备时应尽量选择专业级、失真小、噪音低、频响曲线平滑、功放与音箱功率阻抗相匹配的产品，安装时应尽可能地使整个教室的声压均匀。

（二）电视机型多媒体教室

电视机型多媒体教室（见图3-6）的基本配置包括一台多媒体计算机和一台电视机。此类型的多媒体教室中，计算机不仅仅用于为学生提供丰富多样的学习资源，还用于帮助和促进学生的认知与理解。电视在这种教室环境中主要作为计算机的显示设备，供集体教学使用。由于电视屏幕的尺寸的限制，且相对成本较低，这种类型的教室主要应用于小班教学，但随着液晶电视技术的成熟，可选择大尺寸的液晶电视作为终端的显示设备使用。

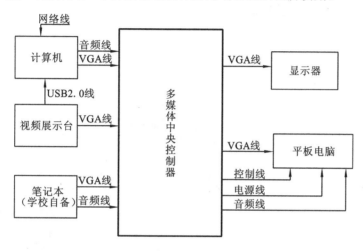

图3-6 电视机型多媒体教室

（三）交互式电子白板型多媒体教室

1. 交互式电子白板概述

作为新一代的信息技术应用工具，交互式电子白板已经被广泛地应用于各种商务活动、会议讨论、课堂教学以及远程培训等场合。交互式电子白板（interactive whiteboard，也称电子交互白板、交互白板）是一个与数字投影机及计算机连接在一起的具有触摸感应的白板，投影机将计算机屏幕的图像投射在白板上，用户通过直接触控电子白板或使用一支特殊的笔就可以对计算机进行操控。

交互式电子白板是一种先进的教育或会议辅助人机交互设备，配合使用投影机、计算机等工具，可以轻松实现书写、标注、几何画图、编辑、打印、存储和远程交互共享等功能。从结构外形来看，主要有正投式、背投式及书写板等几种形态的交互式电子白板；基于白板硬件技术的不同，又可以将交互式电子白板分为两大类：电磁感应类硬板和压触通导类软板。电磁感应类硬板的工作原理是利用电磁感应为感应笔作定位。因此，硬板类交互式电子白板都必须应用某种类型的感应笔在白板上进行书画和操作。而压触通导类软板的工作原理是利用指尖或笔尖的压触使软板表面的两层材料在该点发生短路而通导，从而为指尖或笔尖作定位。因此，软板类交互式电子白板可以使用指尖或书写笔书画或操作。尽管硬板和软板的工作原理不同，且在其上进行书画和操作的手感也有差异，但两类交互式电子白板所能实现的书画、操作和交互功能却是接近的。

　　交互式电子白板型多媒体教室(见图 3-7)的基本配置包括一台多媒体计算机、一台投影机(超短焦)、一块交互式电子白板,扩展配置包括中控、多媒体展示台、影碟机、录音卡座、功效、音箱等。该类型的多媒体教室中,通过与投影机、计算机的配合使用,交互式电子白板可以成为大型的书写屏,对投射到白板上的任何画面,可用书写笔或手指直接在电子白板上书写、触摸,表现出与计算机之间更为强大的交互功能以及更为出色的演示效果。

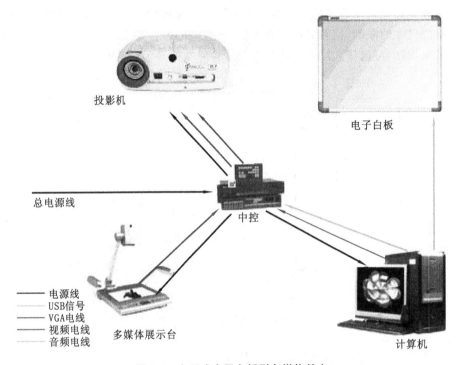

图 3-7　交互式电子白板型多媒体教室

　　交互式电子白板的硬件系统主要包括交互式电子白板、计算机系统和投影设备等基本组件。电子白板同时是计算机的显示器,感应笔具有书写笔和计算机鼠标的双重功能。笔尖可以在电子白板上书写,同时笔尖相当于鼠标左键,可以单击和双击。笔筒上的按钮相当于鼠标右键。计算机的显示内容通过投影机投射到白板上。当感应笔在白板上书写或操作时,通过电磁感应以及白板与计算机之间的馈线将数字信息输送到计算机中,并迅速(以人眼难以区分的快捷速度)通过投影机投射到白板上呈现出来,从而实现交互白板的各类基本操作。

　　交互式电子白板的软件系统是整个交互式电子白板系统的核心,硬件安装后,白板的功能特点如何主要取决于软件系统。虽然当前市场上交互式电子白板的品牌众多、技术复杂且软硬件价格跨度大,但其内置的软件系统在系统架构上却是大同小异的。

2. 交互式电子白板常用功能

　　交互式电子白板在功能上既继承了普通黑板和"计算机＋投影仪"等教育装备所具有的功能,也在电子技术与计算机软件技术的支持下,创新发展了其特有的功能。

　　1) 编辑、书写功能

　　编辑功能:可以对每一个对象进行编辑,包括复制、粘贴、删除、组合、锁定、图层调整、平移、缩放、旋转等;也可以对已经制作好的课件,在交互白板的注解模式下,对原有的课件进行控制和批注,甚至可以在一些视频文件上进行标注。

交互式电子白板提供了不同性能的书写笔,用户可以用书写笔或手指直接在感应白板上进行书写、绘图等。利用画图功能,可以直接在白板上画出各种规范的圆、直线、矩形等图形,有效提高了画图的速度及效果。

利用电子笔在电子白板上随意书写、标注、任意擦除,更有普通笔、毛笔、荧光笔、排笔4种书写、标注的笔形选择,可随意调整笔的粗细和颜色,书写不同大小的文字和不同粗细的线条。

普通笔:具有书写整齐、平滑的特点,更加适合字母、数字的书写。

毛笔:根据中国书法特点开发的毛笔书写效果,精彩展现中国毛笔书法艺术。

荧光笔:真正意义上的荧光笔功能,可自由更改其透明度,适用于标注、突出重点。

排笔:适用于书写新疆文字、阿拉伯文字,有美术字体的效果。

擦除功能:除了能够缩放和移动以外,交互式电子白板还提供了非常便利的擦除功能。同时,交互式电子白板页面移动功能能够把页面移动到合适书写的位置,增强了教学的灵活性。

其实,在课堂上的习题练习环节教师可以随时利用交互式电子白板的编辑书写功能修改白板上的例题,举一反三地讲解教学内容,这样不仅给学生提供了更多回顾新知识的机会,而且会使学生对每一种题型的解法都记忆犹新。交互式电子白板的这种功能使得教师在课堂上可以灵活处理文字内容。

2) 记录存储功能

记录存储功能包括屏幕捕获和视频记录等。

屏幕捕获工具允许教师将其他文件中的有用信息提取出来,供教学使用;也可以让教师将课堂上的教学记录成图片格式(包括PPT讲稿、Flash动画、鼠标运动轨迹、电子白板的板书内容等),供课后教学研讨或学生复习之用;还可以将捕获的图片保存至资源库中,供以后随时调用。

照相机:可以随意捕捉计算机屏幕显示的全部或局部画面,并且可复制到当前操作页面、图库、剪贴板,可随时调用。照相机功能可以支持教师在课堂上把来自网页、课件、学生练习的内容随时截取下来,保存到交互式电子白板的资源库中,从而完成再生资源的回收。

文档操作功能:在窗口模式下可以直接打开Office文档及PDF文档,可对文档直接进行注解和修改,并可保存为Word、PowerPoint、PDF或BTX格式。

页面回放:所有书写和标注的过程可自动记录并进行页面回放。

交互式电子白板不仅可以将计算机上演示的内容或者教师书写的内容显示出来,还可利用照相功能捕捉任何软件、任意文件的全部或局部画面,将教师的板书过程全部记录下来并存储到计算机上,也可将书写内容转换成HTML、PPT、DOC等文件格式保存下来以再利用,还可以在应用软件的支持下,实现板书的自动回放,支持使用者在多种格式文件上进行画、批、写、注。这使得交互式电子白板具有资源再生和再创造功能,能支持头脑风暴式讨论、案例教学、基于纠错诊断式教学等活动。

3) 交互控制功能

交互控制功能包括探照灯、投票器、屏幕幕布和放大镜等。

探照灯:可以对探照灯进行拉伸、缩放和移动,用电子笔按住探照灯光斑的蓝色边缘进行拖拽就可以自由改变光斑的形状和大小。部分品牌的交互式电子白板可以选择探照灯的光斑形状,例如圆形、三角形、方形、五角星形等,探照灯的背景色彩、背景图片和背景透明度都可以进行调节。调节探照灯的光斑形状和背景透明度的目的就是对需要突出的内容做重点显示,在课堂教学中利用探照灯功能将教师希望学生观察的重点变成学生注意的焦点,同时屏蔽其他教学内容。

投票器:交互式电子白板可以将课堂即时反馈互动系统 IRS(俗称"投票器")、无线手写板(俗称"小白板")、手机、摄像头等结合起来共同使用。

屏幕幕布:实现上下、左右拉幕,对屏幕上的内容进行遮挡与呈现,被遮挡的内容可以是 Word 文档、PowerPoint 幻灯片和图片等所有类型的资源,可以根据需要有针对性地展示特定的教学内容,无须任何加工,留出有针对性的信息供演示,方便教学课件的演示,就可以使原来静态的资源具有互动的特征和互动性的使用方式。

放大镜:单击放大镜按钮后,可以在交互式电子白板上画出一个矩形区域,可以随意将选定矩形区域进行放大或缩小,这样可使教学重点内容看得更清楚,有助于改善师生之间互动交流的效果。

4) 资源库功能

交互式电子白板具有强大的资源库功能,包括内置资源、自创资源和网络资源。同时,交互式电子白板具有开放式的图库管理中心、模板管理中心、页面管理中心,可自由插入图片、课件、模板。图库里面有各种各样的图表、地图、专门的背景和多样化的图片,包括各种支持教学、跨科目领域的数据,以及常用的背景库、图库、链接库等,内容非常丰富,涉及领域非常广,其内容可任意添加或删除、导出及分支导入。

内置资源:购买白板时内部自带的资源。在进行视频分析时,将内置资源里的学科专门软件(数学中常用的工具,如量角器、标尺、圆规、XY 圆点、网格生成器、分数生成器、计算器、动态几何绘图板等)单独列出来分析,如此一来,既可以使分析更聚焦,也可以使分析更具实用性。

自创资源:此类资源是教师本人或同事以往保存的教学素材。有的来自于网络下载,有的是教师在现成的资源基础上自己修改制作的,还有一些是教师在课前利用各类资料自己创造、自行组织的。

网络资源:课上师生利用互联网或局域网即时性查找的资源。网络资源是交互式电子白板的一个重要特色,只要与网络相连,交互式电子白板就可以显示网络上的任何内容。教师可以利用网络在线搜索资源,即时进行显示和播放。而且,交互式电子白板和网络的交流是双向的,既可以从网络上下载和播放资源,也可以向网络上上传资源。

另外,交互式电子白板还有一些其他的常用工具,如数字时钟、录音机、指针等。

5) 网络链接、导入导出功能

链接功能:支持文本和图片的超链接,以便链接到其他页面或应用程序,可以使用超链接添加声音和视频文件。

导入导出功能:可以将课堂板书在白板上的所有记录内容导出为 PPT 文件或常用的图片和网页,可将页面上的各个对象存储到图库,并随时提取出来,也可将图库导出为一个文件,并可以在其他位置导入图库。

交互式电子白板提供的网络链接功能可以实现资源共享、网络同步教学、视频会议等。交互式电子白板应用于教学中主要体现在网络同步教学方面,通过与网络链接,创建服务器,可以为身处异地的师生建立共享网络,然后连接网络,建立网络同步教学系统。交互式电子白板的网络链接功能其实也为优质教育资源的共享提供了一个很好的平台,偏远山区联网地方的教师可以通过网络观摩城市教师的优质课。

（四）多媒体教学一体机型多媒体教室

多媒体教学一体机型多媒体教室的基本配置主要是一台多媒体教学一体机，如图3-8所示。多媒体教学一体机将红外触控技术、智能化办公教学软件、多媒体网络通信技术、高清平板显示技术等多项技术综合于一体，整合了投影仪、电子白板、计算机（可选项）、电视、触摸功能设备等多种设备，将传统的显示终端提升为功能全面的人机交互设备。通过一体机可以实现书写、批注、绘画、多媒体娱乐以及计算机操作，直接打开设备即可轻松演绎精彩的互动课堂。它完全替代"投影＋计算机＋功放音响＋电子讲台＋高清视频展示台"等传统复杂教学模式，只需一台设备，即可满足多媒体教学需求。

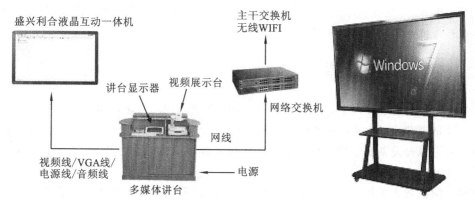

图 3-8　多媒体教学一体机型多媒体教室

实践活动 3-1

多媒体教室设备操作

【活动目标】
（1）认识电子白板和一体机的硬件和软件的作用和功能。
（2）熟练电子白板和一体机的操作方法。

【活动任务】
在教师的带领下观摩所在学校的多媒体教室，仔细观察各种设备是如何连接的，并对照产品说明书了解各种设备的外部结构、基本功能，以及各种接口、按钮的名称、作用及使用方法，做好详细记录。

【活动步骤】

（一）熟悉设备

设备名称	设备型号	基本功能	使用注意事项
投影机			
电子白板			
计算机			
中控系统			

（二）使用多媒体教室

1. 开启多媒体教学系统

按下系统开关，自动接通一体机的各路的电源，接着按下计算机开关，电子白板驱动自动启动，多媒体教学系统开启。

2. 播放媒体信息

在播放媒体信息之前要调节音响的音量，可以操作计算机播放音视频文件，也可以在电子白板上进行触摸操作播放文件。

电子白板不仅可以播放媒体文件，还可以进行白板教学，与学生进行互动。用电子笔或者用手指在电子白板上进行基本的课堂教学操作，如写字、画图、演算过程等。

将实物(包括文档、书籍、立体实物等)放在实物展示台上，将采集的图片或者活动视频进行播放和编辑。

3. 关闭多媒体教学系统

实验结束后，首先将计算机和电子白板打开的文件进行保存并关闭。最后，按下关闭计算机的按钮和系统关闭按钮。

二、多媒体网络教室

多媒体网络教室也称网络化多媒体教室或网络化电子教室，通常指的是在普通机房或普通教学网络的基础上，利用多媒体技术和网络技术，通过音视频传输卡、信号传输线、控制部件、耳机、麦克风等设备实现教师机和学生机之间屏幕和声音的交互切换，并且具有多种教学功能的教学系统。

多媒体网络教室是校园网络最基本的组成部分，它不仅具有各种媒体信息处理功能和人机交互功能，更重要的是能实现网上多媒体信息的传输和共享。

(一) 多媒体网络教室的分类

多媒体网络教室有很多类型，本节根据硬件和软件系统的搭配不同可将其分为标准型多媒体网络教室、基于网络教学平台的网络教室、移动网络教室。

1. 标准型多媒体网络教室

标准型多媒体网络教室(见图3-9)是指网络教室中没有网络教学平台，但至少具备教师机、多台学生机、交换机、投影机(电子白板)、幕布与多媒体电子教室系统等设备的网络教室。在此基础上，根据实际情况，还可以配置多种扩展设备，如中控系统、扩音器、视频展示台、互动反馈系统、液晶书写屏、录课软件等。

2. 基于网络教学平台的网络教室

基于网络教学平台的网络教室(见图3-10)是指在标准型多媒体网络教室的基础上还配备网络教学平台的网络教室。该教室里的计算机首先属于一个局域网，联通校园网、城域网、广域网。网络教学平台的搭建可以建立在不同范围的网络中，该教室通过网络可以访问网络教学平台。网络教学平台应具有课程内容资源管理、在线交流、考试管理、系统管理等功能。

3. 移动网络教室

移动网络教室(见图3-11)是多媒体网络教室的一种延伸，主要是把网络教室中的台式计算机变换为笔记本计算机或移动学习终端，使整个网络教室具有可移动性。移动教室从基础硬件环境看，是以多媒体笔记本计算机(移动终端)、移动无线网络为核心构成的计算机多媒体教室。

• 第三章 信息化教学环境 •

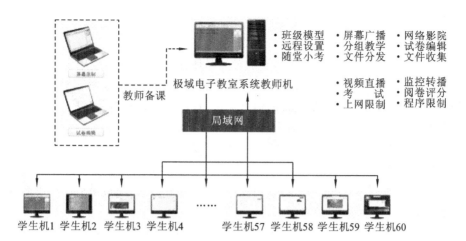

图 3-9 标准型多媒体网络教室

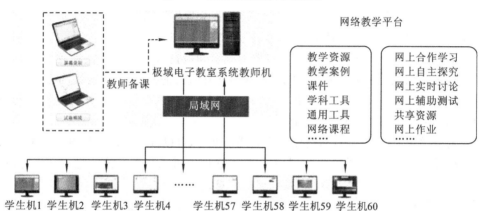

图 3-10 基于网络教学平台的网络教室

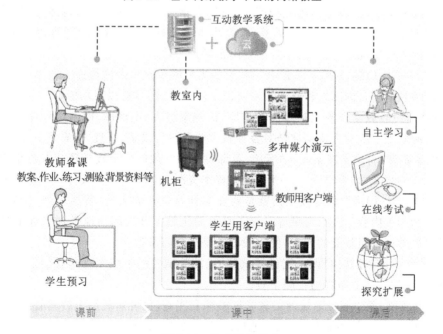

图 3-11 移动网络教室

(二) 多媒体网络教室的教学功能

多媒体网络教室提供了一个先进的多学科授课环境及学习平台,利用了视觉、听觉同步教学的手段,使学生多种感官参与学习,提高了知识接收的效率,充分发挥了计算机辅助教学的作用,从根本上改变并促进了师生之间的信息交流、资源共享和教学合作。

标准型多媒体教室的主要功能如下。

(1) 实时广播教学功能:教师可以将屏幕内容或讲话声音传递给全体学生、部分学生或单个学生。实时广播包括屏幕广播和声音广播。屏幕广播不仅在一定程度上发挥黑板的作用,还可以插入各种精美图片、音视频动画和图像,丰富黑板的功能,提高课堂教学效果;声音广播则使网络教室增添了语音教学功能。

(2) 示范功能:可以将指定学生的屏幕、话音及声音广播给全体、部分或个别学生进行示范。

(3) 远程控制功能:教师可以根据教学需要,要求学生机远程执行某种命令,达到相应的控制效果。比如对学生机进行锁定、解锁或开、关机等。

(4) 学习监督功能:教师可以在自己机器上观看和检查网络上全体学生、某个小组学生或个别学生的屏幕信息。监督功能不影响被监督者正在进行的操作,也不会被察觉。

(5) 分组讨论功能:教师可任意指定 2~16 人为一组,将全体学生分为多组进行分组讨论,教师也可加入到任何一组参加讨论。

(6) 电子举手功能:学生有问题提出或需要帮助时,可以按功能键进行电子举手。

(7) 在线交流功能:教师和学生、学生和学生在网上可以相互交流信息。交流时,在双方的屏幕上将出现交谈的窗口,显示收、发双方的信息。

(8) 学籍管理功能:可对学生的姓名、学号、班级、年龄等学籍信息进行管理并显示在屏幕上。

(9) 联机考试功能:教师运用此功能时,可以先指定一个正确答案,再通过屏幕或声音将试题发送给学生,学生按 A、B、C、D 回答,收卷后电脑立即自动批卷,教师可以马上了解学生对所学知识的掌握情况,从而对教学效果做出正确的评估。

(10) 自动辅导功能:教师可依据电子举手的先后顺序对学生进行逐一辅导。

基于网络教学平台的网络教室除了具有以上功能外,还具有以下功能。

(1) 资源管理:教学资源包括媒体素材库、试题素材库、案例库、网络课件库、文献资料库等。教学资源管理系统的主要功能是对各种教学资源进行采集、管理、检索和利用。

(2) 电子备课:将教学准备、教学实施、备课检查等常规的各个教学环节有机组织起来,形成定位到课堂的教案库、素材库、习题库,组建校本资源库,实现校内、校际优质资源共享。

(3) 课件开发:网络课件开发工具就是要让非计算机专业人员(普通教师)能够方便地构建网络课件和相关内容(备课、考试等),该工具可简化教师开发网络课件和备课的过程,降低课件开发对教师计算机技能的要求,使一般教师易于学习掌握。

(4) 网络练习与考试:测评系统包括试题库、测验试卷的生成工具、测试过程控制系统和测试结果分析工具、作业布置与批阅工具。

(5) 教务管理:教学管理系统使得教学能够顺利实施,也可实现整个教学管理过程的现代化和管理的规范化,另外还能及时、准确地反映教学现状,分析教学效果。

移动网络教室的主要功能如下。

（1）移动教学：教师可以通过无线多媒体教学系统将演示内容显示在学生笔记本（或电子书）上，教师可在班级范围内移动。

（2）班内互动：利用无线多媒体教学系统，可以帮助教师在课堂上更加高效、直观地进行互动教学。

（3）班外互通：利用教学平台，教师可随时随地安全地获取、编辑、使用教学资源。

（4）校外互通：利用教学平台，可以实现备课、授课、资源共享、教学研讨、学习管理、教学评价等。

三、录播教室

录播教室，一般是指全自动录播教室，在做过隔音处理的教室里，通过摄像机（摄像头）、拾音设备等将课程现场摄录的视频、音频、电子设备的图像信号进行整合同步录制，生成标准化的流媒体文件，用于对外直播、存储、后期编辑、点播。

（一）录播教室系统结构

录播教室主要由多媒体教室系统（讲台、中控、笔记本电脑、投影仪、电子白板等）、录播系统、自动跟踪及场景切换系统、"一键式"控制系统等构成。全自动录播教室拓扑图如图3-12所示。

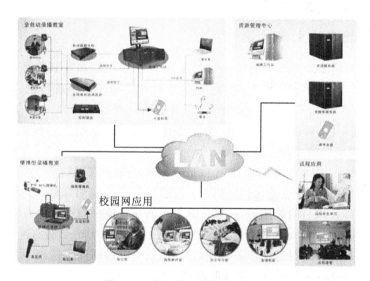

图 3-12　全自动录播教室拓扑图

1. 多媒体教室系统

一般全自动录播教室都配备有一套完整的多媒体教室系统。

2. 录播系统

录播系统具有同步录制、实时直播、在线点播、实时导播、自动跟踪、多方互动、后期编辑等多种功能，录制的文件存储在本地，功能主要集中在一台设备内。

3. 自动跟踪及场景切换系统

自动跟踪及场景切换系统主要包括教师自动跟踪系统、学生自动跟踪系统、板书及场景交互自动跟踪系统、场景自动切换系统。

(1) 教师自动跟踪系统：自动识别教师位置，并实时自动控制摄像头跟踪拍摄，确保在教师任意走动的情况下，自动跟踪系统仍能准确、实时地跟拍教师，并能根据教师与摄像机距离的远近控制摄像机的变焦，使教师画面大小始终保持在预先设置的范围值内。

(2) 学生自动跟踪系统：当学生发言时，自动对学生进行跟踪拍摄；当学生发言完毕，自动跟踪系统就自动回复到预先设定的场景。

(3) 板书及场景交互自动跟踪系统：自动跟踪板书的书写及讲解的行为，并实时控制摄像头拍摄板书内容，板书字迹清晰可见。当教师与学生交互时，场景交互实时控制摄像头跟踪拍摄交互内容，能够从侧面拍摄双方面对面的交互画面。

(4) 场景自动切换系统：是实现全自动录制的必需设备，可根据录制内容的差异，预先定义情境逻辑，设置相应参数，在教师视频、学生视频、板书视频、交互视频和计算机画面之间进行无缝切换，实现视频片段的全自动录制。

4. "一键式"控制系统

教师可通过安装于讲台上的面板实现"一键式"自动录制：教师轻按录制按钮，开始录制；结束后再轻按停止按钮，视频片段录制完成。

(二) 录播教室的主要功能

(1) 同步录制：同步录制各种高清、VGA、标清等视频信号和音频信号，实现教师与学生的完全常态教学互动并自动拍摄，将教师视频、学生视频和多媒体课件的 VGA 图像三流合一，录制成一个文件，供网络点播，或者分录成三个文件供课后编辑。

(2) 课堂直播：将教师的多媒体课件播放、鼠标动作、键盘录入、黑板板书、教师讲解实况和学生提问实况同步压缩，同步网络传输，现场直播。

(3) 课堂编辑：索引编辑及管理，对一段或几段录制资源按照时间、主讲人、科目、类别及权限等自动分类，同时，支持点播时按照相关字段进行检索和索引编辑，形成对这段课堂精品录像的索引。这样，在以后的使用中，可通过索引实现在一段录像资源中的快速切换和定位。

(4) 裁剪合并编辑：对资源进行合理的裁剪合并等编辑，无论录制的视频是几路，都基于统一时间戳进行，即无论进行怎样裁剪合并，各路视频均可做到同步播放。

(5) 同步资料编辑：在直播过程中实时地对一些资料编辑。

(6) 离线资料编辑：对课程进行补充说明，如教师、时间、课程、主要内容、听这堂课学生应该具备的基础知识、历史背景交代、扩展知识及课后练习等。

(7) 课堂点播：支持 C/S 和 B/S 两种模式，可在教室中点播，用来完成教学过程，也可以在其他浏览器上由学生自主点播使用，开展自主学习。

(三) 录播教室的主要教学应用

1) 网络课件制作

系统能自动生成可供网络点播的网络课件，后期可对录像文件进行删减、合成、索引等编辑，也可导入非线编平台进行专业编辑，方便用户教与学的综合应用、优质精品课件的评比等。

2）优质课程资源库建设

录播教室可以为学校进行优质课程资源库建设和课件上传提供开放式管理平台。教师上课完成时，录制的课件可直接上传到服务器；配合数字媒体资源存储管理系统，还可提供 B/S 结构的资源管理平台，为教师资源上传点播提供开放式管理平台。同时，管理平台全面支持基于内部园区网或广域网终端对课件库资源的授权访问、浏览查询、下载导出应用。

3）远程互动教学

利用"录播"系统，实现校内班级之间的互动，支持跨校区互动，支持两点或多点的校际互动教室之间的互动教学。

4）网络教研活动

随着网络技术的运用普及，学校从单纯的教室课堂发展到了与网络课堂相结合的多模式教学活动。通过全自动课程录播系统，用户可以进行课件的网络直播和课后点播、示范性教学、学生远程学习、远程互动教学等。用户可以随时随地进行观摩、学习，不再受空间和时间的限制。

5）微格教学评估

教师的教学技能训练一直是学校关注的重点，以往在教室现场听课的方式无法正确客观地对教师进行评估。根据微格教学的特点，可在录播系统中嵌入微格教学评估系统，学校通过系统内的各项技术指标进行评测评估，通过远程对教师的教学技能进行客观的综合评估，以训练教师的各项教学技能，从而使教学水平得以提高。

第三节　电子书包教学系统

近年来，随着无线网络技术、移动通信技术等现代信息技术的发展，移动学习、一对一数字化学习、电子书包等成为信息技术支撑教学应用创新的新热点。目前，各个省、市已经相继在各个地方的中小学校推行电子书包的试点工作。电子书包在教育教学中的应用虽还远远没有达到可以普及推广的程度，但单就现阶段已经取得的研究成果来看，我们有理由相信，电子书包在某些方面确实有着其他媒体技术所不可比拟的教学应用价值。电子书包教学应用是一个创新推广的过程，教师作为电子书包创新推广的引领团队，有必要掌握电子书包的相关知识，为后续的电子书包引进及教学整合工作奠定基础。

一、什么是电子书包

电子书包作为信息技术教育应用的一种新形态，其提出的初衷是为了减轻广大中小学生的身体负担，使学生不再背着沉重的书包上学。虽然电子书包在国内外推广了很多年，但却始终没有形成一个明确统一的定义。

国外对电子书包概念界定的代表性观点主要有三种：从资源的角度看，电子书包是个人数字资源库，可以存储课内课外所需的文本、图片、视频、音频及其他类型的数字材料；从应用的角度看，电子书包是数字化的协作学习空间，不同内容间实现了无缝访问，允许师生、生生同步或异步交流与共享资源；从技术的角度看，电子书包是一种支持非正式学习的通用网络设施，学生可以使用基于蓝牙、无线网络等技术的设备，随时随地登录、退出电子书包，管理自己的数字资源。

国内对电子书包也没有统一的定义。华东师范大学的吴永和、祝智庭等认为,"电子书包是整合了电子课本阅读器、虚拟学具以及连通无缝学习服务的个人学习终端";江苏省电教馆馆长朱选文认为,"电子书包是软件与硬件的结合,以学生为使用主体,基于网络学习资源,以电脑、专用阅读器等设备为终端的综合性教育应用系统,真正实现课堂教学的电子化、数字化";上海电教馆的张迪梅认为,"电子书包是集学、练、评、估的便携式电子课堂,是学生、教师的互动平台,也是学生、教师、教学、教研、科研、教育行政、家庭的交流平台"。

电子书包不等同于电子教材,它使用IT技术,结合图像、视频、音频等多媒体技术,整合多方优势资源,服务于课堂教学、学习情况分析、课外辅导,为学生学习提供帮助和支持,充分体现以生为本的理念。同时,一些电子书包除了满足学生需要,还拓宽业务,可为教师提供教学、师生沟通、家校沟通等服务。

二、电子书包的系统结构

电子书包是未来智能教室中数字化教与学系统的一部分,在教学中的应用一般需与电子白板、投影仪、无线接入通道、教师机和资源伺服系统来共同构建,如图3-13所示。

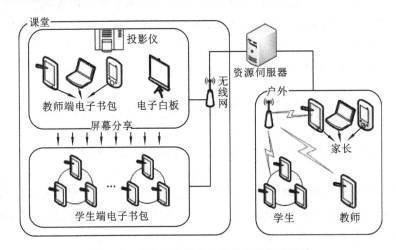

图3-13 未来智能教室中数字化教与学系统

基于电子书包的数字化教学系统包括两种教学环境:课堂教学环境和户外教学环境。电子书包的移动性可使课堂教学环境拓展到户外真实的教学生活情境中,克服固定时空限制所造成的学习困难,从而实现"随意教室"、"随身学习"以及"高互动学习机制"。其中,资源伺服器是把计算处理过的有效信息通过网络的手段提供给连接伺服器和其他终端的一种系统,终端机器可快速得到所需的信息。

(一)电子书包系统构成要素

国内外理论研究与教学应用实践表明,电子书包是运用计算机技术、新型网络技术等现代信息技术和教育技术构建出来的一种面向学生个性发展的移动基础教育综合服务系统,多采用"教育内容+移动终端+虚拟工具+网络服务平台"的模式搭建,如图3-14所示。

(1)学习终端。学习终端即电子书包终端,根据使用者的不同,电子书包终端又分为教师终端和学生终端。电子书包终端是一类对教学过程具有辅助作用的电子装备的统称,目前,主

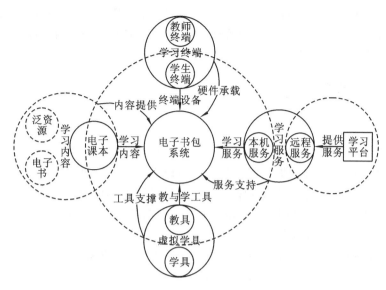

图 3-14 电子书包系统构成要素

要有 PDA、Tablet PC、Notebook 等几种装备形态,且市场上比较常见的电子书包终端平台主要有 iOS、Android、Windows Mobile 等。

(2) 学习内容。学习内容是学习者使用电子书包进行学习的主要学习对象,其中电子课本是电子书包中核心的学习内容。William D. Chesser 将电子课本分为三种类型:一是将纸质版教材直接导出为 PDF 格式文件,产品静态,制作成本低;二是动态展示纸质版的所有内容,产品由 XML 格式文件代替了 PDF 格式文件,文本和窗口会自动进行调整以适应不同屏幕的大小;三是具有交互性并嵌入媒体,如嵌入视频,或直接能从内容链到外部系统,从而提升电子课本的交互性,可以说是对纸质课本进行了全新设计。其中第三种电子课本显然是研究者希望的电子课本的发展趋势。

(3) 虚拟学具。虚拟学具是一种虚拟的学习工具,是相对于传统教学中学生使用的学习工具来定义的。虚拟工具是服务于学习活动的教学软件系统,主要表现为两种类型:一种是将传统物理性的学习工具以数字化、虚拟化的形式呈现,如电子词典、虚拟直尺等;另一种则是结合认知科学和学习理论的研究成果而设计的用以支持学习活动优化的新兴工具,如概念地图工具、群件工具等。从教与学的角度来看,可以将虚拟工具分为虚拟教具和虚拟学具。教具主要配备在教师端的电子书包系统中,将配合与支持学生端的"学",通过班级教具集实现对学生端个人学具集的管理与组织。学具主要配备在学生端的电子书包系统中,核心层是个人学具集,然后才是班级学具集和社会学具集。

(4) 学习服务。学习服务是电子书包系统为学习者提供的各种底层服务,支撑实现个性化学习的需求,最终呈现为用户提供的各种功能及服务,是教与学资源和工具发挥作用的有效保证。在电子课本与电子书包标准总体项目组近期提交的电子课本与电子书包术语标准草案中,将学习服务根据学习类型分为本机学习服务、班级学习服务和社会学习服务。学习服务的服务体系主要包括三大模块:电子书包(个人学习环境、学具支持的客户端系统)、学习公共服务平台(政府、第三方、相关企业)以及服务提供商。

综上,电子课本是学生学习的主要内容,在电子书包中处于核心地位;学习终端是系统的硬件支撑,是进行学习的主要媒介,不同的硬件设备需要对电子课本内容进行自适应以呈现各自能解析的内容;学习服务是最终呈现给用户的各种功能及服务,学习服务平台为电子书包系统提供各种安全的网络学习服务和资源管理平台;虚拟学具是作为教与学过程的支持工具,主要服务于电子书包系统中的各种教学活动。

(二) 电子书包系统配置

1. 硬件配置

电子书包终端与一般的笔记本或平板电脑有着显著的区别,它是在充分考虑中小学生的学习需求和认知特点的基础上进行定制的,主要有以下几个方面的特点。

第一,手势运算化。电子书包的触摸屏和小电笔搭配使用的方式更适合中小学生的认知特点。只要用小电笔或者直接用手指触碰屏幕上的符号或文字,电子书包就能实现把具体的手势转化为过程控制和输入信息。

第二,便携美观化。电子书包的屏幕大小多为 8.9 英寸,重量大多在 1kg 以内,显示屏的分辨率在 1024 像素×600 像素以上,内置的显示芯片为独立的三维图形加速显卡,具有完善的多媒体编辑与处理系统。这样一方面,能够超清晰地显示图像和相关学习媒体内容,另一方面,电子书包简洁、美观、便携的特性极易激发学生的学习使用兴趣。

第三,耐用长效化。电子书包的使用对象为中小学生,硬件的配置应该相对于传统的配置更加经久耐用,其中硬盘通过 50cm 防跌落试验配置,能有效防止轻微的震荡导致的电子书包损害。

2. 软件配置

电子书包中内置的各种软件资源主要是用来辅助或支持学生的认知活动和个性化发展的。根据使用目的的不同,这些软件资源可以划分为以下几种类型。

第一,教学辅助软件。根据学科以及学科内容的不同,教学辅助软件可分为多种,如英语教学中常用的"背单词"软件、数学教学中常用的"小学数学伴侣"软件等。

第二,绘图应用软件。电子书包系统内嵌的绘图软件可方便地替代学习者的美术笔和彩笔。如 ArtRage 绘图软件,可以模仿多种自然画笔,配合电子书包的手写屏幕,能充分地调动学生的动手实践能力和发散思维能力。

第三,教育游戏软件。电子书包提供的教育游戏软件与一般意义上的游戏软件不同,教师可以根据学生的认知能力和学习的阶段与学科,有针对性地设置游戏,如在学习英语发音问题上,游戏题材主要集中在音节发音辨析方面,"小矮人的夹心饼干"这类游戏通过辨析单词中辅音字母组合的发音规律,帮助小矮人兄弟做一个美味的夹心饼干。益智类的教育游戏可以寓教于乐,使学生在快乐愉悦的环境中实现知识意义的建构。目前,常见的教育益智类游戏主要有拼图、迷宫等类型的教育小游戏。

第四,电子阅读软件。电子阅读软件种类繁多,包括有声和无声两种,其中 Foxit 是一款可以打开电子课本的无声阅读软件,帮助中小学生减轻书包重量,轻松又轻便。它还支持高亮、下划线、箭头、圈住等多种标记方式,学生边学习边做笔记,就像纸质书一样方便。有声阅读软件如"语音精灵"、"My Reader"、"声音魔法师"等,则能充分调动学生的视听觉感官,激发学生的学习兴趣和学习动机。

第五,信息管理软件。电子书包的信息管理软件包括个人信息管理软件和家长监督软件。个人信息管理软件主要完成通讯录、日程安排、任务计划、日历、电子日记、便签备忘、密码管理、网址收藏等诸多功能;而家长监督软件则使家长能够远程控制学生的上网时间和浏览内容,并通过查看上网记录跟踪学生的学习情况。

3. 网络服务配置

电子书包网络服务主要是给学生提供实时的网络教学内容和其他辅助性的学习资源。随着电子书包技术的不断更新和发展,学习的网络服务资源完善程度将会成为衡量电子书包质量的重要指标。目前,常见的网络服务主要有以下几种。

第一,网络资源中心,主要是为学生提供所有资料的下载中心。比如 Icox 电子书包侧重于收集重点学校的考试资料,如 5·3 电子书包 S1 收录了一线科学备考"5 年高考 3 年模拟"、"知识清单"等系列顶级教辅。这些资源汇总了历年的考试知识,能帮助学生在最短时间内获取最有效的信息。

第二,在线学习中心,通过在线设置的网上课堂、实施答疑、在线考试、心理测评等,让学生和教师具有共同学习和交流的平台,使学生不仅能参与到名师讲堂,而且能及时解决学习过程中遇到的各种问题。

第三,辅导教学模块。电子书包的辅导教学模块分成家庭作业和一对一家教两个功能模块。家庭作业主要是提供在线的老师布置作业、发布作业、批改作业功能,家长查看作业、作业签字等课外作业功能。而一对一家教则主要是通过提供即时通信工具,让学生或学生家长可即时利用通信工具与教师和学校进行一对一的沟通和交流。电子书包网络服务是电子书包能够成功推广到数字化课堂教学过程中的关键点之一,只有开发强大的网络服务平台,不断满足学生和教师对数字化资源和信息的需求,培养学生驾驭信息、科学解决问题的能力,才能更好地被教师、学生和家长所接受。

当前,电子书包在国内的发展主要表现为三种形态。第一种是以低端笔记本或上网本为硬件基础,以受限的用户权限加上学习软件构成电子书包的软件基础。这类电子书包的优点是学习软件开发成本低,可以运行绝大多数软件,但其耗电量大,使用时间有限,且学习者仍有收到不良软件或内容的影响。第二种是以专门的芯片配以小尺寸液晶屏和键盘为硬件基础,以专门为其开发适应其特有平台的软件或系统为软件基础。这种类型的电子书包的优点是专有性好,能对学习者的学习行为进行良好的管理,防止学习者运行其他与学习内容不相关的程序或软件,缺点是可扩展性差,软件开发成本高。第三种是以现有的智能手机或平板电脑为硬件基础,以现存或开发在其系统上的学习软件为软件基础。这种类型的电子书包的优点是可扩展性好,软件开发成本低,能符合大部分学习者的认知偏好,且不用单独购买设备,在已有的智能手机或平板电脑上只要通过软件商店下载相关程序即可。

三、电子书包的功能

电子书包有着十分丰富、深刻、发展的内涵,而不是简单地将书本装进电脑。电子书包是集学、练、评、拓的活动的、立体的、网络化的、便携式的"电子课堂",是由新的教学理念和教育技术所构成的一种数字化学习空间,是学生、教师的互动平台,也是学生、教师、教学、科研、教育行政主管部门、家庭的交流平台。

（一）电子书包常用功能

1. 教师备课功能

教师安装电子书包系统的教师端软件后，即可在家中或办公室备课、编辑试卷，为学生准备各类教学资源。所制作的试卷或录制的视频资料只需拷贝到学校网络教室的教师主机上，即可直接使用。

（1）录制屏幕操作：利用电子教室系统的屏幕录制功能可以将重要的教学操作过程或展示内容以 ASF 等常用视频格式录制下来，既能在课堂上广播给学生，又可以上传到相关网站，供学生点播自学。

（2）创建标准化试卷：通过电子教室系统的"试卷编辑"功能，可预先创建、编辑试题，便于随堂测验或阶段考试；试卷内容支持单选、多选、判断、论述等多种题型。

2. 教学内容展示功能

电子书包系统拥有投影广播、屏幕广播、网络影院、视频直播四大广播功能，同时具有学生演示功能，便于教师快速广播指定学生的演示操作，极大方便了各种媒体形式教学内容的展示。

（1）投影广播：教师无须安装专用软件，只需将自带的教师端电子书包终端与网络机房的教师机连接，即可通过投影广播功能，将电子书包画面直接广播给学生端电子书包，不仅避免了以往 U 盘传输数据的不安全性，也便于教师直接操作自己电子书包中的各类软件并直接广播给学生，无须在多媒体教室教师机中再次安装，可节省大量时间。

（2）屏幕广播：教师通过屏幕广播，可将演示文稿、Word 等各种形式的教学内容广播给学生，并能够流畅无延时地广播 Direct3D、DirectDraw、OpenGL、游戏、全屏电影等；在讲授过程中，教师可调用屏幕笔，让学生清晰完整地看到整个解题过程。

（3）网络影院：教师通过网络影院，可将 WMV、ASF 等主流格式视频以流媒体方式无延迟地播放给学生，并自动记忆播放位置，便于下次继续播放，提高了音视频资源在教学中的应用质量。

（4）视频直播：教师通过视频直播，可将外接 VCD、DVD、录像机、摄像机的音视频信号广播给学生，拓展了教师可利用的教学资源，最大限度地丰富课堂教学内容。

（5）学生演示：教师通过学生演示功能可调用任何一个学生机屏幕，并广播到其他学生机上，方便教师及时发现学生中的典型个案，开展示范教学，促进学生间智慧共享，激发学习动力，提升教学效果。

3. 教学组织与师生互动功能

（1）一对一交互：学生机通过"举手"功能可以向教师求助；教师也可以通过屏幕监控，发现学生的学习困难，并可用语音、文字、演示操作等方式进行个性化指导。

（2）分组教学：教师通过分组功能可创建多个小组，并指定组长。各小组内部、小组之间可进行团队学习。组内可通过语音、文字等方式进行自由研讨。

（3）收作业：教师单击"文件收集"，即可从部分或全体学生机上强制收取各种格式的作业，并可以方便地通过文件收集的日志查看收集到的作业情况，无须每个学生单独提交作业。

（4）分发文件：教师单击"文件分发"，以更人性化的"拖拽"方式将教师机相关文件分发给学生,并可以分发不同目录下的文件或分发目录。"文件分发"便于教师快速发放作业、资料等,节省课堂时间,进一步提高课堂效率。

⑤ 交作业:学生通过作业提交功能,可主动将作业提交到教师机中的指定文件夹下,便于作业管理,节省收取作业的时间。

4. 教学管理功能

1) 班级管理与分组管理

(1) 班级管理:可在同一个网络教室系统中对不同上课班级进行管理,提供缩略图示、图标、详细排列三种方式显示所管理的班级,方便教师操作。

(2) 分组管理:教师可在同一个班级中新建、删除、保存、重命名不同小组,添加、删除小组成员,并可将分组信息与班级模型匹配并永久保存,下次上课可直接调用。

2) 学生机的远程管理

电子教室系统提供了远程控制、远程命令等多种强大的学生机远程管理功能,方便教师对网络课堂教学进行高效、有序的控制。

(1) 远程监控:通过监控转播功能,在不影响学生操作的情况下,可远程监看学生机屏幕。教师可设定显示的学生屏幕数、切换时间及是否显示警告信息等,并可保存学生机屏幕画面截图。

(2) 远程命令:教师通过一系列远程命令,可远程控制学生机的开机、关机、重启及应用程序的启动与关闭等。

(3) 远程设置:通过远程设置功能,教师可对学生机的桌面主题、背景、屏保、音量、卸载密码、进程保护、断线锁屏、热键退出等进行统一设置。

(4) 学生限制:通过学生限制的系列设定,教师可对学生机的U盘使用、网页浏览、程序运行、打印、发言等进行限制设定。

(5) 黑屏警告:当学生上课开小差或扰乱课堂秩序时,可通过"黑屏"功能将学生机变成黑屏,提醒其集中注意力。

(6) 断线锁屏:上课时,如果学生试图断开网络连接、逃避教师监控,系统会自动锁定学生机键盘、鼠标和屏幕。

3) 便捷的教学测评功能

(1) 随堂小考:教师可在课堂教学中随时出题,组织学生抢答或全班统一作答,并通过系统自动评分、分析试卷,帮助教师及时掌握学生学习情况,调整教学策略。

(2) 试卷编辑:教师通过试卷编辑功能可创建和编辑试卷,试卷内容支持单选题、多选题、判断题和论述题四种题型,并支持题中插入图片,可指定试卷名称、班级、总分、考试时间等信息。教师可在电子书包终端编辑,亦可用其他机器创建、编辑、保存后拷贝到多媒体网络教室教师机上直接使用。

(3) 在线考试:教师单击"开始考试",可打开、预览编辑好的试卷,将试题发送到学生端,进行在线考试。教师可设定考试时间,暂停、恢复考试;"在线考试"同时支持学生断线重连后恢复考试,支持自动收卷、提前收卷等功能。

(4) 阅卷评分:系统会自动对单选、多选、判断题等评分,形成柱状结果分析图;教师可以对论述题进行评分并添加注释;阅卷后,教师可以将带有批注的试卷统一发送给学生;"阅卷评分"帮助教师、学生及时了解教与学的情况,促进教学改进。

（二）电子书包对学习的技术支持

电子书包作为第二次数字化聚合的产物，融合了第一、二代教学媒体的特性，并在一定程度上延伸了计算机的媒体特性，突破了计算机辅助教学的集中化特点，使学习者开展个别化的学习成为可能。电子书包不是简单意义上的硬件终端，而是集硬件、数字资源、虚拟工具和服务平台于一体的数字化学与教的系统平台。与传统媒体相比，电子书包不仅具备一般移动媒体的基本特性，还具有个性化、按需服务等多方面的优势。电子书包在教育教学中的应用，有望使人们所期待的"教育无处不在，学习随时随地""个性化学习""因材施教"等教育理想成为现实。

第一，电子书包整合了海量资源，为教学提供丰富的资源。一方面，电子书包整合了学生学习所需的教材、教辅、工具书等结构化的数字化教学资源包，为学习者提供丰富的数字化学习材料。另一方面，学习者可随时接入网络，方便快捷地获取海量资源。

第二，电子书包支持个性化按需学习。电子书包不仅能根据教学目标、教学内容和学习者特征等为学习者提供全面反映学习主题的结构化教学资源，还能为学习者提供辅助其进行拓展学习所需要的拓展性材料以及方便其搜索与主题相关资源的搜索工具和绿色网络资源。此外，电子书包支持学习者依据自身学习能力、学习习惯制订学习计划、学习内容、学习速度，把握自身学习进度，可有效解决传统教学过程中学习者"吃不饱""吃不了"的问题。电子书包在教育教学中的应用，真正使教师从繁重的备课任务中解脱出来，依托电子书包平台，教师可针对学习者学习情况进行个别指导，对学习者的个性化学习进行宏观、科学的监督。

第三，电子书包支持教师与学生、学生与学生、教师与资源、学生与资源、教师与服务、学生与服务等多种形式的交互。一方面，电子书包平台强大的统计与分析功能，可以对教师的教学效果和学生的学习效果形成及时反馈，相比于传统课堂，教师能更快更全面地掌握课堂教学情况，从而能通过调整教学方向和教学策略来实现高效教学；学生则能快速直观地了解自己对相关知识点的掌握情况以及与班级同学之间的差距，进行有针对性的查漏补缺、巩固提高。另一方面，电子书包平台整合了多种形式的社会性网络工具，使师生摆脱时空限制进行学习交流，使多种形式教学活动的开展成为可能，可极大地丰富课堂教学形式。

【拓展阅读】

智慧校园与智慧教室

一、智慧校园

（一）什么是智慧校园

"智慧校园"作为一个崭新的理念，目前还没有定论。但是国内外学者从多个角度不断进行理论研究，并且结合实践探索，提出了一系列的概念和建设思路。例如，浙江大学信息化"十二五"规划，提出建设一个"令人激动"的智慧校园，这种智慧校园支持无处不在的网络学习，融合创新的网络科研、透明高效的校务治理、丰富多彩的校园文化、方便周到的校园生活。南京邮电大学完成了一个相对完整的智慧校园规划，且认为智慧校园的核心特征主要反映在三个层面：一是为广大师生提供一个全面的智能感知环境和综合信息服务平台，提供基于角色的个性化定制服务；二是将基于计算机网络的信息服务融入学校的各个应用与服务领域，实现互联和协作；三是通过智能感知环境和综合信息服务平台，为学校与外部世界提供一个相互交流和相互感知的接口。

在理论研究上，黄荣怀从数字校园的建设进程角度提出数字校园的"四代"建设观。他认为第四代数字校园(智慧校园)能够有效支持教与学,丰富学校的校园文化,真正拓展学校的时空维度,以面向服务为基本理念,基于新型通信网络技术构建业务流程、资源共享、智能灵活的教育教学环境。有研究者强调物联网技术在智慧校园建设中的作用,如:沈洁等认为,智慧校园是一种将人、设备、环境、资源以及社会因素,在信息化背景下有机整合的一种独特的校园系统,它以物联网技术为基础,以信息的相关性为核心,通过多平台的信息传递手段提供及时的双向交流平台,简单说,就是更智能的学校;周彤等认为,智慧校园是以物联网为基础的智慧化的校园工作、学习和生活一体化环境,这个一体化环境以各种应用服务系统为载体,将教学、科研、管理和校园生活进行充分融合。有研究者认为,智慧校园是各种技术的综合应用;也有研究者认为,智慧校园的建设不仅仅是物联网技术的应用,那只是感知部分,应更多考虑技术的特点,突出应用和服务。

综合以上观点,"智慧校园"系统兼有技术、教育和文化等多重属性,具有以下几点特征。

(1) 环境全面感知。智慧校园中的全面感知包括两个方面:一是传感器可以随时随地感知、捕获和传递有关人、设备、资源的信息;二是对学习者个体特征(学习偏好、认知特征、注意状态、学习风格等)和学习情境(学习时间、学习空间、学习伙伴、学习活动等)的感知、捕获和传递。

(2) 网络无缝互通。基于网络和通信技术,特别是移动互联网技术,智慧校园支持所有软件系统和硬件设备的连接,信息感知后可迅速、实时地传递,这是所有用户按照全新的方式协作学习、协同工作的基础。

(3) 海量数据支撑。依据数据挖掘和建模技术,智慧校园可以在"海量"校园数据的基础上构建模型,建立预测方法,对新到的信息进行趋势分析、展望和预测;同时智慧校园可综合各方面的数据、信息、规则等内容,通过智能推理,做出快速反应、主动应对,更多地体现智能、聪慧的特点。

(4) 开放学习环境。教育的核心理念是创新能力的培养,校园面临要从"封闭"走向"开放"的诉求。智慧校园支持拓展资源环境,让学生冲破教科书的限制;支持拓展时间环境,让学习从课上拓展到课下;支持拓展空间环境,让有效学习在真实情境和虚拟情境中都能得以发生。

(5) 师生个性服务。智慧校园环境及其功能均以个性服务为理念,各种关键技术的应用均以有效解决师生在校园生活、学习、工作中的诸多实际需求为目的,并成为现实中不可或缺的组成部分。

(6) 充分共享、灵活配置的教育云平台。智慧校园中所有数据的收集、存储、处理、服务必须是以教育云平台为基础,实现智慧校园中大数据的云计算处理,从而实现数据的快速处理和资源共享。建有教育云服务平台,能实现教育资源的按需动态分配和技术服务的充分共享。具有统一的教育资源建设标准和存储规范,能实现教育资源的高效检索和智能汇聚,能提供海量的优质教育资源,并与教学系统无缝对接,满足教学需求。

(7) 蕴含教育智慧的学习社区。具有家校互通的沟通平台和学习社区,教师、学生、家长能够及时互动,分享教育经验与智慧。能整合各种社会力量,共同促进学生快速健康成长。

因此,智慧校园是指一种以面向师生个性化服务为理念,以教育云平台为基础,蕴含教育智慧的学习社区,能全面感知物理环境,识别学习者个体特征和学习情境,提供无缝互通的网络通信,有效支持教学过程分析、评价和智能决策的开放教育教学环境和便利舒适的生活环境。

(二) 智慧校园的系统功能

智慧校园系统基于教育云平台构建，包括智慧校园管理系统、智能教学系统、移动学习系统、数字化实验系统、教育资源平台、智慧校园文化系统、家校通系统和数字图书馆系统，如图3-15所示。

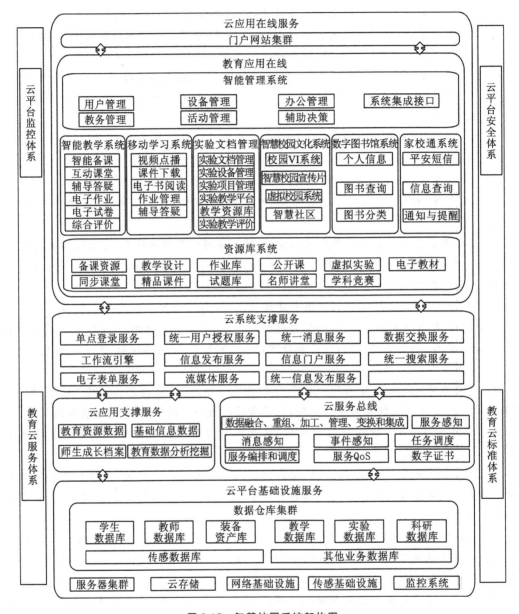

图 3-15　智慧校园系统架构图

1. 教育云平台

教育云平台是智慧校园的底层支撑，采用先进的虚拟化技术，利用硬件服务，构建了校区全新的、动态扩展的、分布式存储教育数据中心。

2. 教育资源平台

教育资源平台是七个子系统的接入口。通过整合各类学校的教学资源，建立了涵盖各学科的素材库、课件库、教案库、电子教材库、试题库、名师讲堂库、同步视频课堂库等优质的教学资源,实现了跨校共享。

3. 智能管理系统

智能管理系统以先进的物联网技术为基础,实现了校园进出人员身份管理、考勤管理、学校资产监控与数据泄密管理、办公管理、教学活动管理、教学设备管理、教务管理和安防管理智能化。

4. 智能教学系统

智能教学系统依托教学资源平台,为教师编写教案、制作课件、批改作业和辅导答疑提供智能化服务。该系统包括智能备课系统、互动课堂系统、辅导答疑系统、电子作业系统和综合评价系统五部分。

5. 移动学习系统

移动学习系统主要以电子书包、手机等移动学习终端为载体,基于统一的教育资源平台支持,实现任何时间、任何地点的个性化学习。该系统主要包括电子教材阅读、课堂笔记、课件下载和信息订阅、教学视频点播、作业下载和提交、辅导答疑、考勤信息和成绩查询、学习工具等。

6. 数字化实验系统

数字化实验系统主要由传感器、数据采集器、计算机、实验教学平台和多媒体互动投影系统组成。该系统实现了从实验数据采集、传输、处理和生成输出全过程数字化,为学校师生创设了开放、协作的科学探究实验环境。该系统还具有实验教学管理、实验设备管理、实验室开放管理和实验成绩管理功能,并与智慧校园其他子系统无缝对接。

7. 家校通系统

家校通系统实现了家校沟通无障碍。老师和家长之间,可以直接使用家校通系统互动交流。譬如,学校向家长报告学生在校情况、发布通知、布置作业,家长查询学校的规章制度、课程安排,或与老师一起切磋教育心得等,十分便捷。

8. 智慧校园文化系统

智慧校园文化系统由校园多媒体信息发布系统、虚拟校园交互式演示系统和智慧学习社区三部分组成。校园多媒体信息发布系统以数字化方式展示学校形象与文化特色。虚拟校园交互式演示系统通过虚拟现实技术逼真再现校园的地形地貌、建筑物、绿化、运动设施及场地等,并可以在校园主页以各种方式进行导览,展示学校形象。智慧学习社区整合了博客、QQ等多种功能,为学生、教师和家长提供了一个便捷交流互动的平台,包括智慧讲坛、创意乐园、智慧活动、名师支招、智慧之星等,为广大教师交流教学经验、分享教学智慧,为学生分享学习心得,开展科技创新活动提供有效的支持。

9. 数字图书馆系统

数字图书馆系统是为了适应图书馆未来的发展要求,满足示范学校对馆藏资源充分共享、高效管理等方面的实际需求构建的。本系统包含了目前图书馆管理业务的每个环节,具备系统图书采访、图书编目、图书流通、期刊管理、公共查询、系统管理等功能,并与本区e卡通系统无缝对接,实现成员馆馆藏资源的互借、互还和互通。

二、智慧教育与智慧教室

(一)智慧教育

近年来,随着物联网、云计算、大数据、泛在网络等新一代信息技术在教育领域的应用推广,智慧教育被赋予新的内涵和特征,教育技术领域研究者纷纷从信息化视角对智慧教育概念进行了阐述。祝智庭教授在《智慧教育:教育信息化的新境界》文章中分析了信息时代智慧教育的基本内涵：通过构建智慧学习环境，运用智慧教学法，促进学习者进行智慧学习，从而提升成才期望，即培养具有高智能和创造力的人，利用适当的技术智慧地参与各种实践活动并不断地创造价值，实现对学习环境、生活环境和工作环境灵巧机敏的适应、塑造和选择。尹恩德从教育信息化带动教育现代化发展的角度出发，界定了智慧教育的概念：智慧教育是指运用物联网、云计算为代表的一批新兴的信息技术，统筹规划、协调发展教育系统各项信息化工作，转变教育观念、内容与方法，以应用为核心，强化服务职能，构建网络化、数字化、个性化、智能化、国际化的现代教育体系。金江军认为，智慧教育是教育信息化发展的高级阶段，是教育行业的智能化，与传统教育信息化相比，智慧教育表现出集成化、自由化和体验化三大特征。

(二) 智慧教室

1. 智慧教室的概念与特征

智慧教室是为教学活动提供智慧教育应用服务的教室空间及其软硬件装备的总和。智慧教室是在物联网、云计算、大数据等新兴信息技术的推动下，教室信息化建设的最新形态。立足教学活动需求，提供智慧化的应用服务是智慧教室的核心使命，达成最优化的教学效果是智慧教室的终极目标。运用智慧技术，提供智慧化服务和功能，对智慧教室实现智慧管理，满足教学活动的高交互特性是智慧教室区别于以往多媒体教室和网络化教室的主要特征。

下面我们将从人性化、混合性、开放性、智能性、生态性、交互性六个方面详细阐述智慧教室的特性。

1) 智慧教室的人性化

智慧教室的使用主体是教与学活动的人，所以智慧教室的设计应更多地体现对于教室使用者即教学者与学习者的关注。在相应技术的支持下，在技术设计与应用上更多地体现以人为本的精神，如在教室设计方面应体现绿色环保和无障碍设计。无障碍设计也是智慧教室人性化特性表现，通过标准化的设计，智能无障碍的课堂可以满足一些特殊人群学习者的需求。智慧教室的人性化还应体现在智慧教室能充分解放教师被教学技术的束缚，更多地关注于教学过程本身。

2) 智慧教室的混合性

智慧教室的混合性主要体现在多种教与学活动的混合、正式学习与非正式学习的混合、虚拟课堂与真实课堂的混合上。智慧教室可以实现多种教与学活动的混合。

3) 智慧教室的开放性

智慧教室的开放性主要体现在课堂教学组织形式的开放以及教学资源的开放上。

4) 智慧教室的智能性

智慧教室应是一个智能化的教室。智能性主要表现在智慧教室实际上是一个嵌入了计算、信息设备和多模态的传感装置的智能学习空间，教室各组成要素都具有自然便捷的交互接口，以支持教与学主体方便地获得智慧教室中计算机系统的服务。

5) 智慧教室的生态性

教育生态学是研究教育与其周围生态环境之间相互作用的规律和机理的科学。基于教育生态学的视角，智慧教室应是一种平等、和谐、开放的生态系统。课堂教学生态包括两大基本构成要素，即生命体——课堂教学生态主体和生命成长赖以发生的环境——课堂教学生态环境。课堂生态主体包括教师和学生。在课堂生命体和其生长环境所构成的生态关系中，作为主体的可以是个体，也可以是群体。多个教师个体可以组成教师种群，多个学生个体也可以组成学生种群，教师种群和学生种群可以共同组成师生群落，不同的师生群落（包括虚拟的和现实的)也可共同构成课堂生态主体。根据这些因子的不同性质可将其划分为物理生态因子、生命生态因子和人为生态因子等类别。它们所构成的物理生态环境、生命生态环境和人为生态环境共同组成课堂教学活动赖以发生的课堂教学生态环境。而课堂生态环境与课堂生态主体之间、课堂生态主体内部各部分之间教师个体、教师种群、学生个体、学生种群、师生群落的相互影响和相互作用,则实现着彼此间的有机联系和物质循环、能量流动与信息流通,并共同构成课堂教学生态。

6) 智慧教室的交互性

互动是课堂教学的重要组成部分,也是有效课堂教学的体现形式之一。智慧教室的交互性主要体现在智慧教室中的教与学的过程更多地体现为一种互动过程,这种互动包括教学者与学习者之间的互动,学习者与学习者之间的互动,教学者、学习者与教学资源、学习资源之间的互动,课堂教学主体与课堂设备之间的人机互动,现实课堂与虚拟课堂中的人、资源与设备的互动等。

2. 智慧教室的系统功能

智慧教室的功能要充分体现智慧教室的特性特征,智慧教室的系统功能主要由内容呈现系统、学习资源系统、实时记录系统、在线测试和评价系统和网络感知系统组成。这五个系统共用教室内的信息资源和各种软硬件资源,在完成各自功能的同时,相互联动与协调。

1) 内容呈现系统

内容呈现系统是智慧教室的重要部分,也是开展课堂教学的基础。设计良好的内容呈现系统可以提高教学内容的传递效果。内容呈现系统包括交互演示子系统、虚拟现实子系统,通常由黑板、交互式电子白板(双板)、移动终端、电子书包、虚拟设备等组成,其基本功能如下。

(1) 呈现教师的演示文稿、教学软件、操作过程等。

(2) 呈现学生移动终端或者电子书包上的内容、作品以及操作过程等。

(3) 呈现教师与学习资源互动内容。

(4) 呈现教师与学生互动内容。

(5) 呈现学生与学习资源互动内容。

(6) 实现虚拟教学环境,模拟出现实物理环境不容易实现的虚拟教学环境。

2. 学习资源系统

学习资源系统包括学习资源存储、分发系统和教学过程录播系统。学习资源存储、分发系统将开发的资源放置在云端,师生可在上课过程中实时同步课程资源,并保存教学过程中的生成性资源。此外,对于课堂教学过程,学习资源系统可实时录制并存储到云端。学习资源系统通常由电子书包、课堂教学资源、学习过程记录、云服务平台等构成,可实现以下功能:上传教师开发的教学资源、同步学生终端内的学习资源、录制师生上课过程、存储教学过程。

3. 实时记录系统

实时记录系统主要是在现在学校流行的录播系统上增加记录学生学习轨迹与教师教学轨迹的功能。教师对教学视频进行分析、反思教学过程、撰写反思日志,为教师教学决策和学生自主学习提供参考和有效数据支持。

4. 在线测试和评价系统

在线测试和评价系统主要包括教师可以利用即时反馈系统在教学的过程中随机出题进行意见征集和应答反馈,以收集学生对某一具体内容和问题的观点或掌握情况,反馈结果可以及时呈现,便于教师及时调整自己的教学内容或过程。

另外，在课程教学之初和课程学习结束之时，可以利用在线测试系统，对学生的预习情况和本堂课程的学习情况进行测试，测试结果通过学习支持系统的后台运算，可以及时提供测试分析结果。

5. 网络感知系统

在物理环境中，智慧教室给教室主体提供了高交互的教与学设备，能够有效支持教室主体对于学习资源的获取、处理和呈现。智能环境控制则给教室主体提供了良好的外在环境，从光、温、声、背景音乐、空气质量等方面根据课堂的实时状态进行调节。创意空间布局则主要考虑给学习者提供更为人性化的桌椅设施，以及根据教与学活动的需要能够方便实施桌椅的组合，形成学习小组，以利于小组学习活动的开展。

第四节　网络互动学习平台

网络互动学习平台最早用于远程教育领域，主要用来向远程学习者传递学习材料，并设想在网上建立一种类似于课堂教学中师生交流的环境和空间。这实际上是由网络通信功能自然形成的一种愿望，人们甚至因此而期望所谓的 E-learning 能够取代传统的学校教学。当然，这种愿望是无法实现的，尤其是对于中小学来说，学校的含义远远超出了知识传授的范围，它还是学生学会处理人际关系能力、学习社会道德规范的场所。尽管基于网络互动学习平台的学习无法代替传统的课堂教学，但它具备许多常规课堂所不具备的优势。因此，如何充分发挥网络互动学习平台的优势，促进学科教学创新开展及学校社区文化的建设，是学校现代教育技术环境研究的重要课题。

一、什么是网络互动学习平台

网络互动学习平台的应用可以使教学材料的展示形式更加多样化，还可以丰富教师与学生之间的互动方式。网络互动学习平台是支持新型的教师指导下学生自主式学习方式的最有力工具，其应用前景十分广泛。

(一) 网络互动学习平台的定义

网络互动学习平台有广义和狭义之分。广义的网络互动学习平台包括支持网络学习的硬件设施、设备及支持网络学习的软件系统；狭义的网络互动学习平台是指建立在互联网基础上为网络学习提供全面支持服务的软件系统。网络互动学习平台能为用户提供教学资源的全方位浏览，同时提供各种关键字的模糊查询，提供各种类型课件的视频播放及下载，提供课程作业的下载及上传，提供学生提问并指定教师答疑等。为了更深入地进行问题讨论，以下所分析的网络互动学习平台在概念上特指狭义的网络互动学习平台。

(二) 网络互动学习平台的特点

E-learning 的普及推动了网络教学和网络学习的蓬勃发展。网络互动学习作为一种新的学习方法，充分利用了最新的计算机技术、网络技术及多媒体技术，使教学具有时空自由、资源共享和便于协作的特点。

1. 注重最新理论和标准的应用

网络互动学习平台大多应用了建构主义教育理论,并参照了教育部和国外主要的远程教育技术规范和标准,如 IMS、Scorm 等。基于分布式应用程序构架,网络互动学习平台一般采用 B/S 模式,对网络教育学科基础素材库、网络课程和网络教学支撑平台进行综合策划设计,并在系统上实现了三方面的有机结合。

2. 注重系统的稳定性与开放性

网络互动学习平台一般采用企业级服务器,确保系统在大负荷情况下的安全运行。在技术层面上,网络互动学习平台具有跨平台、开放性、可扩展性和可重组性等特点。

3. 支持多种教学模式

网络互动学习平台支持同步教学和异步教学、教师引导学习和学生自主学习等多种教学模式。网络互动学习平台为教师提供了丰富的课程管理功能,以及强大的在线备课、网上教学、组织答疑讨论和在线组卷等功能。教师完全可以自主管理教学内容,控制教学进度,组织师生答疑,进行在线测试,从而实现同步和异步教学,展示教师的个性化教学方法,调动教师工作的积极性。网络互动学习平台同时也为学生提供了基于课程的各种学习工具,包括课程通知、答疑讨论(课程论坛、常见问题、自动答疑、邮件答疑)、课程作业、课程问卷、教学邮箱、学习笔记及在线测试等,方便学生在教师的指导下自主学习。学生在网上的学习突破了时间和空间的限制。

4. 丰富的网络学习内容传播模式

基于网络的教学系统信息传播模式具有灵活、多样的特点。视频点播、音频点播、网络动画,以及音、视频实时转播等技术代替了传统电视广播教学中的录像、录音等材料的使用。

5. 良好的交互功能

网络互动学习平台提供了适合互联网的交互式超文本课件,使教材、教案结构立体化、非线性化。另外,还提供了交互式的电子公告板、电子留言板、电子邮件、课件下载等多种教学交互手段,并将这些材料由单向改变为双向可交互式进行使用。这些交互性设计为远程解答问题、辅导、交流、讨论等创造了条件,还可以简单方便地利用广域网中的教学资源,共享全球各地的各种知识和信息资源。

6. 跟踪并统计教/学过程

网络互动学习平台提供了对学生学习过程的跟踪统计功能,便于教师有针对性地调整、改进课程教学;同时也提供了对教师教学过程的跟踪统计功能,对教师运用网络互动学习平台提供的各种课程教学工具、参与课程教学的详细信息进行实时统计,从而使学校对课程任课教师的评估更加客观、方便、有效。

二、网络互动学习平台的系统功能

图 3-16 所示为网络互动学习平台的系统功能结构图。

一般来说,网络互动学习平台主要包括以下几个方面的功能。

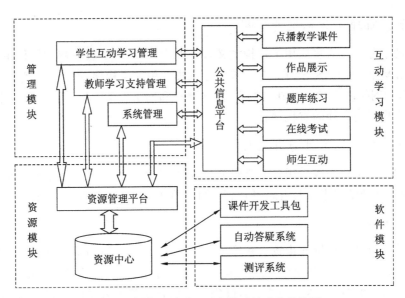

图 3-16 网络互动学习平台的系统功能结构图

(1) 网络资源发布系统：通过在校园网上构架一个统一、规范，支持视频动画、互动式教学软件、教师教案文本等各种类型的教学资源发布系统，为各专业的教师制作、发布教学信息资源提供条件。

(2) 网络学习支持系统：为学生和教师两种角色提供相应的网络教学环境，实现课程学习和教学。

(3) 教师备课系统：为教师提供一个网上备课的环境。教师可以根据实际讲课的情况，利用个人资源库和公共资源库中的教学资源，灵活编制、修改和发布多媒体电子教案。学生可以浏览教师编制的教案。

(4) 辅导答疑系统：教师通过答疑讨论室和 BBS 讨论区解答学生的问题，并将学生经常提出的问题进行整理、予以解答后放入"常见问题库"中供学生查询。该系统为学生提供常见问题查询、智能答疑、答疑讨论室、BBS 讨论区等四种答疑讨论方式。

(5) 作业评阅系统：教师可以布置、批改、统计、分析课程作业，并且能够浏览作业的总体情况；学生可以浏览作业、联机提交作业，并可以浏览由教师评语与系统分析结果组成的作业分析报告，了解知识点掌握情况。

(6) 仿真实验系统：教师可以布置课程的实验，并且能够对实验结果和实验报告进行批改、统计和分析；学生可对教师布置的实验进行实验前的预习，可以进行网上模拟实验，还可以在实验完成后提交实验报告。

(7) 在线考试系统：教师可以选择人工式或智能组卷方式，生成试卷对学生进行在线考试或测验。系统可以自动生成并发布考试试卷，并且能够对考试结果进行批改、统计和分析。学生可以在线查看测试、完成并提交测试，系统提供测试分析报告。

(8) 试题生成系统：教师可以在线编辑各种形式的试题，包括单选、多选、判断、问答等题型。教师编辑的试题可以自己使用，也可以共享给指定范围的人员或全部人员使用。

(9) 课程参考资料库系统：建立校内公用资源库，为师生提供海量的资料和数据支持，提供教案制作资源，方便教师之间交流学习。该系统以课程为单元，发挥群体优势，由多名专业教师合作，集合课程有关的参考资料，包括名师、优秀教师的教案、教学研究论文、教学心得等，供教师备课参考并作为学生的学习参考资料。通过积累,逐渐形成内容全面的教学参考资料库。

(10) 其他辅助系统:包括课程通知、课程介绍、我的海报、编写个人主页、通讯录、备忘录及个人信息等。

实践活动 3-2

Moodle 网络互动学习平台体验与创建

Moodle 是一个用来建设基于 Web 的网络教学平台的软件包,也可以说是一个课程管理系统(CMS)。在 Windows 系列操作系统中,Moodle 的安装和设置十分简洁,并且由于其功能优越和开源性,非常适合中小学校网络教学平台的搭建。

【活动目标】

了解 Moodle 平台,查找网络资源,理解 Moodle 的特性及其功能特点,初步掌握创建 Moodle 平台的方法。

【活动任务】

(1) 体验 Moodle 课程:进入中小学 Moodle 课程资源和体验平台,体验 Moodle 平台的内容体系和交互方式。

(2) 创建 Moodle 课程:选定一个主题或一门课程,创建一个 Moodle 网络互动学习平台。

【活动步骤】

(1) 体验 Moodle 课程:进入中小学 Moodle 课程资源和体验平台,体验 Moodle 平台的内容体系和交互方式。

● 进入易魔灯(http://www.emoodle.org/),进入中小学各类 Moodle 课程资源,了解 Moodle 学习平台的构成及内容。

● 进入 Moodle 中国(http://www.cmoodle.cn)体验平台,分别体验 Moodle 平台中的教师和学生角色,并尝试其中课程管理、作业、聊天、投票、论坛、测验、资源、文件调查和互动评价等模块,熟悉 Moodle 互动学习平台中的多种交互方式。

安装 Moodle 平台:配置好运行环境,下载并安装最新版 Moodle。

● 下载并安装 EasyPHP 套件(如 easyphp2_setup.exe),一次性安装好 Apache,MySQL 和 PHP。

● 进入 Moodle 官网(http://www.moodle.org/),下载最新版 Moodle 压缩包并将其解压到安装 EasyPHP 目录下的 www 文件夹中。

● 进入 Moodle 官网下载最新的支持简体中文的语言包 zh_cn.zip,解压后放在 moodle/lang/下。

● 运行 EasyPHP2.0.exe,保证 Apache 和 MySQL 正常运行(绿灯)。

● 进入 http://localhost/moodle/install.php,安装和配置好 Moodle。

● 进入 http://localhost/phpmyadmin/,创建和管理 MySQL 数据库。

● 进入 http://localhost/moodle/admin/,配置页面风格并选择语言(中文)。

(2) 创建 Moodle 课程:选定一个主题或一门课程,创建一个 Moodle 网络互动学习平台。

● 安装完成后,通过 http://localhost/moodle/进入 Moodle 主界面,注册一个"课程创建者"账号并登录,选定课程或主题,创建一门课程。

- 打开这门课程的编辑状态,添加子主题(章节、知识点等)。
- 在编辑状态下,单击子主题后的"添加一个资源",根据课程需要来添加各类文件资源(如网页、PPT、Word 文档、rar 压缩文件等)。
- 在编辑状态下,单击子主题后的"添加一个活动",根据课程需要来添加各类交互活动(如 Wiki、专题讨论、作业、投票、测验、聊天、讨论区、词汇表及问卷调查等)。
- 注册多个"教师"和"学生"账号并登录,进入平台学习,浏览资源并参与学习活动。

【活动成果】

经过对 Moodle 平台的了解、体验、安装和创建活动,大家对 Moodle 已经有了一定的认识:如安装时遇到了哪些问题,是如何解决的,可以总结一些经验;而对 Moodle 有哪些特点,适用于哪些情境、主题等问题,可以进一步地思考和设计。将这些总结和思考整理成文字,可以为以后网络学习平台的应用实践提供指导思路和方法。

本 章 小 结

信息化教学环境是在现代教育理论指导下,建立在多媒体计算机和互联网基础之上,充分运用现代信息技术建立的,能实现教学信息的获取途径和呈现方式多样化,有利于自主学习及协作学习的现代教学环境。它与传统教学环境是完全不同的。在不同的教学环境,教师的教学过程和模式也是不同的,因此在教学中一定要了解信息化教学环境的特点和功能,以实现信息化教学设计过程和结果的最优化。本章详细地介绍了多媒体教学系统、电子书包教学系统和网络平台教学系统的特点、类型、配置和功能,为教师教学时使用这些教学媒体提供了理论支持。

本 章 练 习

1. 名词解释

信息化教学环境、多媒体教学系统、交互式电子白板、电子书包、网络互动学习平台、智慧教育

2. 信息化教学环境与传统的教学环境有什么不同?结合自己的实际体验谈谈你的看法。

3. 上述我们介绍了多种类型的信息化教学环境,它们有什么共同的特点呢?又有哪些不同呢?

4. 有人说"信息化教学设备不能提高课堂的学习效率,反而使教学变得形式化、复杂化",对此你有什么看法?

第四章 信息化教学过程设计

 核心概念

教学设计
信息化教学设计

 学习目标

(1) 准确把握教学设计和信息化教学设计的内涵。
(2) 掌握教学设计的基本原理,并初步具有应用系统方法分析教学问题和解决教学问题的能力。
(3) 掌握学习需要分析、学习者分析、学习内容分析和目标的分析与确定、教学策略的制定、教学媒体的选择和利用及教学设计成果评价的基本方法。
(4) 掌握信息化教学设计的基本方法,并能根据其方法分析教学问题,编写信息化教学设计方案,以解决实际的教学问题。

 知识概览

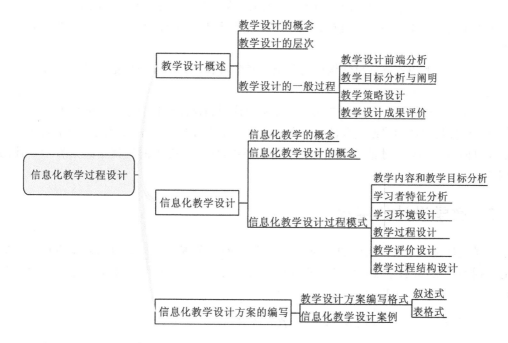

第一节 教学设计概述

在教育技术的五个研究范畴中,教学设计被认为是"教育技术对整个教育科学领域具有最大理论贡献的一个范畴",在教育技术学科体系中占据着核心地位。我国对教学设计的研究开始于20世纪80年代中期,经过二十多年的研究,在理论和实践方面都取得了很大的成果。

一、什么是教学设计

关于教学设计的定义比较多,各个定义的侧重点也有所不同,但这些定义有共同的认识:首先,教学设计的目的是优化教学,否则,教学设计的整个工作是没有意义的;其次,教学设计运用的是系统方法;再次,教学设计要遵循教育教学的基本原理,设计包括整个教学过程和学习过程。我们认为教学设计是运用系统方法分析"教"与"学"过程中的问题,并建立解决问题的方案和策略,实施解决方案,对实施结果进行评价,并对以上步骤进行修正的过程。其根本目的是促进学习者的学习。

教学设计的一般特征有以下几点。

(1) 教学的计划、开发、传递和评价是建立在系统理论基础上的。虽然在执行时它们似乎是按照一定的先后顺序,但实质上它们之间的有机联系是非线性的,其中创造性地分析、解决问题是它们的核心。

(2) 教学目的的确定必须建立在对系统环境分析上,即从需求分析中确定问题,形成教学目的。

(3) 学习目标使用可观察的行为术语来描述,使师生双方对学习产生的结果都很清楚,便于学习者主动参与学习及教师准确地对学习是否发生进行判断,为评价学生的学习提供测量标准。

(4) 对学习者的了解是教学设计的关键。对学习者进行特征分析正是教学设计了解学习者和关心学习活动的表现。

(5) 教学设计研究的工作重点在教学策略的计划和媒体材料的选择与开发上。

(6) 评价是设计和修改过程的一部分。教学系统设计根据科学原理制定的策略必须经过多次反复的试行和修正才能达到最优化效果。所以,评价所提供的反馈信息是教学设计的重要调控信息。

二、教学设计的层次

教学设计是一个解决问题的过程,根据教学中问题范围、大小的不同,教学设计也相应地具有不同的层次,即教学设计的基本原理与方法可用于设计不同层次的教学系统。教学设计一般可归纳为以下三个层次。

1. 以"系统"为中心的层次——教学系统设计

这里所指的系统是特指比较大、比较综合和复杂的教学系统,例如,一个学校或一个新专业的课程设置和实施计划等。这一层次的设计通常包括系统目的、目标的确定,实现目标的方案的建立、试行和评价、修改等,内容涉及面广,设计难度大。因此,教学系统设计需要由教学设计人员、学科专家、教师、行政管理人员,甚至包含有关学生组成的设计小组来共同完成。

2. 以"课堂"为中心的层次——教学过程设计

教学过程设计是针对一门课程或一个单元,甚至是一节课或某个知识点的教学过程进行的教学设计。我们把它分为两个方面:一是课程教学设计,它主要根据课程规定的总的教学目标,在教学内容和教学对象分析的基础上,设计出每个单元、章节的教学目标和各知识点的设计;二是课堂教学设计,它是在课程目标体系的指导下,选择教学媒体,指定教学策略,形成课堂教学过程的结构方案,付诸教学实践,并进行评价与修改的设计。课程教学设计一般由教师或教研组来完成,也可以由教学设计人员、学科专家、教师共同完成,以保证课程规定的总的教学目标的实现。课堂教学设计由任课教师完成。

3. 以"产品"为中心的层次——教学产品设计

教学设计的最初发展是从以"产品"为中心的层次开始的,它把教学中需要使用的媒体、材料、教学包等当作产品来进行设计。教学产品的类型、内容和教学功能常常由教学设计人员、教师和学科专家共同确定。简单的教学产品可由教师自己设计与制作,比较复杂的教学产品有时还需吸收媒体专家和媒体技术人员参加,对产品进行设计、开发、测试和评价。

以上三个层次是教学设计发展过程中逐渐形成的,它们紧密联系。教学过程是整个教育过程的关键,教学过程设计在教学设计的三个层次中处于中心地位。

三、教学设计的一般过程

教学设计是一个分析教学任务、设计教学方案,并对方案进行试行、评价和修改的过程,是一个分析问题、解决问题的过程。教学设计从明确目标、把握内容、制订策略到权衡利弊,即从教什么和为什么教、怎样教、教得怎样几个方面入手,形成各个层次。教学设计共分为前端分析、教学目标的分析与设计、教学过程设计及教学评价四个部分,如图4-1所示。

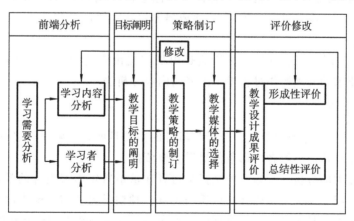

图 4-1 教学设计的过程模型

(一)教学设计前端分析

教学设计的前端分析是指在教学设计开始的时候,对一些直接影响教学设计的因素和环节进行分析,包括学习需要分析、学习内容分析和学习者分析。

1. 学习需要分析

学习需要是指学习期望达到的状况和学习目前的状况之间的差距。在这里，期望来自于社会和学生自身两个方面，是社会和学生自己对其能力素质及其发展的要求。目前的状况是指学生群体和个体在能力素质方面已达到的水平。期望的状况和目前的状况之间的差距揭示出学生在学习过程中存在的问题，而问题的存在也说明了通过教学去解决这个问题的必要性。

学习需要分析是教学设计前端分析中的一个重要组成部分，是指通过系统的分析发现教学中存在的问题，确定问题的性质，论证问题解决的必要性和可行性。其分析方法主要有两种，即内部参照分析法（常模参照测验分析法）和外部参照分析法（标准参照测验分析法）。

2. 学习内容分析

学习内容是指为实现教学目标，要求学生系统学习的知识、技能和行为经验的总和。

学习内容分析也称教学内容分析，是指对学生从起始能力（教学之前已具备的知识、技能等）转化为教学目标所规定的终点能力（满足学习需要后学生所形成的知识、技能等）所需要学习的从属先决知识、技能和态度及其关系进行详细剖析的过程。学习内容分析体现了以"学"为中心的教学思想。学习内容分析的结果是确定了切实可行的总的教学目标，为了完成这个总的教学目标，学生必须掌握哪些相应的具体知识、技能，以及形成什么样的态度。分析方法主要有以下几种。

（1）归类分析法：归类分析法主要是研究对有关信息进行分类的方法，旨在鉴别为实现教学目标而需要学习的知识点。

（2）图解分析法：图解分析法是一种用直观性方法揭示学习内容要素及其相互关系的内容分析法，用于对认知学习内容的分析。图解分析的结果是简明扼要、提纲挈领地从内容和逻辑上高度概括学习内容的一套图表或符号。

（3）层级分析法：层级分析法是用来揭示教学目标所需掌握的从属技能的内容分析法。这是一个逆向分析的过程，即从已确定的教学目标考虑，要求学习者获得教学目标规定的能力，他们必须具有哪些次一级的从属能力，而要培养这次一级的从属能力，又需要具备哪些再次一级的从属能力。

（4）信息加工分析法：信息加工分析法是由加涅提出来的，是根据人脑对信息的加工过程，将教学目标要求的心理操作过程揭示出来的内容分析法。

3. 学习者分析

学习者分析又称教学对象分析。分析学习者的主要目的是了解学习者的能力、特征及风格，为教学外部条件适应学习者内部条件提供重要依据。

第一，初始能力的分析。初始能力是指学习者在从事特定学习内容的学习前已经具备的知识和技能基础，以及有关学习内容的认识与态度。预估学习者初始能力的目的是了解三方面的内容：一是学习者是否具备了从事新的学习所必须具备的知识和技能基础；二是学习者对将要学习的内容知道了多少；三是学习者的学习态度。

第二，学习者一般特征的分析。学习者的一般特征是指学习者具有的与具体学科内容无关但影响其学习的生理、心理和社会特征，包括年龄、性别、认知成熟度、学习动机和生活经验等内容。在教学过程中，教师应把握学习者一般特征方面的特点，并以此作为集中教学时选择教学内容、制定教学策略等工作的依据；同时还要充分重视学习者在一般特征方面的差异，并以此作为制定个别化学习的策略、进行个别辅导等工作的依据。

第三,学习风格的分析。学习风格是学习者持续一贯的带有个性特征的学习方式,是学习策略和学习倾向的综合。学习策略指学习者为完成学习任务或实现学习目标而采用的一系列步骤,其中某一特定步骤称为学习方法。每一个学生在学习过程中表现出不同的学习倾向,包括学习情绪、态度、动机、坚持性,以及对学习环境、学习内容等方面的偏爱。有些学习策略和学习倾向可能会随着学习环境、学习内容的变化而变化,而有些则表现出持续一贯性。那些持续一贯地表现出来的学习策略和学习倾向,构成了学习者通常所采用的学习方式,即学习风格。在分析教学对象的时候要对学习风格做出诊断和验明,其主要目的是在承认和尊重学生学习风格存在差异的前提下,为设计出有利于因材施教的教学方案提供依据。

(二)教学目标分析与阐明

通过学习需要分析确定了教学设计项目的教学目标,通过学习内容分析确定了完成教学目标所必须掌握的各个知识点与从属技能项目,通过对教学对象初始能力的分析确定了教学起点,至此,教与学的内容框架基本确定了。接下来的工作就是要阐明教学目标。

1. 教学目的与教学目标

虽然目的和目标都是指某种行为活动的指向,但两者是有差别的。一般而言,目的比较抽象,是某种行为活动普遍性、同一性的宗旨或方针;目标则比较具体,是指对某种行为活动的个别化、特殊化、阶段性的追求。

2. 教学目标的分类

美国教育心理学家布鲁姆(Bloom)将教育目标分为三个领域:认知领域、情感领域和动作技能领域。

(1)认知领域是教育领域中运用最广泛的领域。布鲁姆把认知领域的教学目标分为六类:知识、领会、运用、分析、综合和评价。(详细内容不再阐述。)

(2)情感领域:情感是人对客观事物的态度的一种反映,表现为对外界刺激的肯定或否定。情感学习既与形成或改变态度、提高鉴赏能力、更新价值观念等方面有关,也影响认知的发展和动作技能的形成,所以它是教育的一个非常重要的方面。克拉斯伍(Krathwohl)等人在1964年将情感领域的教学目标由低到高划分为五级:接受或注意、反应、价值化、组织、价值或价值体系的性格化。

(3)动作技能领域:动作技能涉及骨骼和肌肉的使用、发展和调适,主要通过职业培训、实验课、体育课等科目进行学习与掌握。辛普森(Simpson)等人在1972年将动作技能领域的教学目标分为七级:直觉、定向、有指导的反应、机械动作、复杂的外显行为、适应、创新。

我国教育部《基础教育课程改革纲要(试行)》对课程目标从知识与技能、过程与方法、情感态度与价值观三个方面提出了要求,构成了新课程的"三维目标"。新课程的"三维目标"指向学生全面发展,注重学生在品德、才智、审美等方面的成长,是国家新课程基本理念的重要体现之一。

知识与技能:强调基础知识和基本技能的获得。基础知识主要包括人类生存所不可或缺的核心知识和学科基本知识;基本能力是指获取、收集、处理、运用信息的能力,创新精神和实践能力,终身学习的能力。

过程与方法:突出的是让学生"学会学习",使学生获得知识的过程同时成为获得学习方法和能力发展的过程。主要包括人类生存所不可或缺的过程与方法。过程指应答性学习环境和交往、体验。方法包括基本的学习方式(自主学习、合作学习、探究学习)和具体的学习方式(发现式学习、小组式学习、交往式学习等)。

情感态度与价值观:不仅专注于人的理性发展,更致力于教育的终极目的即人格完善。情感不仅指学习兴趣、学习责任,更重要的是乐观的生活态度、求实的科学态度、宽容的人生态度。价值观不仅强调个人价值,更强调个人价值和社会价值的统一;不仅强调科学价值,更强调科学价值和人文价值的统一;不仅强调人类价值,更强调人类价值和自然价值的统一,从而使学生内心确立起对真善美的价值追求以及人与自然和谐和可持续发展的理念。

3. 教学目标的编写方法

1) ABCD 编写方法

ABCD 编写方法基本上反映了行为主义的观点,强调用行为术语来描述学习目标。下面是依据 ABCD 编写方法编写的实例,并用符号标明了它的构成要素。

<u>初中二年级学生</u> , <u>在观察各种云的图片时</u> , <u>应能将卷云、层云和雨云分别标记出来</u> ,
  A   C   B

<u>准确率达 90%</u>。
 D

对象 A(audience):是指需要完成行为的学生、学习者或教学对象。如上例中的"初中二年级学生"。

行为 B(behavior):描述行为及其结果的基本方法是使用一个动宾结构的短语,其中表述行为的动词说明学习的类型,宾语则用来说明学生的行为结果或学生所做的事情。上面例子中"将卷云、层云和雨云分别标记出来"中的"标记"就是动宾结构短语中的行为动词,而"卷云、层云和雨云"则是动宾结构短语中的宾语。

条件 C(condition):学生在证实其相应的行为及其结果时,总是在一定的情境条件下进行的,也就是说在学生证实其终点行为时,常提出相应的限制条件。例如"可以借助字典"、"通过小组讨论"等都包含相关条件。行为的条件一般包括环境因素、人的因素、设备因素、信息因素和问题明确性的因素等。

行为的标准 D(degree):行为的标准是指行为完成质量的可接受的最低衡量依据。在教学目标编写时采用什么程度的标准要依据教学内容的实际要求,应当以大多数学生在经过必要的努力之后都能做到的事情作为行为的标准。行为的标准一般从行为的速度和准确性等方面进行描述。例如"在 5 分钟以内"、"误差在 1 mm 以内"、"准确率达 90%"等都包含了教学目标中的有关标准。

2) 内部过程和外显行为相结合的编写方法

教育心理学家格朗伦(Gronlund)1978 年就指出,在编写教学目标时应首先明确陈述如理解、记忆、欣赏、掌握等内部的心理变化,然后再列举反映这些内部变化的行为表现样例。

例如,理解杠杆的原理:
- 能举出三种生活中采用杠杆原理的实例;
- 能用自己的语言说明杠杆的平衡条件;
- 能写出杠杆实例中的力臂和力矩的关系式。

这里"理解杠杆的原理"是教学目标的一般陈述,旨在理解。而理解是一个内部的心理过程,不能直接测量和观察。例中为了使"理解"能够得到测量和观察,利用了三个能证明学生是否具备"理解"能力的行为实例进行描述。值得注意的是,这里利用内部过程和外显行为相结合的方法描述的教学目标强调的是"理解",而不是表明"理解"的具体行为样例。格朗伦的方法强调例证的列举能力,既避免了用内部心理过程表述目标的抽象性,也避免了行为目标的局限性。

(三)教学策略设计

策略制订主要包括教学策略的制订和教学媒体的选择两个部分。教学目标确定后,就要进行教学策略的制订。教学策略是实现教学目标的重要手段,是教学设计研究的重点。选择有效的教学方法和教学手段,是实施有效教学的必要条件。通过教学策略的制订,明确教学的形式、手段和方法,即"如何教"的问题,促使教学过程的最优化。教学媒体的选择实际上属于教学策略的研究范畴,把它单列出来,是为了突出教学媒体在教学设计中的重要地位。

1. 教学策略的制订

教学策略是对完成特定的教学目标而采用的教学活动的教学程序、教学方法、教学组织形式和教学媒体等因素的总体考虑。教学程序的确定就是要确定教学内容各组成部分之间的先后顺序;教学方法的选择就是要通过讲授法、演示法、讨论法、练习法、实验法、示范-模仿法等不同方法的选择,来激发并维持学习者的注意和兴趣,传递教学内容;教学组织形式主要有集体授课、小组讨论和个别化学习三种形式,每种形式各有所长,应根据具体情况进行相应的选择;各种教学媒体具有各自的特点,需从教学目标、教学内容、教学对象、媒体特性及实际条件等方面,运用一定的媒体选择模型进行选择。

对于教学来说,没有任何单一的教学策略能够适应于所有的情况,有效的教学需要有可供选择的各种策略来达到不同的教学目标。最好的教学策略就是在一定的情况下达到特定目标的最有效的方法论体系。目前公认的基本教学策略有三种:生成性策略、替代性策略、指导性策略。每种教学策略的优缺点可以参阅其他教材来学习,这里不再详述。

2. 教学媒体的选择

教学媒体选择工作的程序主要分为以下三个步骤。

第一,媒体使用目标的确定。媒体使用目标是指媒体在实现教学目标的任务中将要完成的职能。按其职能分类,可把使用目标分为事实性、情景性、示范性、原理性、探究性等几类。

第二,媒体类型的选择。媒体类型是根据学习类型与媒体功能关系二维矩阵中的功能大小进行选择的。

对不同的科目内容和不同的学习习惯类型,不同媒体所产生的功能大小是不同的。这必须通过大量的教学实践试验探索其规律。

第三,媒体内容的选择。媒体内容的选择通常包括画面资料、画面的组合序列、教师的活动、语言的运用和刺激强度等的选择。

(四)教学设计成果评价

经过前三个阶段的工作,就形成了相应的教学方案和媒体教学材料;然后进行教学实施;最后确定教学和学习是否达到目标,即进行教学评价。教学评价是指以教学目标为依据,制定科学的标准,运用一切有效的技术手段,对教学活动的过程及其结果进行测量,并给予价值判断的过程。教学评价是教学设计的一个重要组成部分。

依照不同的分类标准,教学评价可作不同的划分。例如:按评价标准的不同,可分为相对评价、绝对评价和自身评价;按评价内容的不同,可分为过程评价和成果评价;按评价功能的不同,可分为诊断性评价、形成性评价和总结性评价;按照评价分析方法的不同,又可分为定性评价和定量评价。一般情况下,对于教学设计成果的评价主要运用的是形成性评价和总结性评价。

第二节　信息化教学设计

教育部办公厅印发的《中小学教师信息技术应用能力标准(试行)》中指出:"中小学教师要将《能力标准》作为自身专业发展的重要依据。要主动适应信息化社会的挑战,充分利用各种学习机会,更新观念、补充知识、提升技能,不断增强信息技术应用能力。要养成良好的应用习惯,积极反思,勇于探索,将信息技术融于教学和师生交流等各个环节,转变教育教学方式,促进学生有效学习和个性化发展"。要求中小学教师应该具有信息化教学设计能力和信息化教学实践能力。

一、什么是信息化教学

信息化教学是在现代教育思想和理论的指导下,通过现代信息技术的运用,来实现开发教育资源、优化教学过程、培养学生信息素养和提高学生信息能力的新型教学方式。信息化教学的具体表现形式是信息技术与课程整合。信息化教学的实现将是一个漫长而艰辛的过程,是一个变革、转化的过程,是与教育改革不可分离的过程,是教育组织的结构发生变化的过程,是寻求教育现代化的过程,是教育组织系统中信息的含量逐步增大、信息的作用日益重要、信息活动越来越频繁的过程。

信息化教学体现了许多不同于传统教学的特性。1993年美国教育部组织了十多位资深专家(B. Means 等)撰写了一份题为《用教育技术支持教育改革》的报告,为如何运用现代教育技术进行基础教育改革提供了指导性框架。该报告提出了信息化教学的若干特征,从表4-1中可以看出信息化教学与传统教学之间的明显差别。

表 4-1 传统教学与信息化教学之特征对照表

教学过程要素 \ 教学理念模式	传统教学	信息化教学
教学策略	教师导向	学生探索
讲授方式	说教性的讲授	交互性的指导
学习内容	单学科的独立模块	带逼真任务的多学科延伸模块
作业方式	个体作业	协同作业
教师角色	教师作为知识施予者	教师作为帮促者
分组方式	同质分组(按能力)	异质分组
评估方式	针对事实性知识和离散技能的评估	基于绩效的评估

信息化教学能够充分利用信息技术手段进行基于资源、基于合作、基于研究、基于问题等方面的学习,通过微型世界与计算机模拟使学生在意义丰富的"真实"的情境中主动建构知识。信息化教学强调学生是学习活动的主体,学生学习的效果取决于学生的学习方式与参与教学活动的程度。考核教学目标的达成情况时,不是用一个僵化的统一标准来衡量,而应允许有不同的标准。传统教学对学生学习结果的反馈与评价一般注重一元化的主要以知识理解为标准的评价,而信息化教学可以借助技术手段,实现面向过程的表现式评价。

二、什么是信息化教学设计

信息化教学设计是在先进的教育理念和教学思想指导下,充分利用现代信息技术和信息资源,以学生为中心,运用系统方法分析教学问题,科学地安排教学过程的各个环节和要素,以实现教学过程优化的教学规划与准备的过程。目的是激励学生利用信息化环境进行探究、实践、思考、综合运用、解决问题等高级思维活动,培养学生的创新精神和实践能力。

信息化教学设计是在传统教学设计的基础上发展起来的,这是由于信息技术的发展引起教学环境的变化,从而引起教学活动的变化。与传统教学设计相比,信息化教学设计更加重视学习者的主体作用,通过各种新颖的学习方式,充分利用信息技术和信息资源,科学地安排教学过程中的各个要素,为学习者提供良好的信息化学习环境。

(一)信息化教学设计的基本原则

信息化教学设计的基本原则可以归纳为以下几项。

1. 以学生为中心,注重学习者学习能力的培养

以学生为中心是信息化环境下教学设计的首要原则。明确"以学生为中心"对于信息化环境下的教学设计有至关重要的指导意义,因为从"以学生为中心"出发还是从"以教师为中心"出发将得到两种不同的设计结果。

至于如何体现"以学生为中心",信息化环境下的教学设计可以从三个方面努力:①要在学习过程中充分发挥学生的主动性;②要让学生有多种机会在不同的情境下去应用他们所学的知识(将知识"外化");③要让学生能根据自身行为的反馈信息来形成对客观事物的认识和解决实际问题的方案(实现自我反馈)。

2. 充分利用各种信息资源来支持学习

为了支持学习者的主动探索并完成知识的意义建构,在学习过程中要为学习者提供各种信息资源(包括各种类型的教学媒体和教学资料)。但是必须明确:这里利用这些媒体和资料并非用于辅助教师的讲解和演示,而是用于支持学生的自主学习和协作学习。因此,对传统教学设计中有关"教学媒体的选择与设计"这一部分,将有全新的处理方式。例如在传统教学设计中,对媒体的呈现要根据教学目标、教学内容及学习者特征等做精心的设计。而在信息化教学设计中,由于把媒体的选择、使用与控制的权力交给了学生,这种设计就完全没有必要了。信息资源应如何获取、从哪里获取,以及如何有效地加以利用等问题,则是学生学习过程中迫切需要教师提供帮助的内容。显然,这些问题在传统教学设计中是不会碰到或是很少碰到的,而在信息化学习环境中,则成为亟待解决的普遍性问题。

3. 强调创设有意义的学习情境

信息化环境下的教学设计认为：学习总是与一定的社会文化背景即"情境"联系在一起的，在实际情境下进行学习，可以使学习者利用自己原有认知结构中的有关经验去"同化"当前学习到的新知识，从而赋予新知识以某种意义；如果原有经验不能同化新知识，则要引起"顺应"过程，即对原有认知结构进行改造与重组。总之，只有通过"同化"与"顺应"，才能达到对新知识的意义建构。在传统的课堂讲授中，由于不能提供形象的、生动的"真实"情境，学习者对知识的意义建构普遍存在困难。

4. 强调"协作学习"与团队合作

信息化环境下的教学设计认为，学习者与周围环境的交互作用对于学习内容的理解（即对知识的意义建构）起着关键性的作用。学生在老师的组织和引导下一起讨论和交流，共同建立起学习群体并成为其中的一员。在这样的群体中，共同批判地考察各种理论、观点、信仰和假说，并进行协商和辩论，先内部协商（即和自身争辩到底哪一种观点正确），然后再相互协商（即对当前问题摆出各自的看法、论据及有关材料，并对别人的观点做出分析和评论）。

这种协作学习不仅指学生之间、师生之间的协作，也包括教师之间的协作，如实施跨年级和跨学科的基于资源的学习等。通过这样的协作学习环境，学习者群体（包括教师和每位学生）的思维与智慧就可以被整个群体所共享，即整个学习群体共同完成对所学知识的意义建构，而不是其中的某一位或某几位学生完成意义建构。

5. 强调针对学习过程的评价

信息化环境下的教学设计有着全新的评价观。教学评价的目的，一方面是要检验教学活动的结果；另一方面，它更主要的是应该具有激励功能。以往的教学评价更多的是体现前者。因为教学评价的标准掌握在教师和教育机构手里，学生只有被动地接受这种评判。在信息化的教学环境下，学生完全有权对自己的作品做出合理的评价，教师这时并不是作为一个标准的掌握者出现，而是作为一个引路人出现，他更多的是鼓励学生的创造，尊重学生的不同见解，以促进学生创新精神的养成，培养学生独立的人格。

（二）信息化教学设计的成果

信息化教学设计所产生的结果不是传统意义上的教案或课件，而是一个单元教学计划包，我们称之为"包件"（见图4-2）。"包件"包括如下内容。

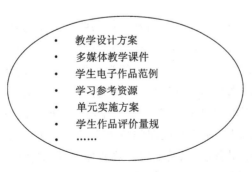

图4-2 信息化教学设计的成果——"包件"

(1)教学设计方案:具体地描述教学单元的主题、学习目标、学习活动(教学过程)和学习资源等,其中学习活动和学习资源在很大程度上是由信息技术支持的,因此这种教学计划可称为信息化教学设计方案。

(2)多媒体教学课件:专门为教学活动开展而设计的各种计算机应用软件,是文本、图形、图像、声音和动画的集合体。

(3)学生电子作品范例:给学生提供参考用的电子作品,可以从各种电子信息源中选取或由教师自行制作。

(4)学习参考资源:为支持学生有效进行学习活动准备的各类辅助性材料,如软件工具、光盘资料、在线参考资料、参考书目、教师用的电子讲稿等。

(5)单元实施方案:包括教学活动的时间安排、学生分组办法及征求社会支持的措施等。

(6)学生作品评价量规:提供结构化的定量评价标准,从内容、技术、创意等方面详细规定了评级指标。利用这种量规来评价学生电子作品,可操作性强、准确性高,既可以让教师评,也可以让学生自评和互评。

三、信息化教学设计过程模式

信息化教学设计强调学生作为学习主体的能动性,尊重学生的个体差异,强调个体之间的协作与交流。虽然信息化教学设计并不完全等同于建构主义教学设计,但建构主义的教学设计思想已经被包容在信息化教学设计之中。信息化教学设计围绕教学任务这一核心展开,通过设计学习环境、教学活动及教学评价,实现教学过程的最优化。其中,学习效果形成性评价是设计过程的重要环节,它是修订的基础,是教学设计成果趋向完善的调控环节。信息化教学设计的具体设计过程如图4-3所示。

(一)教学内容和教学目标分析

在信息化教学设计中,分析教学目标是为了确定学生学习的主题,即与基本概念、基本原理、基本方法或基本过程有关的知识内容。教学内容是教学目标的知识载体,教学目标要通过一系列的教学内容才能体现出来。

在实际教学中,每门课程都由若干章节(或单元)组成,每一个教学单元(主题或课)都包含一定的知识。我们可以根据学科的特点,将教学内容分解为许多的知识点,确定每个知识点内容的属性(事实性知识、概念性知识、技能性知识、原理性知识和问题解决性知识等);然后对教学内容(学习内容)与教学目标(学习目标)进行分析,确定各知识点对应的认知目标(识记、理解、应用、分析、综合、评价),如图4-4所示。

信息化教学设计强调知识的情境性、整体性,但真实的任务是否会体现教学目标、如何来体现,还需要我们对教学内容做深入分析。在编写教学目标时,还应避免传统教学目标分析过度抽象、过度细分、过度分散、过度单调的逻辑关系,而应该采用一种整体性的教学目标编写方法。但是,信息化教学设计这种重整体、轻细化的教学目标编写方式,并不意味着传统的教学目标分析方法(如归类分析法、层级分析法、信息加工分析法等)就没用了。信息化教学设计强调要在真实的学习情境中体现学习知识,对所学知识结构的详细分析将有助于设计更合理的真实任务与真实的学习环境,减少非学习范围的错误探索,提高学习效率。

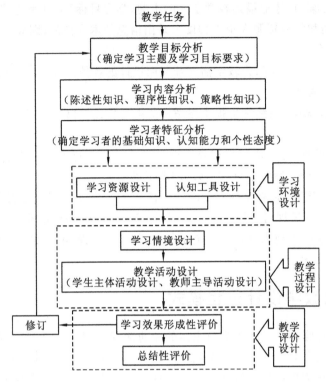

图 4-3　信息化教学设计过程模式

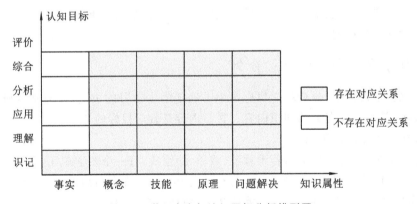

图 4-4　学习内容与认知目标分析模型图

（二）学习者特征分析

信息化教学设计中学生是学习的主体,是意义的主动建构者。从哲学角度看,学习者是学习的内因,外界环境是影响学习的外因,内因是事物发展变化的决定因素,外因则通过内因起作用。学习者特征分析涉及智力因素(知识基础、认知能力和认知结构变量)和非智力因素(兴趣、动机、情感、意志和性格等)两个方面。

对于学习者特征分析这个问题,许多学者已经进行了深入的研究并形成了一套完善的理论体系。确定学习者的知识基础一般采用分类测定法或二叉树探索法。学习者的认知能力(按照布鲁姆的教育目标分类理论划分为识记、理解、应用、分析、综合、评价六个等级)在教学实践中一般采用逼近法来进行测量。认知结构(个体观念的全部内容和组织)是影响新的意义学习与保持的关键因素,网络技术应用以后比较流行使用概念图来测定。测定学习风格和非智力因素的方法则主要包括问卷调查(包括各种量表)、行为观察、行为评定、自然实验以及作品分析等方法。

在信息化教学中,教师可以通过与学生的直接接触,对学生进行观察、了解、分析并通过上述很系统的一系列方法来分析确定学习者的特征,也可以借助多媒体网络技术来实现对学习者行为的监控、行为数据的收集与分析以及学习者深层学习特征的挖掘。目前,很多网络互动学习平台都集成了对学习者的"自分析"功能,能够根据学习者的学习情况(学习行为等)以及实时采集的过程信息等自动地进行学习情况分析并给出学习建议。电子书包作为近年来信息技术支撑教学应用创新的新热点,通过记录和分析学习者预习、上课、作业、辅导、评测等学习各个环节的学习数据,也能实现对学生学习情况的实时反馈,使教师能及时了解学生的学习能力和知识水平,从而设计出适合学生个性的学习情境与学习资源并提供适合的帮助和指导。

(三) 学习环境设计

过去很长一段时间,教学设计的实践领域主要集中在媒体使用和信息传递的层面上。目前,随着以计算机多媒体和网络通信技术为主要标志的信息技术的发展,教学设计的研究重点已然开始从传统媒体传递的设计逐渐转向信息化学习环境的设计。

信息化学习环境是相对于传统的班级物理学习环境而言的,其内涵包含并远远超过了传统的物理学习环境,是物理环境、技术环境和人文环境的一种动态的组合。其中:物理环境设计主要包括校园文化建设、教室空间设计和教室文化建设三大方面;技术环境设计主要包括硬件媒体的选择以及硬件媒体所承载的学习资源和支持工具的设计;人文环境设计主要包括课堂氛围营造策略设计、交往动机激发策略设计以及课堂问题行为调控策略设计。由于信息化学习环境的概念比较广泛,本部分只针对信息化学习环境设计中最关键的、教师可操作的两个环节——学习资源设计和认知工具设计,进行重点阐述。

1. 学习资源设计

信息化环境下的学习资源是指经过数字化处理,可以在多媒体计算机或网络环境下运行的、可被学习者利用的一切多媒体材料。它能激发学生通过自主、合作、创新的方式来获取、分析和处理信息,从而使信息化学习成为可能。

教育部颁布的《教育资源建设技术规范(征求意见稿)》指出,常用的信息化教学资源主要包括9类:媒体素材(文本、图形/图像、音频、视频和动画)、试题、试卷、课件与网络课件、案例、文献资料、常见问题解答、资源目录索引和网络课程。当然,教师在进行教学设计时也可以根据实际需要,设计、开发和利用其他类型的资源,如电子教材、工具软件等。除了上述信息化教学资源之外,教师还可以设计利用常规的教学资源,如实物仪器、模型等。

在设计信息化教学资源时,若现成的资源中已有合用的,应尽可能地选取和运用,这样可以节省时间、经费和精力;当已有的资源不甚合适时,可先考虑对现有资源略作修改,以满足教学需求。以电子书包教学系统支持的教学资源设计为例,教师不仅可以借助网络,方便快捷地获取海量信息资源,还可以立足于电子书包教学系统内置的配套教材、教辅、工具书以及与知识点相关的课件、课例、媒体素材、演示实验、试题库、教学设计等数字化教学资源,根据教学需要,利用电子书包教学系统提供的技术支持工具,如课件制作工具(PPT、Flash)、文字处理工具(Word、WPS)等,对现有的资源进行选择、重组和利用。

如果选取和修改都不行,就要设计、编制新的、符合要求的学习资源。(具体可参照本书第六章和第七章。)

教师在设计教学资源时,首先应遵循以下基本原则。

1) 目标控制原则

教学目标是贯穿教学活动全过程的指导思想,它不仅规定教师的教学活动内容和方式,指导学生对知识内容的选择和吸收,而且还控制资源类型和资源内容的选择。以外语教学为例,让学生掌握语法规则和要求学生能就某个情境进行会话,是两种不同的教学目标。前者往往通过文字讲解并辅以各种实例来帮助学生形成语法概念;后者则往往通过反映实际情境的动画和声音素材,使学生在具体的语言环境中去掌握正确的言语技能。

2) 内容符合原则

学科内容不同,适用的教学资源也不同;即使同一学科,各章节的内容不一样,对教学资源的要求也不一样。以语文学科为例,散文和小说体裁的文章最好通过能提供活动影像的素材来体现,使学生有亲临其境的感觉,以加深对人物情节和主题思想的理解。对于数理学科中的某些定理和法则,由于概念比较抽象,最好通过动画或视频素材把事物的运动变化规律展现出来(或把微观的、不易观察的过程加以放大),以帮助学生掌握定理和规律。同是化学学科,在讲解化学反应时,最好用动画一步步模拟反应的过程;而在讲解分子式、分子结构以及元素周期表等内容时,则应使用图形或图表素材来展现。

3) 对象适应原则

不同年龄阶段的学生其认知结构有很大差别,教学资源的类型和内容必须与教学对象的年龄特征相适应,否则教学效果将大打折扣。在小学低年级阶段,各学科资源设计的重点应放在如何实施形象化教学以适应学生的直觉思维图式,因而应多采用图形、动画和音乐之类的媒体素材,使图、文、声并茂;在小学高年级阶段,则要把重点放在如何帮助学生完成由直觉思维向抽象思维的过渡,因而这一阶段的形象化教学可适当减少;在中学阶段,则应着重引导学生学习抽象概念,学会运用语言符号去揭示事物的内在规律,逐步发展学生的逻辑思维能力。

此外,教师要想将教学信息有效地呈现给学习者,除了必须遵循前述基本原则之外,还应运用心理学原理,尤其是视听心理学原理和规律指导教学资源的设计和开发,才有可能设计出符合学习者认知特点和视听心理特点的教学资源。

2. 认知工具设计

在信息化学习环境设计中,除了为学生提供丰富的、多样化的、适宜的学习资源支持外,还需要为学生提供或选择适宜的、帮助和促进学生对学习资源获取、分析、处理、编辑、制作等加工过程的认知工具。

认知工具是特指促进某特定认知过程的广义信息技术工具,主要指以计算机和通信网络相结合,用于帮助和促进认知过程的工具。学习者可以利用它来进行信息与资源的获取、处理、编辑、制作等,并可用其来表征自己的思想,与他人通信和协作。认知工具在帮助和促进认知过程中,在培养学生批判性思维、创造性思维和综合性思维中起着重要作用。常用的认知工具有六类:问题/任务表征工具、静态动态知识建模工具、绩效支持工具、信息搜集工具、协同工作工具、管理与评价工具。

计算机作为多媒体教学系统的重要组成部分,近年来,其作为辅助学生学习的有效认知工具正发挥着越来越重要的作用。教师在信息化教学设计中要充分发挥计算机作为认知工具的优势,以促进学生知识意义的建构和高阶思维能力的发展。计算机作为认知工具在教学中主要有以下几个方面的作用。

(1) 作为课程学习的资源工具。信息化社会中,学习者能否占有信息、占有信息的及时程度,是学习者学习能否成功的关键。学习者发现所需信息,是学习者获取及加工信息的基础与前提。在信息化学习环境下,将信息技术作为信息获取的工具,是学习者发现与获取所需信息的一种良好途径。

(2) 作为情境探究和发现学习工具。知识发生总是伴随着知识发生所依赖的真实情境,如果要让学习者理解这种知识,最好的方法是创设同样的情境,让学生具有真实的情境体验,在特定的情境中理解知识本身。教师在信息化教学设计中,应充分利用计算机的多媒体特性,将需要呈现的内容以多媒体、超文本、友好交互等方式进行集成、加工处理,将其转化为数字化学习资源,根据教学需要,创设一定的情境,激发学生的学习兴趣,引导学生自己去观察、去思考、去探索、去发现。

(3) 作为协商学习和交流讨论的通信工具。信息技术支撑的信息化学习环境具有强大的通信功能,学生可以借助网络论坛、电子邮件、微博等网络通信工具,以及 QQ、微信等应用软件工具,实现相互之间的交流,参加各种类型的对话、协商、讨论活动,培养独立思考、求同存异、协作创新与团队合作的精神。

(4) 作为知识建构和创作实践工具。在信息技术学习环境下,有助于学习者知识建构的工具平台非常多,有专门的工具型教学软件、一般工具软件以及计算机外接设备等。工具型教学软件不为教师提供具体的教学内容,而是提供一个展示、处理某类教学内容的平台,教师、学生可以利用这一工具来解决所面临的具体问题。"几何画板"是应用非常广泛的工具性教学软件,利用这一工具,学生可以绘制图形并对图形进行测量、伸缩、旋转等各种操作,从而研究和发现图形中的各种内在关系。其他很多学科也都有一些可以利用的工具型教学软件。一般工具软件,如文字处理软件、演示文稿软件、电子表格软件、数据库软件等,也可以用在教学中。常用于教学工具的计算机外接设备有传感器、MIDI 设备等。传感器用于实验教学,在国外的理科教学中的应用已经比较普遍。

(5) 作为自我评测和学习反馈工具。测试是教学过程中十分重要的环节,计算机辅助测验是指用计算机编制和实施独立于计算机辅助教学的客观性测验。计算机辅助测验系统具有生成测验的功能,教师只要设计并录入试题的具体内容,测验模版就能按照所选择的形式和格式自动生成教师所需要的测验。通过多媒体作业与考试系统,按照不同组题策略选出的不同等级的测试题目,供学生进行联机测试,而后利用统计分析软件和学习反应信息测试分析系统分析测试成绩、发掘教学过程信息,学生借助统计图表可以进行学习水平的自我评价。通过信息发掘,教师可以诊断学生的学习问题,从而及时调整教学。

电子书包教学系统是硬件、资源、工具和服务有机融合的整体,其中,硬件是基础,是以平板电脑为主的教师终端和学生终端。与传统的台式电脑和笔记本电脑相比,平板电脑突破了时间、空间等客观因素的限制,是一种颇具市场影响力和教育应用前景的新兴电子产品。平板电脑以触摸屏作为基本的输入设备,是一种小型的、轻薄的、方便携带的个人电脑。平板电脑应用于教育教学实践,其核心价值不是作为传递知识经验的教学新媒介,而是作为一种认知工具,支持和扩充学生的思维过程和心智模式,帮助学生完成知识的加工、转换与表达,实现师生之间、生生之间的协作、交流与讨论。

有别于传统的计算机资源组织模式,目前市场上的主流平板平台采用应用程序(App)的方式组织资源,如 iOS 平台的 App Store、Android 平台的 Android Market 等。使用者可根据需要在相应的平板平台浏览和下载特定功能的应用工具,这些应用工具将帮助学习者获得学习所需的信息与资源,并支持其对所获取的信息资源进行选择、加工与重组。常用的平板教学应用工具有"思维导图""概念地图""统计图表"等信息加工与展示工具,"几何画板""图形计算器"等学科探究与发现工具,"印象笔记""智能个人助理"等信息记录与管理工具等。在电子书包教学系统支持的教学过程各个环节合理地整合各种应用工具,充分发挥平板电脑作为认知工具的优势,将丰富与创新课堂教学模式与方法,促进学生问题解决、协作创新等多方面能力的培养。

(四)教学过程设计

当与具体的课程内容相结合时,教学模式、教学策略的选择最终都会落实到具体的课堂教学活动设计(教学过程设计)上,并按照一定的时间顺序展开。

建构主义学习理论指出,学习者学习和发展的动力来源于学习者与环境之间的相互作用。学习者认知机能的发展、情感态度的变化都应归因于这种相互作用。以学习者的视角来看,这种相互作用便是学习活动。信息化学习环境下,学习者被赋予更多的责任、更大的学习自主性和开放性,而教师则由舞台上的主角变为幕后导演。这一转变极具挑战性,也对教师的信息化教学活动设计和组织能力提出了更高的要求。

1. 学习情境设计

建构主义学习理论认为,学习总是与一定的社会文化背景(即情境)相联系的。在信息化教学中,创设与当前学习主题相关的、尽可能真实的学习情境,引导学习者带着真实的任务进入学习情境,可以帮助学习者实现积极的意义建构。学习情境创设是一个很宽泛的概念,参与社会实践、播放有助于理解教学内容的视音频动画、向学习者提供丰富的多媒体教学资源以及虚拟真实的场景体验等有助于学习者理解掌握学习内容的情境,都属于情境创设的范畴。

学习情境的创设不仅有助于反映新旧知识的联系,便于学习者对知识进行重组与改造,而且有助于学习者实现知识的同化与顺应,完善学习者的知识结构。传统的以语言、动作、图片和简单的实物来烘托气氛的情境创设方式,虽然能在一定程度上丰富课堂教学形式,但却不能完全体现出实际生活情境所具有的生动性和丰富性,学生兴味索然,教师有心无力,教与学的效果往往难以达到预期的效果。随着计算机多媒体技术、网络通信技术、虚拟现实技术和人工智能技术等现代信息技术在教育教学中的应用,学习情境的创设变得直接、简单、高效,创设出来的学习情境更接近现实生活形态,更能激发学生的内部学习动机和学习兴趣,进而提高教学效率、创新教学模式与教学方法。

1)情境类型

利用现代信息技术创设学习情境的方式多种多样,其使用方法也因学科或学科内容的不同而呈现出较大的差异。根据情境创设的作用和一般方法的相似性,我们可以归纳出信息化学习情境的几种常见类型。

(1)问题情境。

2011 年修订的课程标准指出,教师要善于引导学生从真实的情境中发现问题,有针对性地展开讨论,提出问题解决的思路,使学生的认识逐步发展。问题情境是最常见和应用最广泛的一种情境，创设问题情境就是在教学内容和学生求知心理之间设障立疑，让学生处于"愤""悱"的状态，引导学生主动去发现问题、解决问题，促进学生思维能力和创造能力的发展。创设问题情境的方式多种多样，教师可以通过文字、图片、视频、动画等多种途径设置问题，也可以在其他创设情境的途径中交叉使用。

在设计问题情境时，教师要充分考虑学生的学习特点和知识接受能力的差异，依托课程学习总体目标框架，将总目标细分成一个个的小目标，在教学目标分析的基础上提出一系列的问题，以便学生能够通过解决一个个子问题、完成一个个子任务，逐步解决大问题、完成大任务。除此之外，教师在设计问题情境时还应充分考虑如下原则。

① 真实性原则：这里的真实性主要是指问题情境所体现的内容的真实性。问题情境的表现形式或呈现手段可以是虚拟的，但其内容必须是真实的。若问题情境不真实，将不利于学生对所学知识进行引申、推广和迁移运用。

② 适度性原则：情境是问题提出的基础，也是整个教学过程的基石。教师在设计问题情境时应充分考虑到学生的"最近发展区"。创设的问题情境过于复杂可能会使学习过程缺乏中心线索，学生不能在较短的时间内获得合乎需要的结果；过于简单，又达不到训练学生思维的目的，同样不能满足教学的需要。

③ 开放性原则：信息化教学过程中解决问题的目的不是让学生了解和掌握问题的标准答案，而是要鼓励学生积极参与，使其体验解决问题的过程，从而掌握解决问题的一般方法。创设的问题情境要能支撑学生依据问题所依存的情境对其中一些元素提出自己的界定或定义，激发学生解决问题的动机，对问题的理解和解决的方案形成自己的见解。

（2）模拟实验情境。

实验是学生学习的重要方式之一，恰当的实验可以使学生把握事物的本质，加深对知识的理解和认识。但在传统教学中，实验的开展往往会受到时间、地点、实验条件等客观因素的限制，学生多半是通过听教师"讲实验"的方式来掌握实验过程与实验方法的，缺少自主探索发现的机会。信息化学习环境下，教师不仅可以利用一般的计算机多媒体技术，如 Flash 等，创设简单、实用的模拟实验动画，还可以利用虚拟现实技术等比较高端的信息技术手段模拟某种系统、现象或过程，为学生提供可更改参数的指标项和较为真实的虚拟实验场景。学生可以通过使用各种特殊装置将自己"投入"到该实验情境之中，操作、控制该情境，实现与该情境直接、自然的交互。

当然，真正意义上的学习情境不在于情境呈现方式及呈现技术的优劣，过度地追求实验情境呈现方式的科技含量，不仅会提高学生实验操作的难度，而且还容易喧宾夺主，分散学生的注意力，影响模拟实验学习的效果。因此，教师在创设模拟实验情境时，不仅要立足于教学需要，确保模拟实验所涉及的实验条件、实验环境和具体的操作与真实的实验类似，以此来提高模拟实验的科学合理性，使学生能真正吸收和消化所学知识，还要权衡利弊、因地制宜，以较为简洁又能满足教学需要的方式去创设模拟实验情境。

（3）游戏情境。

信息化环境下数字化游戏情境的创设能为学习者提供一个丰富的视听多媒体学习环境，在这样的学习环境下，教师和学生同为游戏者，游戏情节本身就是学习目标，他们在精心设计的游戏情境中合作完成学习任务。

以贾斯珀系列（Jasper series）历险游戏为例，研究者通过设计贾斯珀历险的故事作为背景，让学生在这种背景中学习数学。整个故事分为"雪松河之旅""波恩牧场的营救任务""争取选票"三部分,其中的12段历险所涉及的开放性问题都有若干切实可行的解决方案。这些故事以录像的形式真实展现,利用了多媒体技术的优势和交互技术,为学生提供了将数学知识和其他学科知识整合的情境,使学生身临其境,帮助学生整合数学概念,在相互讨论中解决问题和习得知识。学生在游戏软件提供的轻松、愉快而又紧张激烈的氛围中,通过角色扮演交流互动。他们不是被动地接收信息,而是积极地参与到游戏中来,利用其原有的认知结构中的有关知识和经验,去同化当前学习到的新知识,赋予新知识以某种意义。学生通过游戏提供的情境获得生活经验,通过完成游戏中的任务提高利用数学知识来解决生活实际问题的能力,这大大激发了学生的学习兴趣并培养了其自主探索的精神。

(4) 协作情境。

在信息化教学设计中创设协作情境,就是利用如网络论坛、电子邮件等网络通信工具以及QQ、微信等软件交流工具,通过竞争、协作、伙伴和角色扮演等方式进行学习,针对某个问题展开讨论交流,共同完成学习任务。一般情况下,在信息化教学设计中创设协作学习情境包括以下几个步骤:对信息资源的整合、对学习任务和目标的确定、小组学习、小组学习成果的交流、教师总结与评价。协作情境与外部世界具有很高的类似性,容易实现知识向现实世界的迁移,有利于高级认知能力的发展、合作精神的培养和良好人际关系的形成。

在现代信息技术支持创设的网络协作情境中,所有的信息通过一种抽象意义的平台被融为一个整体,经学生个体和群体协作的形式进行处理,教师和学生个体的思维与智慧就可以被整个群体所共享。学生在这样的协作情境下,通过交流各自的思想、观点,传递信息,发展彼此的友情,通过优势互补,发展学生的合作意识、团体意识,培养学生终身学习的能力。

2) 情境创设中应注意的问题

不同的学习情境所能发挥的作用是不同的,且各种学习情境都有其自身的优缺点,不存在对任何教学目标、教学内容都适用的情境创设方法。但是,对于某些具体的教学目标来说,还是存在某种学习情境,其教学效果明显优于其他学习情境。因此,教师在设计信息化学习情境时,要充分考虑以下几个问题。

(1) 情境创设与教学内容的关系。

情境的创设是为了帮助学习者理解、内化学习内容。不同类型的教学内容需要不同的表现手段与表现方式,要求不同的学习方法。同时,不同的情境类型在不同类型的内容的学习中所起的效果也是不同的。从教学内容的类型上,提供学习资源的学习情境的创设易用于知识的学习,尤其是概念、规律等逻辑性较强的内容的学习。而真实情境则易用于态度情感和技能的学习,此外,还常用于启发学生思维、渲染环境气氛等。

(2) 情境创设与学习者的特征的关系。

学习是个性化的行为,是学生在原有的知识结构上的意义建构的过程。所以情境的创设要充分考虑学习者原有的知识、技能,考虑学习者的学习动机、态度,考虑学习者的年龄和心理发展特征。在综合分析的基础上,创设符合学习者的认知发展规律的情境,创设适合不同学习者特征的多样的情境,用符合学生认知心理的外部刺激去促进他们对新知识的同化与顺应,从而完成知识的意义建构。

(3) 情境创设与客观现实条件的关系。

建构主义学习理论强调应创设尽可能真实的学习情境,因为"真实"的情境更接近学生的生活体验。"真实"的学习情境更容易使学生了解自己所要解决的问题,也更容易启发学生学习的内部动机。最优化教学是教学活动的理想目标,良好的情境创设是提高教学效果的重要手段,但教学过程受到教师、学生、媒体等许多因素的影响,创设情境毕竟只是进行教学的一种手段,所以在情境创设中要综合考虑各种因素,尤其是客观现实,要考虑是否具备了创设情境的客观条件。

2. 学生活动设计

1) 学生活动设计

信息化学习环境下,学习活动的组织形式主要有两种:自主学习与协作学习。自主学习适合于信息化学习的知识获取阶段,即问题分析、资料搜索、问题确认等阶段;协作学习则更适合于知识的综合阶段,即问题解决、成果制作与展示、学习评价等阶段。教师在设计信息化学习活动组织形式时,可以将自主学习与协作学习相结合,使学生既能通过独立学习来自主解决问题,又能通过相互合作共同解决问题。

(1) 自主学习策略。

自主学习是与传统的接受学习相对应的一种学习方式。以学生作为学习的主体,通过学生独立的分析、探索、实践、质疑、创造等方法来实现学习目标。信息化教学设计中,自主学习策略的设计是最核心的环节,是促进学生主动完成意义建构的关键环节。目前比较常用的自主学习策略主要有以下几种。

① 支架式策略。支架式教学要围绕事先确定的学习主题,建立一个概念框架。框架的建立应遵循维果斯基的"最近发展区"理论,且要因人而异(每个学生的最近发展区并不相同),以便通过概念框架把学生的智力发展从一个水平引到一个更高水平,就像沿着脚手架那样一步步向上攀升。

② 抛锚式策略。在抛锚式教学中,要根据事先的学习主题在相关的实际情境中选定某个典型的真实事件或真实问题,即抛锚。然后围绕该问题展开进一步的学习;对给定问题进行假设,通过查询各种信息资料和逻辑推理对假设进行论证,根据论证的结果制订解决问题的计划,实施该计划并根据实施过程中的反馈,补充和完善原有认识。

③ 随机进入式策略。若要随机进入教学,则要能创设从不同侧面、不同角度表现学习主体的多种情境,以便供学生在自主探索过程中随意进入其中任意一种情境去学习。

信息化学习环境下的自主学习策略尽管形式多样,但相互之间却有着共通性,即它们的教学环节中都包含情境创设、协作学习,并在此基础上由学习者自身最终完成对所学知识的意义建构。教师在学习活动设计过程中,要根据活动的目的使用合适的自主学习策略,以充分发挥学生的主体作用,促进有效学习。

(2) 协作学习策略。

协作学习是指学习者以小组形式参与,为达到共同的学习目标,在一定的激励机制下为获得最大化个人和小组学习成果而合作互助的一切相关行为。协作学习有利于发展学生的交流沟通能力,且对于学生成绩的提高、批判性思维与创新性思维等思维能力的形成等都有明显的积极作用。常用的协作学习策略主要有课堂讨论、角色扮演、竞争、协同和伙伴。

① 课堂讨论。这种策略要求由教师引导整个协作学习的过程,通过提出问题组织学生通过多媒体网络教室等信息化学习环境进行全班性的学习交流。

② 角色扮演。角色扮演的形式有两种:一种是师生角色扮演,一种是情境角色扮演。师生角色扮演就是让不同的学生分别扮演学习者和指导者的角色,由学习者解答问题,指导者对学习者的解答进行判别和分析,如果学习者在解答问题过程中遇到困难,则由指导者帮助学习

者解决。情境角色扮演要求若干学生按照与当前学习主题密切相关的情境分别扮演其中不同的角色,以营造一种身临其境的气氛,使学生设身处地地去体验、理解学习内容和学习主题的要求。

③ 竞争。基于竞争的信息化协作学习,一般是由学习系统先提出一个问题,并提供学生解决问题的相关信息。学习者在开始学习时,先从在线学习者中选择一位竞争对手,并协商好竞争协议,然后开始各自独立地解决学习问题。学习过程中,学习者可以看到竞争对手以及自己所处的状态,并根据自己和对方的状态及时调整学习策略。

④ 协同。协同是指由多个学习者共同完成某个学习任务。信息技术环境下的网络学习平台支持多个学习者通过网络来解答系统所呈现的同一问题。他们之间的交流与协作是通过公共的在线工作区来实现的,一般都要进行紧密的合作分工才有可能解决问题。每个学习者都必须与其他学习者讨论,交流彼此的观点并共享集体智慧,最终在彼此之间达成一致的行动方案。学习者可选择自己认为最有效、最合适的合作方式。

⑤ 伙伴。伙伴是指协作者之间为了完成某项学习任务而结成的伙伴关系,伙伴之间可以对共同关心的问题展开讨论与协商,并从对方那里获得问题解决的思路与灵感。信息技术环境下的协作学习伙伴可以是学生,也可以由计算机充当。学习者可以通过网络查找正在学习同一学习内容的学习者,选择其中之一,经双方同意结为学习伙伴并通过聊天区等网络通信方式相互帮助。由计算机充当的学习伙伴需要人工智能技术的支持,即根据一定的策略,由计算机模拟的学习伙伴对学习者的学习状态进行判断,对学习者提出问题或为问题提供答案。

以上五种协作学习策略均要求学生积极参与,因而学生的主体作用均能得到较好的体现。但它们之间又略有不同:前两种对教师发挥主导作用的要求更多一些,而后三种更强调学生之间的相互激励和学生个体的独立探索。

2) 教师活动设计

学习活动是一种发散式的创造思维过程,不同的学生所采用的学习路径、所遇到的困难各不相同,教师作为学生学习活动的组织者、指导者、帮促者,是学习活动顺利实施的重要保障。信息化学习环境下的教师指导活动伴随着学生的整个学习活动过程,因此,有必要对教师的教学指导活动进行设计。

(1) 明确教学主导作用。

信息化教学中,教师不再是整个教学活动过程的中心,但教师的作用仍不可忽略,教师要明确自己在学生学习活动过程中所应起到的作用,从而对学生的学习活动做出正确的指导。

① 信息海洋的导航者。由于信息化学习资源十分丰富,教师需要根据学习主题,筛选学习资源、组织学习资源、传递学习资源,担负网络知识海洋中的"导航者"的责任。

② 情境观察的指导者。教师通过交代教学目标,引起学生注意,明确具体观察的要求;通过语言和动作指导观察的重点、特征部位等;提出具有思考性的问题,引导学生再次观察和思考;组织学生通过语言文字表述对观察结果的评论。

③ 学习过程的设计者。教师要围绕已经确定的主题,根据不同进度设计不同的学习问题:设计能引起争论的初始问题;设计能将讨论一步步引向深入的后续问题;设计稍稍超前于学生智力发展边界的提问性问题,引导学生做更深入的讨论。

④ 协作活动的辅导者。在协作学习活动中,教师应该善于发现每位学生发言中的积极因素并及时给以肯定和鼓励;适时地对于学生在讨论过程中的表现做出恰如其分的评价,引导学生完成协作过程,达到协作学习的目的。

(2) 明确活动目标。

信息化学习环境下,学生的每一项活动都要设定一定的活动目标,学生根据活动目标来调节、监控自己的自主学习活动,并根据活动目标来进行自我评价和同伴互评;教师根据活动目标来设计指导活动,适时地为学生提供指导、帮助和反馈。在目标设计时应注意:目标设计应适中,即达到目标所要求的知识和技能要符合学生的现有能力;目标的完成要依赖现有的信息化资源,依赖小组通过网络交流与协作平台、工具所开展的协作学习;目标的实现除了表现为学科知识的掌握之外,更要强调学生的自主学习能力、协作学习能力、问题解决能力和信息技术操作能力的发展和提高。

(3) 确定教学指导形式。

信息化学习环境下,教师不仅可以通过面对面的形式对学生的学习活动进行观察、监督、指导、反馈和评价,还可以借助于网络平台、网络通信工具等对学生实施网上同步指导、网上异步指导。教师在确定教学指导形式时,需要了解每种指导形式的优缺点,明确在何时、何种情况下使用何种形式的指导,力求做到将三种指导形式结合起来,形成优势互补,促进学生信息化学习活动的顺利进行。

① 面对面指导。这是在传统的课堂教学中使用得最多的指导形式。信息化教学中教师不应排斥对学生实施面对面的指导,因为面对面的指导可以更好地促进师生之间的情感交流,并可以及时获得学生的情感反馈。但是,当学生人数较多时,面对面的指导是很难做到全面兼顾的。

② 网上同步指导。教师利用网络对学生进行同步指导使得教师的指导活动与学生的学习活动同步发生,它能最大限度地保证教师的指导与情感信息的同步传输,使得学生能在同一时间内获得及时的指导和教学反馈,教师也可以通过网络管理工具,实时了解学生的学习动态和学习活动反馈,灵活地对指导活动进行调整。网上同步指导实施的关键在于教师和学生必须同时在线。

③ 网上异步指导。教师网上异步指导给学生的自主学习提供了一个很大的空间,学生可以在课外学习的过程中就遇到的问题向教师求助,学习不受时间、空间的限制。对于在课堂时间内不能解答的问题,教师在课后可以通过电子邮件、班级论坛等对学生进行异步指导。网上异步指导的局限在于对学生在课外学习过程中遇到的问题或困难,教师不能及时地提供指导和帮助,且由于不能及时地获取学生的学习活动反馈,师生间的情感交流在一定程度上也受到了限制。

信息化学习环境下的教师指导活动伴随着学生的整个学习活动过程,在每一个学习活动中,什么时候应该放手让学生去做,什么时候有必要介入,是教师在进行教学活动设计时应该详细考虑的问题。信息化教学并不排斥教师的"教",当学生需要了解一些背景知识或事实以及需要学习特定技能的时候,当大部分学生在学习活动的某一部分表现出极大的困惑或出现学习方向偏差的时候,教师就可以在活动过程中进行适当的点拨和指导,如:提出适当的问题以引导学生的思考和讨论;在讨论中设法把问题一步步引向深入以加深学生对所学内容的理解;启发诱导学生自己去发现规律、自己去纠正和补充错误或片面的认识等,或者插入适当的讲解,甚至是直接讲授。

3) 不同信息化环境下的教学活动特点

信息化教学活动是在信息化教学环境中,教育者与学习者借助现代教育媒体、教育信息资源和教育技术方法所进行的双边教学活动。其中,信息化教学环境作为影响教学活动开展的外部环境,其所依托的信息技术的技术特征和教学特性在很大程度上决定了该信息化教学环境能给教学活动过程提供怎样的外部支持。因此,有必要对现阶段教育教学领域中几种比较常见的、使用比较广泛的信息化教学环境(多媒体教学环境、电子白板教学环境、网络教学环境以及电子书包教学环境)所具有的技术特征和教学特性进行分析,使广大中小学教师充分认识到不同信息化教学环境所能给教学活动过程提供的技术支持,了解不同信息化环境下的教学活动特点,从而设计出既符合课程教学要求又能体现信息化教学环境特征的教学活动,促进学生知识意义的建构和学习能力的生成。

多媒体(投影)教学环境作为目前大部分中小学校课堂的标准配置,支持师生之间面对面的双向交流。多媒体教室中的媒体设备主要起演示教学内容的作用,利用音视频多媒体的优势,以丰富的多媒体信息(文本、图形/图像、音频、视频、动画等)刺激学生的各种感知器官,突破教学重点、难点,从而优化教学过程,提高教学质量和效率。而且由于其结构相对简单,师生操作起来也比较方便。多媒体教室中的媒体设备主要起辅助教师教学的作用,虽然有时也可以用来展示学生的作品,但教师仍然是课堂的操控者和主导者,学生仍然只能被动地接收信息。这种教室多用于以教为主的教学,如果应用不当,很可能造成"人灌"变"电灌"的现象。

多媒体网络教室利用计算机网络技术彻底颠覆了"黑板+粉笔"的传统教学模式,可以将教学内容以多种媒体形式生动、形象地展示给学生,也可以利用软件解决方案轻松实现与Internet的无缝联接,从而大大扩展教学信息来源。多媒体网络教室可以有效地支持集体授课、自主学习、协作学习及探究性学习等多种教学方式,学生在各种教学方式下都可以方便地与教师进行交流。多媒体网络教室中的监控功能有利于发挥教师在课堂中的主导作用,教师可以实时监控学生的学习行为,及时发现、纠正学生学习过程中的问题,提高课堂教学效率,优化课堂教学效果。但是这类多媒体教学环境使用范围比较小,一般仅限于教室或学校内部,学生的协作空间较小,通常需要与Internet结合才能实现广泛的协作。

电子白板教学系统作为技术集成和资源整合的典型,集合了黑板、幻灯投影等技术的多功能优势,一方面能够呈现丰富的多媒体信息(内置资源、计算机和网络资源等),保存教师的教学过程;另一方面,其极强的交互技术优势在体现教师主导作用和学生主体地位的同时,还能够更好地实现教育促进学生发展的目标。电子白板进入课堂教学能激发多种多样的交互活动,促进探究性学习、自主学习、协作学习等多种教学活动的开展。教师可以将电子白板作为资源呈现工具,也可以使用电子白板特有的功能或技巧优化教学活动过程,还可以充分发挥电子白板的功能特性,将其有效整合于课堂教学中,引导学生自己去探索、发现和建构。

网络互动学习环境提供一整套基于网络教学服务的系统软件及网络教学资源,为实施全方位的数字化教学提供服务。基于网络环境的互动教学彻底打破了传统意义上的课堂教学空间限制,教学活动的开展可以不依赖于传统的教室,教师和学生通过联网的计算机,在网络教学支撑环境下进行教与学的活动。教师可以管理教学内容,控制教学进度,组织师生答疑,进行在线测试,实现同步和异步教学,展示个性化教学魅力。同时,网络教学支撑环境也为学生提供了基于课程的各种学习工具,如课程通知、答疑讨论(课程论坛、常见问题、自动答疑、邮件答疑)、课程作业、课程问卷、教学邮箱、学习笔记及在线测试等,方便学生在教师的指导下进行自主学习。教师和学生可以通过平台进行交流,学习者不仅可以与本课程的教师进行交流,还可以和不同地区、不同学校的学习伙伴进行协作交流,实现更大范围的协作学习。

电子书包是未来智能教室中数字化教与学系统的一部分,在课堂教学过程中一般需与电子白板、投影仪等教学设备结合起来使用。作为一种新型的移动媒体,电子书包在一定程度上突破了计算机辅助教学的集中化特点,极大地丰富了教学活动组织形式,使学习者开展多种形式的学习活动成为可能。电子书包整合了大量结构化的数字化教学资源,同时也支持随时接入网络获取海量网络资源。在电子书包教学环境下,学习者可以依据自身学习能力、学习习惯制订学习计划、学习内容、学习速度,把握自身学习进度,实现个性化按需学习。依托电子书包教学环境,教师和学生可以随时随地进行学习交流,并根据学习情况对学生进行个别指导,对学生的个性化学习进行宏观、科学的调控。另外,电子书包还可以跟踪记录学生的学习过程,实现对学生学习情况的过程性评价,并通过测试和统计对学生学习情况进行诊断,形成教学反馈。

表 4-2 所示为多媒体教学环境(多媒体教学环境和多媒体网络教学环境)、电子白板教学环境、网络互动学习环境、电子书包教学环境下的教学活动比较。

表 4-2 不同信息化环境下教学活动特点

环境 比较项	多媒体(投影)教学环境	多媒体网络教学环境	电子白板(一体机)教学环境	网络互动学习环境	电子书包教学环境
教学活动范围	课内	课内	课内	课堂内外	课堂内外
资源类型	多媒体课件 网络资源	多媒体课件 网络资源	多媒体课件 内置资源库 网络资源	网络课程 网络资源	多媒体课件 内置资源库 网络资源
教与学方法	集体授课 教师利用网络资源教	集体授课 自主学习 协作学习 探究性学习 师生利用网络资源教与学	集体授课 人(师生)机互动 探究性学习 教师利用网络资源教	远程学习(同步、异步) 自主学习 协作学习 探究性学习 学生利用网络资源学	集体授课 自主学习 协作学习 探究性学习 师生利用网络资源教与学
教师角色	讲授者	引导者、帮促者、协商者	讲授者、引导者	引导者、帮促者、协商者	引导者、帮促者、协商者
师生交互方式	面对面交流	面对面交流	面对面交流	在线交流	面对面交流 在线交流
教学反馈及时性	实时反馈	实时反馈	实时反馈	实时与延时反馈	实时与延时反馈
教学评价方式	通过测验评价学生,强调结果	既通过测验也通过学生作品、实验报告和观点来评价,过程和结果同样重要	通过测验和学生作品评价学生,过程和结果同样重要	通过在线测验结果及学生学习记录来评价,过程和结果同样重要	通过在线测验结果及学生学习记录来评价,过程和结果同样重要

（五）教学评价设计

教学评价是指以教学目标为依据，制定科学的评价标准，运用一切有效的技术手段，对教学活动过程及其结果进行测定、衡量，并给以价值判断的过程。教学评价作为教学设计中一个极其重要的组成部分，对教与学的过程起着激励、导向、监督和调控的作用。

信息化教学强调学生自主学习、协作创新、问题解决等多方面能力的培养，与之相对应的教学评价也就更应该关注学生利用信息技术手段掌握知识技能的过程与方法以及相应各种能力的形成与发展。因此，信息化教学设计要改变以往评价主体单一、过分重视总结性评价的教学评价方法，强调多元评价主体、形成性评价、面向学习过程的评价，由学生本人、同伴、教师对学生在学习过程中的态度、兴趣、参与程度、任务完成情况等进行评估。

1. 教学评价类型

信息化环境下的教学评价方式多种多样，依据不同的分类标准可做不同的划分，常用的教学评价方法主要有以下几种。

（1）按照评价时间和评价功能的不同，教学评价的方式主要有诊断性评价、形成性评价和总结性评价，如表4-3所示。

表4-3 诊断性评价、形成性评价和总结性评价的比较

类型 比较项	诊断性评价	形成性评价	总结性评价
定义	学习活动开始之前为使计划更有效地实施而进行的评价	学习过程中为引导或完善学习而进行的学习效果评量	学习活动告一段落时为把握最终活动成果而进行的评价
实施时间	学习活动之前	学习活动过程之中	学习活动之后
评价目的	了解学生学习情况，以便安排学习	了解学习过程，调整学习方案和指导方法	检验学习效果，评定学习成绩
评价方式	观察、调查、作业分析、测验	作业分析、观察、信息挖掘	考试或考察
作用	查明学习准备情况和不利因素	确定学习效果	评定学业成绩

信息化教学评价既要重视学生学习结果的评价，也要重视学生学习过程的评价。因此，教师在进行教学评价设计时应时刻关注学生自主学习、协作学习的过程，关注学生在解决问题的各个阶段所表现出来的问题发现、问题解决、合作交流、自主创新等方面的能力。如此，只有教学评价才能及时了解学生学习过程中所遇到的问题、所做出的努力和所取得的进步，才能及时帮助学生调整自己的学习行为（学习进度、学习方法、学习态度等），真正达到促进学习者能力提高与发展的目的。

（2）按照评价方法性质的不同，教学评价可划分为定性评价和定量评价。信息化学习环境下，学生问题解决、知识意义建构等能力的获得与发展是一个内隐的过程，因此，要判断学生的学习能力是否获得发展，仅仅依靠一系列的定量评价是远远不够的。教师在教学评价设计

过程中要注意将定量评价和定性评价相结合,如此才能全面地把握学生的学习过程与学习效果,达到教学评价的目的。

① 定性评价是对评价资料做"质"的分析,是运用分析/综合、比较/分类、归纳/演绎等逻辑分析的方法,对评价所获得的数据、资料进行加工。定性评价的结果有两种:一是描述性材料,数量化水平较低甚至毫无数量;另一种是与定量分析相结合而产生的,即包含数量化但以描述性为主的材料。一般情况下,定性评价不仅用于对成果或产品的检验分析,更重视对过程和要素相互关系的动态分析。信息化学习环境中的定性评价应当能够使学生感到自己有价值、受到尊重,并且有信心发展自己的能力。

② 定量评价是从"量"的角度,运用统计分析、多元分析等数学方法,在复杂纷乱的评价数据中总结出规律性的结论,定量评价的方向、范围必须由定性评价来规定。信息化学习环境下,教师要充分利用计算机等信息技术媒体所具有的学习统计与教学反馈功能,对学生的练习评测结果以及学习过程信息进行定量统计,及时形成教学反馈。

(3) 从实施教学评价的主体来看,通常有学生自评、同伴互评、教师评价等。

2. 教学评价设计

信息化教学评价设计是一个完整的过程,教师在进行教学评价设计时,首先要确定教学评价的目的并在此基础上确定评价的内容。信息化教学评价的目的主要是促进学生自主学习、协作创新、问题解决等多方面能力的获得与发展。因此,在设计教学评价内容时,除了要对学生的知识获取过程和学习成果进行评价之外,还要评价学生的合作交流过程、学生的学习态度和学习能力等几个方面。

其次,教师要根据教学活动内容确定教学评价方式。信息化学习环境下,学生的学习是由一系列的学习活动组成的,不同的学习活动所应采取的评价手段和方式是有所差别的。信息化教学评价方式主要有以下几种。

① 在线测试。这是关于知识掌握内容的评价,试题的内容包括研究或解决的问题中包含的基本概念、基本原理,以及对这些知识和原理的理解和应用;试题的形式可以是主观题,也可以是客观题。学生在教师的引导下通过多媒体作业与考试系统,按照不同的组题策略选出不同等级的测试题目进行在线测试,并利用统计分析软件和学习反应信息分析系统分析测试成绩,形成学习反馈。

② 概念地图。将信息技术作为认知工具值得一提的是,有一种所谓的概念映像工具,是专门用来建立"概念地图"的。概念地图是指学习者对特定学习内容或学习主题建构的知识结构的一种视觉化表征。在识别与某一课题有关的概念后,教师引导学生通过沿着空间等级层次或时间先后顺序的维度,创建概念地图,以此识别和标识概念之间的相互关系。教师可以通过审视学生构建的概念地图,了解学生对于该学习内容或学习主题的掌握情况。

③ 电子作品。信息化学习过程中,学生可以通过将自己的学习成果或学习作品上传至班级学习空间(班级 QQ 群、班级论坛等),并通过计算机网络存储、传输、演示自己的电子作品。学生电子作品可以是电子作业、PPT 演示文稿、制作的网页等全面反映学生学习水平的作品作业,也可以是学习心得或学习感悟等总结反思类电子文稿。教师通过学生的电子作品,可以了解学生的整个学习情况。

④ 评价量规。量规是一种结构化的定量评价标准。它通常从与目标相关的多个方面详细规定评价指标,具有操作性好、准确性高的特点。在设计信息化教学评价时,应用评价量

规可以有效地降低评价的主观随意性,不但教师可以评,而且还可以让学生自评和同伴互评,从而使学生能够以科学的眼光审视自己和他人的表现,实现信息化评价主体的多元化。

在确定了评价的目标、内容和方法之后,教师需要确定评价的信息来源。在信息化学习环境下,评价的主要信息来源于评价量表、在线测试、活动记录,网络工具(博客、班级论坛等)为评价信息的获取提供了极大的方便,教师应根据实际情况,选择自己比较熟悉的信息收集工具,获取评价信息并进行处理。对于基于网络互动学习平台以及电子书包教学系统等信息化软环境所进行的教学评价设计,教师不仅可以完全依托于这些信息化技术支撑环境所具有的强大的阅卷统计和数据分析功能,对在线测试及实时采集的教学信息进行统计分析并形成教学反馈,还可以利用集成于这些信息化学习平台中的班级论坛、个人学习空间等网络工具收集和统计信息,作为教师实施教学评价的依据。

(六)教学过程结构设计

教学过程结构设计就是根据教学目标、教学内容和学习者特征,对教学中师生的活动过程、形式、媒体的使用时机和使用次数等要素进行整体化的安排,形成特定教学结构流程的过程。教学过程结构的设计是非常富有创造性的活动,教师利用类似于计算机的流程语言,从时间和空间两个维度来合理安排教学活动的基本程序,形成相应的教学结构流程图,直观、简明、清晰、明确地揭示教学的具体活动程序,并将其作为教学活动开展的依据。

课堂教学系统是由教师、学生、教学内容(包括纸质教材、电子教材、网络资源等)及教学媒体(既是教师教学的辅助工具,又是学生学习的认知工具)等基本要素组成。在一定的时空环境下,这几个基本要素之间的作用不同,产生的教学结构流程也是各不相同的。为了形成最佳的教学组织结构,教师在进行教学结构设计时,有必要遵循以下几个基本原则。

(1)系统化原则。教学过程结构的系统化就是教师在设计教学过程结构时要采用系统分析的方法去考察教学系统的各个要素,分析各要素的功能、作用及其相互之间的关系,从系统状态和相互联系中构思教学活动。

(2)整体化原则。所谓整体化原则,是指在进行教学过程结构设计时,要综合、整体地考虑教学过程及构成教学系统的诸要素,把它看作一个整体,而不是只注重一个或其中几个要素。要根据学习内容和教学目标的要求,合理协调各教学要素在教学中的地位与作用,确定教学媒体资源的应用,安排师生活动形式和活动程序,明确化、系统化、科学化地安排课堂的教学结构。

(3)最优化原则。基于最优化理论的教学过程结构设计原则是指要建立最优的标准体系以取得最好的教学效果,诸如最优的教学目标、最优的评价体系,选择或组合最佳的教学媒体、方法和程序。当然,教学过程结构设计的"最优化"并不等于"理想化",它在一定条件下是最好的,即最优的标准是相对的。

(4)多样化原则。教学过程结构设计的多样化原则是指在设计教学过程结构时不应恪守一种模式或一种程序,而应在反映教学活动规律的前提下采用多种方式和方法,从而使设计具有广泛的适用性和针对性。具体地讲,在教学实施过程中,根据不同的教学目标、不同的教学情境、不同的教学环节、不同的教学对象等多方面的差异,教师应相应地变化和调整教学过程结构,创造性地组织教学。

课堂教学过程结构实际上是前述各个分析和设计阶段成果的总和,即在进行课堂教学结构设计时,必须综合考虑教师主导活动的设计、学生主体活动的设计、学习情境的设计、教学资源的使用,以及认知工具的选择与提供及它们之间的相互联系。另外,由于教学评价在课堂教学中的特殊作用,在设计课堂教学结构时也要加以考虑。因此,信息化学习环境下课堂教学过程结构的具体设计内容可用图 4-5 来表示。

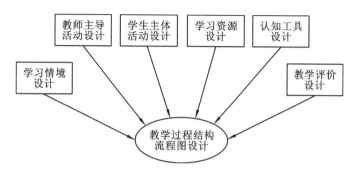

图 4-5 课堂教学过程结构流程图设计内容

为了形象直观地解释教学系统各要素之间的空间结构关系和时间进程关系,可借助一些常用的图形符号来表示课堂教学结构流程,如表 4-4 所示。

表 4-4 课堂教学结构流程图常用符号

符　　号	表示的意义
▭	教学内容与教师的活动
▢	媒体的应用
▱	学生的活动
▱	学生利用媒体操作、学习
◇	教师进行逻辑判断

第三节 信息化教学设计方案的编写

通过以上一系列教学设计工作的实施,我们在进行教学以前,就会对其各个环节及其影响因素有一个全面、深刻的认识,为我们编写高质量的教学设计方案创造有利条件。教学设计方案不同于一般的教案,它建立在对学习过程的系统分析的基础上,因此更科学、更系统、更详细、更具体。

一、教学设计方案编写格式

教学设计方案主要有两种编写格式,即叙述式和表格式。不管哪种格式的教学设计方案都包括学生特征分析、教学目标分析、教学内容分析、教学资源与工具设计、教学活动过程设计、板书设计、教学评价等方面的描述。

（一）叙述式

1）概述

① 课题名称

② 说明学科和年级。

③ 简要描述课题来源和所需课时。

④ 概述学习内容。

⑤ 概述这节课的价值以及学习内容的重要性。

2）学生特征分析

说明教师是以何种方式进行学生特征分析的，比如说是通过平时的观察、了解，或是通过预测题目的编制使用等。

① 智力因素：知识基础、认知结构变量、认知能力。

② 非智力因素：动机水平、归因类型、焦虑水平、学习风格。

3）教学目标分析

① 对该课题预计达到的教学目标做一个整体描述。

② 可以包括：简要描述学习结果；学生通过这节课的学习将学会什么知识，会完成哪些创造性产品，描述潜在的学习结果；描述这门课将鼓励哪种思考方式或交流技能等（逻辑推理能力、批判性思维、创造性解决问题的能力、观察和分类能力、比较能力、小组协作能力等）。

4）教学内容分析

根据对教学目标、学习者等的分析，将教学内容分解成一个个的知识点，学生通过完成相应知识点的学习，达到特定的教学目标。

5）教学资源与工具的设计

一方面，介绍学习者可用于完成学习任务的资源。

① 学生可能获得的学习环境（多媒体网络教室、微格教室或实地考察环境等）。

② 学科系列教材。

③ 学科百科全书。

④ 文本、图片或音视频资料。

⑤ 可用的多媒体课件。

⑥ 学校图书馆里特定的参考资料。

⑦ 参考网址（建议在每个网址后写上一句话，简要介绍通过该网址可以获得的信息）。

另一方面，为学生提供认知工具。

同时，描述需要的人力资源及其可获得情况：需要多少教师完成这节课，一个人够吗？在教室中需要有助手的角色吗？需要有其他学校的教师协作吗？是否需要一些工厂、博物馆以及其他团体中的协作者？……

6）教学活动过程设计

这一部分是该教学设计方案的关键所在。

首先，根据学习内容、学习目标和学习者的具体情况，设计真实的、能充分发挥学生主体性的学习情境。比如通过录像带再现历史事件，通过图片、声音、视频、动画等多媒体形式为学生的自主学习提供真实的情境，为学生的协作学习创设适当的网络环境，为学生设置角色扮演的情境等。

其次,针对不同的教学内容和目标选择适当的教学模式(对于同一个课题不同内容的学习,很可能会用到多种不同的模式,简要说明模式是如何应用的)。常用的信息化教学模式有基于问题的探究式教学模式、任务驱动式教学模式等。

然后设计自主学习策略。可选用的自主学习策略有很多。根据所选择的不同策略,对学生的自主学习应做不同的设计。

最后,画出教学流程图。同时,流程图中需要清楚标注每一个阶段的教学目标、媒体和相应的评价方式。

7) 教学评价

创建量规,向学生展示他们将如何被评价(来自教师和小组其他成员的评价)。另外,可以创建一个自我评价表,这样学生可以用它对自己的学习进行评价。

8) 帮助和总结

说明教师以何种方式向学生提供帮助和指导,可以针对不同的学习阶段设计相应的不同帮助和指导,针对不同的学生提出不同水平的要求,给予不同的帮助。

在学习结束后,对学生的学习做出简要总结。可以布置一些思考或练习题以强化学习效果,也可以提出一些问题或补充的链接,鼓励学生超越这门课,把思路拓展到其他内容领域。

(二)表格式

信息化教学设计方案还可以采用工作表格的形式来编写。表 4-5 是一个格式参考。

表 4-5　表格式信息化教学方案设计模板

设计者:_____　　执教者:_____　　课件制作者:_____
时间:___年___月___日　所教学校_____　班级_____

教学题目					
学科		年级		学时	
教材					
一、教学内容简介					
二、学生特征分析 (1)智力因素方面:知识基础、认知结构变量、认知能力等。 (2)非智力因素方面:动机水平、归因类型、焦虑水平、学习风格等。					
三、教学目标 1.知识与技能 2.过程与方法 3.情感态度与价值观					
四、教学内容分析 1.知识点的划分与教学目标的确定					

续表

课题名称	知识点	教学目标			
		识记	理解	应用	综合
	1				
	2				

2. 教学目标的具体描述

知识点	学习目标	描述语句

3. 分析教学的重点和难点

五、教学资源与工具的设计

知识点	学习目标	多媒体网络资源、工具及课件的内容、形式、来源	使用时间	多媒体网络资源、工具及课件的作用	使用的方法或教学策略

注：

六、教学活动过程设计

教学环节	教师活动	学生活动	媒体应用

七、板书设计

八、教学流程图（教学内容与教师活动、媒体的应用、学生的活动、学生利用媒体学习、教师进行逻辑判断）

▭ 教学内容与教师的活动　　▱ 媒体的应用　　▱ 学生的活动　　◇ 教师进行逻辑判断

九、形成性练习题和开放性思考题的设计

知识点	学习水平	题目内容

十、教学反思及修改意见

二、信息化教学设计案例

（一）案例一

多媒体环境下的教学设计案例（二）
——《生长素的生理作用》教学设计

设计者：	钱生慧		执教者：	钱生慧		
课件制作者：	钱生慧					
时间：2011年 4 月 15 日		所教学校：湖北大学附属中学			班级：高一（1）	
教学题目	生长素的生理作用					
学科	生物	年级	高一	学时		1课时
教材	人教版高中生物必修3					
一、教学内容简介 《生长素的生理作用》包括生长素的生理作用及尝试运用生长素促进插条生根两部分内容。 本节通过"问题探讨"，制造"矛盾"，由此引起学生的认知冲突，激发起学习本节的兴趣。 关于生长素的生理作用，教材首先介绍生长素作为信息分子起作用这一特点，再详细说明生长素的作用与浓度、植物细胞的成熟情况、器官的种类等有关，最后再简要介绍有关科学道理在农业生产中的应用。 尝试运用生长素促进插条生根的内容，主要是"探索生长素类似物促进插条生根的最适浓度"的探究活动。该探究活动侧重于科学技术在实际应用中的技术问题，要解决本探究活动中的问题，需要先做预实验。						
二、学生特征分析 （1）认知水平：学生已经知道了什么是植物激素、植物产生向光性的原因，以及生长素的产生、极性运输和分布特点等知识，这为进一步学习生长素的生理作用奠定了基础。 （2）科学探究能力：具备了一定的操作能力和观察分析能力。 （3）思维品质：形成了一定的探究习惯，他们有探求欲、表现欲和成就欲。						
三、教学目标 （一）知识与技能 （1）概述植物生长素的生理作用。 （2）应用生长素的生理作用特点解释根的向地性和顶端优势。 （3）简述生长素类似物在农业生产中的应用。（根据实际授课情况进行调整。） （二）过程与方法 （1）通过完成部分探究实验，提高处理数据和分析数据的能力。　（2）通过构建数学模型，提高图、表间的转换能力。 （3）通过观察有关图片，提高分析资料、获取信息、归纳总结和语言表达能力。 （三）情感态度与价值观 形成主动参与的学习态度和体验合作学习的氛围。						

续表

四、教学内容分析		
（一）知识点的划分与学习目标的具体描述		
知识点	学习目标	描 述 语 句
1. 生长素的生理作用	理解	概述生长素的生理作用。
2. 生长素生理作用的特点	识记、理解	说出生长素作用的两重性、不同器官对生长素的敏感性不同；描述植物顶端优势的现象；解释顶端优势形成原因；说明顶端优势解除的方法及应用。
3. 生长素类似物在生产实践中的应用	识记	举例说明生长素类似物在农业生产实践中的应用。
4. 尝试运用生长素类似物促进插条生根	识记、应用	了解预实验在科学研究中的作用；尝试运用生长素类似物促进插条生根。

（二）教学的重点和难点
重点：生长素的生理作用。
难点：应用生长素生理作用特点解释根的向地性和顶端优势。

五、教学资源与教学环境设计
（一）教学环境

多媒体教学环境	PPT及自拍影像

（二）教学资源

知识点	学习目标	教学资源的形式、内容、作用
1. 生长素的生理作用	理解	自编PPT幻灯片，包括植物向光性图片、不同浓度NAA对绿豆芽胚轴的影响、不同浓度2,4-D对黄豆芽胚轴的影响、生长素浓度与所起作用的关系；主要为学生概述生长素的生理作用提供事实依据。
2. 生长素生理作用的特点	识记、理解	自编PPT幻灯片，包括生长素不同浓度对根、芽、茎的影响，学生实验图片，植物根的向地性和茎的背地性分析，植物顶端优势图片及形成原因过程图解；作用是引领学生理解并归纳生长素生理作用的特点。
3. 生长素类似物在生产实践中的应用	识记	自编PPT幻灯片，包括获得无子果实、防止落花落果、促进插条生根、除草剂在农田中的应用、盆景中调节植株形态等图片；作用是拓展学生视野，进一步认识植物激素的作用。
4. 尝试运用生长素类似物促进插条生根	识记、应用	自拍学生课前实验影像、学生实验结果实物展示，使全体学生在实验小组介绍实验中亲历实验的全过程，并体验预实验在科学研究中的作用。

续表

六、课堂教学过程设计			
教学环节	教师活动	学生活动	媒体演示
复习旧知，提出问题	引入：通过上节课的学习，我们已经知道了植物向光生长的原因。请大家回想一下，植物为什么具有向光性？ 看来，植物的生长与生长素浓度有关，那么，生长素的浓度越高，促进生长的作用是不是就越明显呢？	回答植物向光性的原因。 思考教师提出的问题。	在学生回答过程中，利用PPT展示图片及文字： "一、生长素的生理作用。 从细胞水平看，生长素可以影响细胞的伸长、分裂、分化。"
设计实验，体验过程	如果由你来设计实验，探究生长素浓度对植物生长的影响，你准备如何设计，说出你的思路。（教师提示学生注意：①如何设置自变量？②怎样观察或者检测因变量？③无关变量有哪些，如何控制？） 教师归纳学生的思路。 引导课外实验小组汇报课前实验过程。	小组讨论，设计实验。 汇报一般的设计思路。 课外实验小组汇报并演示实验过程，其他学生仔细聆听，感受实验过程。	PPT出示探究的问题及黄豆芽胚轴图片：不同浓度的生长素对黄豆芽胚轴生长的影响？待图片消失后提示学生应注意的问题：①如何设置自变量？②怎样观察或者检测因变量？③无关变量有哪些，如何控制？ PPT显示实验设计思路。 PPT展示学生实验过程。
分享数据，构建模型	组织学生分享实验结果，定性分析生长素类似物的作用特点。 组织学生定量分析生长素类似物的作用特点。 组织学生数、形转换	学生思考后定性描述。 学生定量分析。 组织学生数、形转换。	PPT展示实验结果。 出示数形转换图。

续表

体会科学方法	提出问题：从大家构建的图形来看，在所设置的浓度中，哪一浓度对胚轴的促进作用最大？ 这一浓度对于所有浓度（包括那些我们还没有设置过的浓度）而言，其促进作用是否也是最大的呢？ 如何进一步寻找促进胚轴生长的最适宜的浓度？说说你的思路。	学生观察，思考作答。 学生思考后回答。	出示预实验的定义： 预实验是在正式实验之前，用标准物质或只用少量样品进行实验，以便摸出最佳的实验条件，为正式实验打下基础。 出示预实验的作用： 通过预实验为正式实验选择最佳实验材料，通过预实验能准确地控制无关变量。
分析模型，得出结论	过渡： 关于细致实验的设计与实施，由于时间的关系，今天课堂上我们就不讨论了，希望有兴趣的同学加入到我们课外实验小组中来，相信你亲手实践了，一定会有不一般的感受。 科学家使用多种材料，经过大量的实验，为我们构建了生长素浓度与茎的关系。大屏幕显示生长素浓度与所起作用的关系图。 提出问题：你能说出这幅图所表示的含义吗？ 教师引导学生分析并适当评价。（将图形分成5段，进行分析。） 展示芽、根的曲线图，进一步引导学生分析。（从3个层次分析：同一器官、不同器官、同一浓度。） 引导学生归纳生长素的生理作用及特点。	学生讨论、分析图形代表的生物学含义。 学生尝试将图形分成5段进行分析。 学生尝试从3个层次进行分析。 学生归纳整理。	PPT逐层显示。 PPT展示分析结果。 出示课本第50页第2段和第3段的结论。

第四章 信息化教学过程设计

续表

应用知识，分析实例	过渡： 显示学生课外实验中提出的问题：根为什么向地生长，胚轴背地生长，请学生根据所学分析原因。 展示校园植物树冠图片，引导学生分析顶端优势。 图示分析结果。	学生根据生长素的作用及特点，讨论、分析根的向地性、茎的背地性。 看图并分析顶端优势。 结合图示，学生自我矫正。	图示学生实验发现。 图示校园植物。
简述应用，拓展视野	拓展： 其实，人们认清生长素的生理作用及特点后，现在已将它广泛应用于生产实践，你知道生长素类似物在农业生产中有哪些应用吗？	学生列举日常生活中生长素类似物的应用。	出示下列图片： 获得无子果实； 防止落花落果； 促进插条生根； 除草剂在农田中的应用； 盆景中调节植株形态。
课堂小结，课后提升	课堂小结。 课后提升： 假如有一种用于麦田除草的除草剂刚刚研究出来。作为厂里的工程师，你的任务是研究这种除草剂在麦田除草时的浓度要求。请列出你的研究思路。 假如让你来设计这个产品的说明书，你认为除了浓度参考范围外，还应该在这个说明书中写些什么。	学生回顾本节课知识。	PPT显示本节核心知识。 PPT显示： 假如有一种用于麦田除草的除草剂刚刚研究出来。作为厂里的工程师，你的任务是研究这种除草剂在麦田除草时的浓度要求。请列出你的研究思路。 假如让你来设计这个产品的说明书，你认为除了浓度参考范围外，还应该在这个说明书中写些什么。

续表

七、板书设计	
	第2节 生长素的生理作用 （一）生长素的生理作用 1. 作用 2. 特点 （二）体现两重性的实例 1. 根的向地性 2. 顶端优势 （三）生长素类似物在农业生产中的应用 促进扦插的枝条生根；促进子房发育成果实；防止落花落果；作除草剂等。
八、教学流程图（教学内容与教师活动、媒体应用、学生活动、学生利用媒体学习、教师进行逻辑判断）	
（一）复习旧知，提出问题 （二）设计实验，体验过程 （三）分享数据，构建模型 （四）体会科学方法	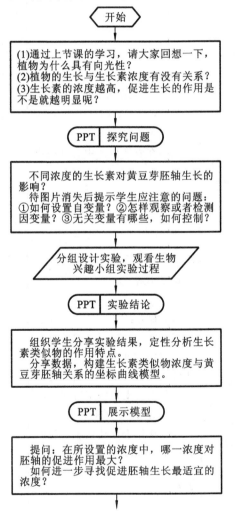

108

续表

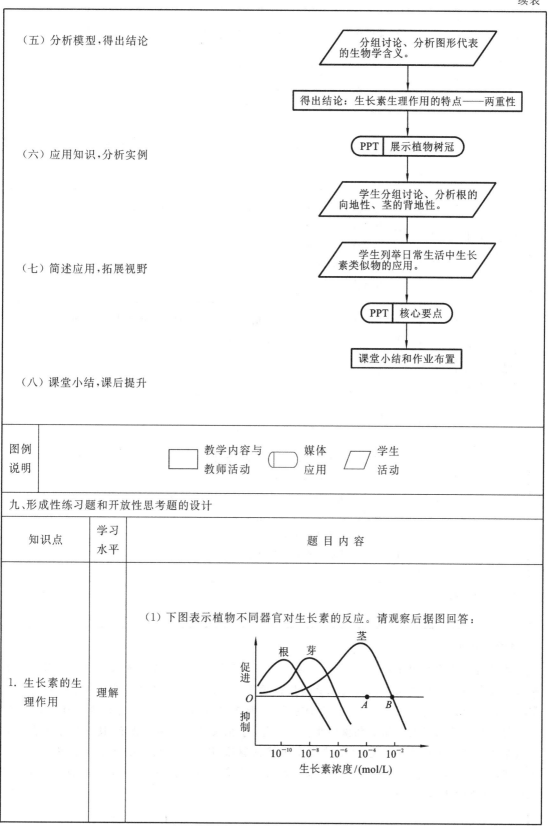

(八) 课堂小结, 课后提升

图例说明	教学内容与教师活动　　媒体应用　　学生活动

九、形成性练习题和开放性思考题的设计

知识点	学习水平	题目内容
1. 生长素的生理作用	理解	(1) 下图表示植物不同器官对生长素的反应。请观察后据图回答：

续表

2. 生长素生理作用的特点	识记、理解	① 促进芽生长的生长素最适浓度是＿＿＿＿ $mol·L^{-1}$，生长素的这一浓度对根的生长效应是＿＿＿＿。 ② A 点所对应的生长素浓度对茎生长的效应是＿＿＿＿。 ③ B 点所对应的生长素浓度对茎生长的效应是＿＿＿＿。 ④ 由此可见，不同浓度的生长素对同一器官的影响＿＿＿＿，同一浓度的生长素对不同器官的影响＿＿＿＿。 ⑤ 生长素的浓度为 $10^{-10}\sim10^{-1}$ mol/L，对植物各器官的作用总的情况是＿＿＿＿。 (2) 下列实例中能体现植物生长素作用两重性的是（　　）。 A. 胚芽鞘的向光性 B. 茎的负向重力性 C. 无子番茄的培育 D. 顶端优势	
3. 生长素类似物在生产实践中的应用	识记	(3) 大田中的茄果类在开花期，由于连续多日的暴风雨天气，严重影响了授粉受精，如果要保证产量，可采取的补救方法是（　　）。 A. 喷施 B 肥 B. 喷施 N、P 肥 C. 喷施一定浓度生长素类似物，促进果实发育 D. 以上三项措施都不行	
4. 尝试运用生长素类似物促进插条生根	识记、应用	(4) 在"探究生长素类似物促进插条生根的最适浓度"的探究过程中，下列关于注意事项的说法中，不正确的是（　　）。 A. 在正式实验前先做一个预实验，目的是证实适宜浓度范围，摸索实验条件 B. 找准插条的上、下端，防止颠倒 C. 所用的每个插条都应留 3～4 个芽 D. 此探究实验不存在对照实验	

十、教学反思及修改意见

【案例分析】

  该案例是基于初中生物《生长素的生理作用》一节的多媒体环境下的教学设计。教学内容包括生长素的生理作用及尝试运用生长素促进插条生根两部分。教师认真分析了学习者已经掌握了前置知识的前提下，组织课堂教学通过"问题探讨"，制造"矛盾"，引起学生的认知冲突，激发起学习本节的兴趣。课前拍摄学生实验影像、学生实验结果实物展示，使全体学生在实验小组介绍实验中亲历实验的全过程；在课堂上播放影像、PPT 等素材，充分体现了多媒体课堂的优势，成功创设了课上课下一体化的探究式教学情境，在探究活动中不断解决问题，不断讨论协商，引导学生学习的逐步深入。

（二）案例二

信息化教学设计案例（二）
——《观潮》教学设计

课程名称	《观潮》				
授课人	李慧芳	学校名称	湖北省武汉市硚口区崇仁路小学		
教学对象	四年级	科　目	语文	课时安排	2课时
一、教材分析					

《观潮》选自鄂教版语文第7册第19课。课文通过作者的所见、所闻、所感，向读者介绍了自古以来被称为"天下奇观"的钱塘江大潮（即下文所说的钱塘潮）。文章思路清晰，文字生动，表现力强，是一篇进行热爱祖国大好河山教育、培养留心周围事物习惯的好教材。

四年级的学生思维活跃，求知欲强，乐于表达，乐于与人交流，但他们的生活经验毕竟有限，对文中描绘的钱塘江大潮的雄伟景象，仅凭想象难以深刻感受，需借助信息技术手段帮助理解。

二、教学目标及重难点

（一）教学目标
1. 知识与技能
(1) 学会12个字，认识6个字，注意多音字"号"的读音，能正确书写"贯"字。
(2) 正确、流利、有感情地朗读课文。背诵课文第3和第4自然段。
2. 方法和过程
(1) 学习作者描写、观察钱塘潮的顺序。
(2) 学习作者抓住主要特征描写事物的方法。
3. 情感态度与价值观
(1) 感受钱塘江大潮的雄伟、壮观，激发学生的赞美之情。
(2) 激发热爱祖国大好河山的思想感情。
（二）教学重难点
教学重点：感受钱塘潮潮来时的壮丽景象，激发学生热爱祖国的情感。
教学难点：文中对于钱塘潮的描写，如"那条白线逐渐拉长、变粗、横贯江面"、"形成一道六米多高的白色城墙"、"犹如千万匹白色战马浩浩荡荡地飞奔而来……"离学生生活实际较远，因而对于作者基于真实而富于生动的表现方法也不易体会。因此，只有让学生深入了解钱塘潮，找到身临其境的感觉，才能很好地理解钱塘潮的壮观并体会作者生动形象的语言表现力。

三、设施环境

网络教室

四、工具与资源准备

学生准备：建立个人的"网络图书馆"，并将《观潮》相关资源整理进"网络图书馆"。
　　　　　地址（某生）：http://www.360doc.com/userhome/6127111
教师准备：建立教师的"网络图书馆"，并将《观潮》相关资源整理进"网络图书馆"。
　　　　　地址：http://www.360doc.com/userhome/4229770
教学资源：知识管理系统："360个人图书馆"，包含文字资源、图片资源、视频资源。

续表

五、教学活动过程设计			
教学过程	教师活动	学生活动	媒体设备资源应用分析
（一）导新课——入潮 1.揭示课题。	板书：观潮	齐读课题	
2.了解学生搜集、整理信息情况。	询问	回答	
3.检测生字词。	打开PPT	认读生字	当堂检测可视化
4.复习并板书上节课所学内容：通过上节课的学习，大家了解了作者是按什么顺序写钱塘江大潮的。	板书：潮来前　潮来时　潮来后	一生答	
（二）看视频——观潮 1.感知作者观察潮来时的顺序。 (1)潮来时的钱塘潮又"奇"在哪儿呢？请你们打开自己的"网络图书馆"，单击"重点语段"，默读课文的3、4自然段，想想作者是按什么顺序观察大潮的？	1.巡视并了解读书情况 2.板书：远—近	自由默读并思考	
(2)老师找到了钱塘潮潮来时的视频，让我们一起来感受它由远及近的变化吧！	屏幕广播视频	看视频并感受	用多媒体视频资源，突破时间和空间的局限，拉近学生与钱塘潮的距离，让学生直观钱塘潮潮来时的景观，产生初步感知
2.感知潮来时声音和形态的特点。 (1)作者抓住了钱塘潮的哪几个特征来写？请你们自由读读课文的第3、4自然段。	板书：声音、形态	1.读文、感受； 2.回答	抓住潮来时的声音和形态特征读课文，让学生在大脑中再现视频表象，梳理语段结构，体会写作方法
(2)请大家将"潮来时"视频从老师的"网络图书馆"收藏进你们的"网络图书馆"里，边看视频边读课文，感受钱塘潮声音和形态的变化。	1.指导收藏； 2.巡视并指导读书	1.收藏并打开视频资料； 2.边看视频边读文	1.使用图书馆之间的收藏功能，能够轻松地共享资源，为学习提供便利。 2.通过信息技术——视频和文字的同时出示，意在让学生能够做到声画同步，感受潮来时的气势与作者精准用词用句的语言魅力

续表

（三）学方法——悟潮 1.明确钱塘潮的特点。 （1）钱塘潮的声音和形态发生了怎样的变化？请你们在电子课文里将重点词句进行标注。	巡视并指导	读文并涂色标注	使用"网络图书馆"的标注功能，适时勾画、批注，突出重点，外化学习效果
（2）一生汇报学习情况。	屏幕广播	一生打开"个人网络图书馆"并在线汇报	展示典型，外化学习成果
（3）填写表格。	打开PPT	回答	突出写作特点，归纳写作方法
2.深入理解文本，感受钱塘潮气势，指导朗读。 （1）教师引领，朗读"那条白线……横贯江面。" ①抓住关键词"横贯"，指导朗读。 ②借助网络资源，指导朗读。 ③小结方法：我们在读句子的时候，可以抓住句子中的关键词，还可以搜集相关的资源来帮助我们理解和感受钱塘潮的壮观，真是个好办法。 （2）学生互助，朗读"再近些……颤动起来。"（方法同上）	1.准备资源； 2.提供资源； 3.屏幕广播	在"网络图书馆"下查找、分享、汇报资源	1."网络图书馆"的使用，改变了传统的老师讲、学生听的传统教学模式，学生将在使用"网络图书馆"的过程中充分发挥自主探究的学习主动性。 2."网络图书馆"的使用将丰富学生的学习资源。学生在课堂上不局限于文字资源的补充，还可搜索、使用图片和视频资源；不局限于使用自己的资源，也可以收藏使用好友的资源，或是将自己的资源与大家共享
3.师生情感朗读，再现钱塘潮气势。	屏幕广播声画同步	看视频并深情朗读	
4.小结：同学们，作者把钱塘潮潮来时的声音和形态由远及近地展现在我们的眼前，让我们不得不感叹，壮观的钱塘潮不愧是天下奇观啊！			

续表

(四)抓特点——写潮 1.同学们学到这里,钱塘潮留给你最深的印象是什么?请你们单击教师的"网络图书馆",在"课堂练习"一栏,留下自己的想法。 2.学生互评。 3.学生汇报。	巡视并指导	打开教师的"网络图书馆",写感受、交流、汇报	同学们将自己了解了潮水宏伟气势后而产生的感受以"评论"的形式发表在教师的"网络图书馆"里。这样做方便学生情感的表达,同时为学生间的相互学习和评议提供了一个便捷而清晰的学习平台
(五)探成因——查潮 1."霎时……两丈多高了!"钱塘江平静了,我知道你们的心里一定还是汹涌澎湃,你们还想知道什么? 2.让我们四人为一组,去探究探究钱塘潮成因吧。 3.汇报钱塘潮成因。	巡视、指导、评价	1.在个人"网络图书馆"或百度上搜索资源。 2.交流、讨论成因。 3.汇报成因	拓展内容,延伸课堂。学生在学习该文后,会对钱塘潮产生深厚的兴趣,此时为学生提供查阅相关信息的时间和环境,让学生在自主学习与合作探究中获取知识,培养收集、整理、选择信息的能力
4.请大家继续学习自己感兴趣的内容。	巡视、指导	在个人"网络图书馆"或百度上搜索、整理、阅读、交流资源	
5.总结:今天我们感受到了钱塘潮作为天下奇观的恢宏气势,同时我们也利用我们的"网络图书馆"在课前搜集了资料,在课堂上交流了资料,还在"网络图书馆"里留下了自己宝贵的情感体验,收获真多啊!以后我们还可以借助我们的"网络图书馆"进行更多的学习!			

续表

六、板书设计
七、教学流程图 （一）导新课——入潮 （二）看视频——观潮   （三）学方法——悟潮 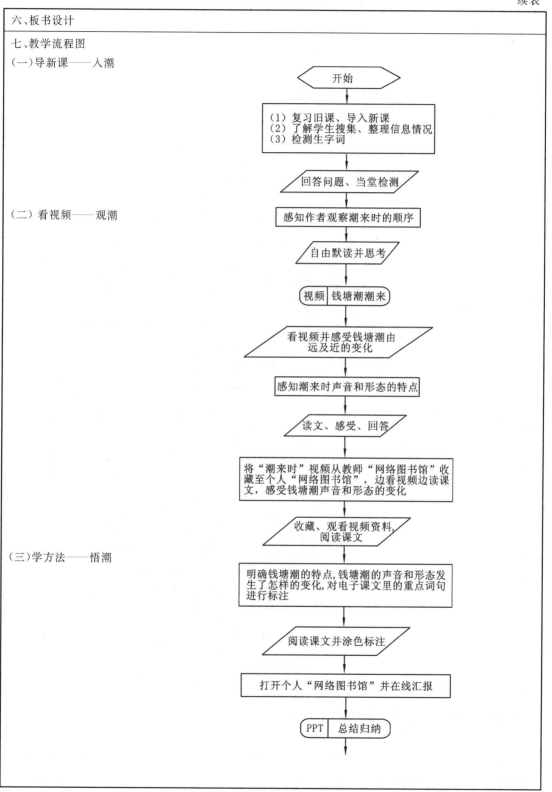

续表

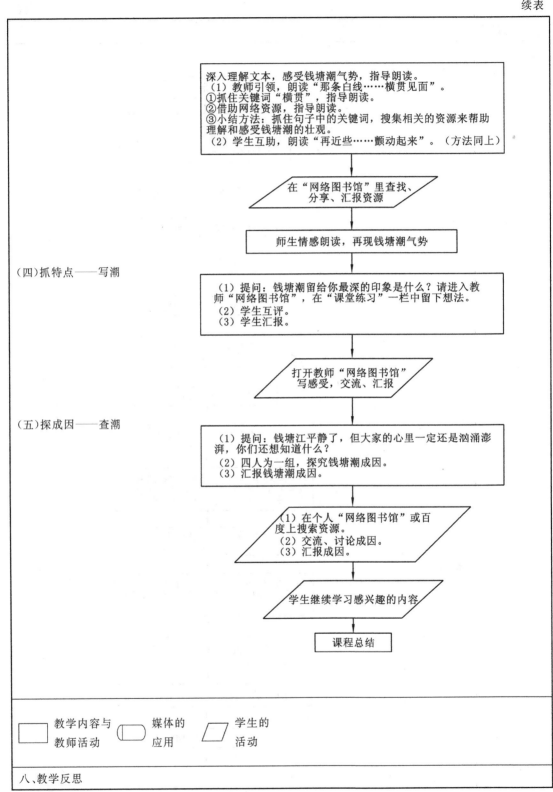

八、教学反思

（该案例由湖北省电化教育馆提供。）

第四章 信息化教学过程设计

【拓展阅读】

走进英特尔未来教育

英特尔未来教育(Intel Teach to the Future)项目是英特尔公司为支持计算机技术在课堂上的有效利用而设计的一个全球性的培训项目。该项目的目标是对一线的学科教师进行培训，使他们懂得如何促进探究型学习，能够将计算机的使用与现有课程密切结合，最终使学生能够提高学习成效。

1. 项目背景

英特尔未来教育项目是建立在1998年及1999年英特尔成功的ACE(applying computers in education 在教学中使用计算机)项目基础上的。两年中，英特尔的ACE项目在有英特尔公司主要机构设施的社区及英特尔积极参与支持公立学校的社区培训了超过3 300名的教师。

英特尔的ACE项目取得了非常大的成功。项目的参与者制作出了超过2 300个备课教案，这些教案都很好地将技术整合到现有的教材与教学中。另外，在各个培训地有超过95%的参加培训教师报告他们学到了新的可以直接使学生受益的技能。

2. 课程特点

英特尔未来教育课程是英特尔ACE项目的更新课程，这个全球化的课程是由美国的计算机技术学院编制的。它由十个模块、每个模块四小时的文字教材及一张配套光盘组成。课程主要基于微软公司的Office专业软件套件，包括互联网的使用、网页设计和多媒体软件等，其中主要软件有Word 2000、Excel 2000、PowerPoint 2000、Publisher 2000、Internet Explorer等。

每个模块都遵循结对交流、教法研讨、动手操作、作品评估、单元计划修改、家庭作业等基本格式，要求教师选择一个他们目前在教的或在将来要教的单元作为正规课程的一部分，整合多媒体演示文稿、电子出版物、网站制作于该单元的教学中，最终制作出一个有效利用技术的、与国家课程标准相符合的完整单元计划。

英特尔未来教育是一种基于网络教育资源和信息技术的研究性课题学习，它与素质教育是一致的，代表了教育的发展方向。

3. 培训方式

英特尔未来教育项目是通过培训培训者、教师教教师的培训模式，将新的教育理念和教学方法传授给尽可能多的教育工作者。项目首先对省级项目执行机构所选拔出的骨干教师(主讲教师中的核心成员)进行培训，然后由骨干教师对一定数量的主讲教师进行培训，再由每一位主讲教师每年培训一定数量的一线学科教师。目前，项目基础课程的培训主要采取面授形式，在培训中，培训教师与受训教师之间有大量的互动交流以达到最佳的培训效果。

4. 英特尔未来教育的基础

英特尔未来教育建立在两个基础上，一是教育理论基础，二是信息技术基础。离开了教育理论就不能称为教育，离开了信息技术就不能称为未来。这两个基础在基于信息资源的学习上结合在一起，形成面向现代化和未来的教学模式。

(1) 教育理论基础。

英特尔未来教育的教学模式是以学为中心的教学模式。教师讲得少，只是给学生适当的提示、引导，让学生在学习中充分利用现代信息技术和信息资源去主动发现、探索和研究知识，解决问题。教师的作用从讲授知识转变为指导学生掌握学习方法，学生的学习重心转到学会学习、掌握方法和培养能力上，教学的目的转到培养创新精神和实践能力上。

英特尔未来教育关注教学内容是否对学生的发展有意义,关注学生对学习过程、解决问题过程的体验,提倡课题学习和合作学习,提倡自主探索和相互协作。

(2) 信息技术基础。

常用的信息技术基础包括以下几个方面的内容。

①使用计算机的技术:计算机的操作与维护技术。

②搜集和整理信息的技术:互联网的操作与搜索引擎的使用技术。

③运用计算机制作学习产品的技术:电子出版物、多媒体演示文稿及网站的制作技术。

英特尔未来教育培训项目吸纳了当今最新的技术,致力于把它们应用于课堂内的教与学活动,旨在推动科学技术在教育中的运用。所以无论教师还是学生,都必须熟练掌握和运用信息技术。

5. 英特尔未来教育的开放性和标准化

英特尔未来教育培训课程是如何开展英特尔未来教育的典型的、生动的范例,处处体现了英特尔未来教育的开放性和标准化的特点、要求和理念。

(1) 开放性。

英特尔未来教育是以对学生发展有意义的问题展开的,学习资源主要来自于开放的网络,自主的个别化学习和分组的合作学习相结合。学习的场所可以是学校、家庭、社区,也可以是网络环境。这些都反映了它的开放性。

(2) 标准化。

英特尔未来教育的每一模块都有明确的目的,每一项活动都有活动的目标、方式、步骤和时间;有记录表、单元计划模板、实施计划和评价量规;有评价学生电子出版物、多媒体演示文稿及网站的量规;有教师和学生使用的各种模板,并对教学过程中可能出现的各种问题进行分析,找出相应的对策。这些都反映了它的标准化。

实施英特尔未来教育,应当处理好开放性和标准化的关系。开放性过小,势必限制学生能动性的发挥,培养创新精神和实践能力的力度会受影响;开放性过大,增大了教师指导学生的难度,教学效果难以保证。教学过程不按标准操作,某些教学环节就可能被忽视,教师难以自觉、有效地控制教学过程。所以实施英特尔未来教育要恰当而充分地体现开放性和标准化特点。

(资料来源:http://xdjyjs.jnxy.edu.cn/kechengxuxi/shugao/shu6-3.html,有修改)

实践活动 4-1

信息化教学方案设计

【活动目标】

(1) 掌握信息化教学设计的基本原理和方法,能运用信息化教学设计技能进行课程教学设计、方案的设计和评价。

(2) 促进专业素质的提高和教学技能的训练。

【活动任务】

根据自己的专业性质和特点,选取其中一节课或一个专题,设计一份信息化教学方案,将其付之于教学实践,并对教学设计方案进行评价。

【活动步骤】
(1) 前期准备:熟悉并掌握信息化教学设计的方法,了解专业课程的性质和特点,了解课堂教学的特点。
(2) 教学内容和教学对象的确定:选择教学对象,并结合自己所学专业选定其中某一节课或某个问题,进行一堂课的信息化教学设计。
(3) 教学设计的前端分析:针对所选的内容和对象,根据信息化教学设计的一般步骤,做好学习需要分析、学习内容分析和学习者分析,以了解学习者在所教授内容方面的具体情况、内容的知识结构、学习者学习风格和初始能力等。
(4) 小组讨论和评价:经过前面的步骤,撰写出教学设计提纲;和小组成员进行讨论,记下小组讨论的意见。
(5) 根据小组讨论的意见,开始信息化教学方案的设计。注意学习任务的选取,学习资源和学习情境的设计。
(6) 设计方案初稿完成后,通过小组讨论,对设计初稿进行评价,根据评价的意见进行修改,使其完善。
(7) 根据信息化教学设计方案,选择教学媒体并制作课堂教学中需要的教学课件。
(8) 根据信息化教学设计方案进行教师评价、自我评价和小组成员互评,并记录下评价意见。
(9) 根据评价意见,修改信息化教学方案,形成最终文稿。

【活动成果】
设计完成时需提交如下成果:
(1) 完整的信息化教学设计方案;
(2) 整理教学评价的各方面的意见,并形成文稿。

本 章 小 结

信息化教学是在现代教育思想和理论的指导下,通过现代信息技术的运用,来实现开发教育资源、优化教学过程、培养学生信息素养、提高学生信息能力的新型教学方式。信息化教学体现了许多不同于传统教学的特性,因此,在进行信息化教学设计时,有必要遵循特定的设计模式和设计原则,通过对信息化教学设计过程的规范,实现信息化教学设计过程和结果的最优化。本章在详细介绍了信息化教学设计及其相关概念的基础上,构建了信息化教学设计的一般过程模式,通过对信息化教学设计各个阶段"做什么"以及"怎么做"的详细介绍和说明,为学习者提供了一个可操作、易操作的信息化教学设计规范。

本 章 练 习

1. 名词解释

教学设计　信息化教学设计

2. 信息化教学设计是在传统教学设计的基础上发展起来的,那么信息化教学设计与传统教学设计究竟有什么区别?试结合教学实际谈谈自己的看法。

3. 简述信息化教学设计的一般过程,并结合自己的理解谈谈如何利用信息化教学设计的过程模式来解决传统教学设计中存在的问题。

4. 有人认为"运用信息化教学设计的过程模式来进行教学设计,会使教学的过程机械、呆板、流于形式",试谈谈你对此观点的看法。

第五章 信息化教学模式与学习方式

核心概念

教学模式
信息化教学模式
基于问题的探究式教学模式
任务驱动教学模式
翻转课堂

学习目标

(1) 掌握信息化教学模式的概念、类型及结构。
(2) 了解各种教学模式在实践中的应用,并能够灵活应用各种模式进行教学。
(3) 了解信息化学习方式的概念、特征及应用。

知识概览

```
                                        ┌─ 什么是教学模式
                    ┌─ 教学模式概述 ─────┤
                    │                   └─ 教学模式的基本构成和特征
    信息化教学模式 ─┤
                    │                         ┌─ 什么是信息化教学模式
                    └─ 信息化教学模式概述 ────┤
                                              └─ 信息化教学模式的基本特征

                                                    ┌─ 基于问题的探究式教学模式概述
                    基于问题的探究式教学模式及其案例 ┤─ 基于问题的探究式教学模式结构
                                                    └─ 基于问题的探究式教学模式应用案例

                                         ┌─ 任务驱动教学模式概述
    信息化教学模  ─ 任务驱动教学模式及其案例 ┤─ 任务驱动教学模式结构
    式与学习方式                           └─ 任务驱动教学模式应用案例

                                   ┌─ 电子白板对教学的影响
                    电子白板教学应用模式 ┤─ 电子白板教学应用模式
                                   └─ 电子白板教学模式应用案例

                                   ┌─ 电子书包对教学的影响
                    电子书包教学应用模式 ┤─ 电子书包教学应用模式
                                   └─ 电子书包教学模式应用案例

                                   ┌─ 信息化学习方式概述
                    信息化学习方式 ─┤─ 信息化学习方式
                                   └─ 信息化学习的典型应用——WebQuest
```

第一节　信息化教学模式

一、教学模式概述

当前,教育技术领域研究的一项重要命题,就是如何应用现代教育技术创新教学模式。传统教学论中对教学模式有过先期研究,但是,随着信息化教学的开展及现代教育技术学科的发展,人们更多地想从技术应用的视角来创新教学模式。对于教学人员来说,创新教学模式,就必须全面把握教学模式的内涵和构成要素,才能以此为依据指导实践创新。

(一) 什么是教学模式

1972年,美国学者乔伊斯(B. Joyce)和威尔(M. Weil)出版了《当代西方教学模式》一书,由此将教学模式率先引进教学论研究领域,拉开了教学模式研究的序幕。20世纪80年代,我国教学理论界开始对教学模式展开研究,目前教学模式已成为一个重要的研究领域。然而,对于"什么是教学模式"这个问题,人们仍未形成一致的看法。

对教学模式的概念之所以会出现多元界定,一方面是由于教学模式本身的复杂性和多样性,另一方面是由于研究者的出发点和研究视角的不同。英国传播学家丹尼斯·麦奎尔认为:模式……表明任何结构或过程的主要组成部分以及这些部分之间的关系。美国比较政治学家比尔和哈德格雷夫认为:模式是再现现实的一种理论性的、简化的形式。模式有三个显著的要点:一是模式是现实的再现,即模式是现实的抽象概括,来源于现实,但终归于指导现实的改变;二是模式是理论性的形式,是一种理论,而非工艺性方法、方案或计划;三是模式是简化的形式,是经理性高度抽象概括后,以简约明了的方式表达出来的。教学模式是指对理想教学活动的理论构造,是描述教与学活动结构或过程中各要素间稳定关系的简约化形式。简言之,教学模式是指在一定教育理论指导下和丰富的教学经验基础上,为完成特定的教学目标和内容而建立起来的稳定且简明的教学结构理论体系及其具体可操作的实践活动方式。对于教学模式概念的理解有必要从教学模式的本质特征出发,把握教学模式理论与实践的统一、内容与形式的统一,主要体现在以下三个方面。

(1) 从教学理论层面看,教学模式是一种教学结构理论。首先,教学模式接受教学理论(思想)的指导;其次,教学模式揭示了某一教学活动所赖以建立的理论基础,对人们从理论上认识和把握教学模式起着重要的作用。

(2) 从教学实践层面看,教学模式是具体可操作的实践活动方式。首先,教学模式是教学实践(经验)的基础;其次,它揭示了与某一教学活动相适应的教学方式、程序、步骤,为人们从实践上操作运用教学模式提供了具体指导。

(3) 教学模式是教学理论与教学实践的中介和桥梁。一方面,教学模式是对教学实践(经验)的概括化、抽象化和简约化的描述,可以上升到理论层次。另一方面,尽管教学模式带有理论的概括性、抽象性和简约性,但它又不比一般理论那样抽象,而是一般理论的具体化、程序化,能以明确的目的和具体的方式、手段指导实践。

(二) 教学模式的基本构成和特征

1. 教学模式的基本构成

1) 理论基础

理论基础是指教学模式所赖以建立的教学理论和思想。任何一种教学模式都是以一定的教学理论为基础，并在一定的教学思想指导下提出来的。离开一定的教学理论，教学模式就难以形成；离开一定的教学思想，教学模式也难以存在。而且，不同的教学理论，又会孕育出不同的教学模式；不同的教学思想，又会指导教师选用不同的模式和进行不同的操作方式。

2) 教学目标

教学目标是指教学模式所能达到的教学结果，是教育者对某项活动在教育者身上将产生什么样的效果做出的预先估计。任何教学模式都是为了完成特定的教学目标而设计和展开的。教学目标在教学模式的构成要素中居于核心地位，对其他因素具有制约作用，也是教学评价的标准和尺度。

3) 操作程序

操作程序是指教学在时间上展开的逻辑步骤及每个步骤的具体做法等。任何教学模式都具有一套独特的操作程序和步骤。由于教学过程的设计与实施要综合考虑学生、内容、方法、媒体等多方面因素，因此操作程序只能是基本的、相对的，而非僵化的和绝对的。

4) 实现条件

实现条件是指为完成一定的教学目标，使教学模式发挥效用所需的各种条件。教学模式的实现条件包括多方面的内容，如教师、学生、教学内容、教学手段、教学的时空组合等。认真研究并保证教学模式的实现条件，可以更好地掌握和运用教学模式，成功地达到预期的教学目的。

5) 教学评价

教学模式运用得如何是需要评价的，因而教学评价是教学模式的一个重要因素，包括评价方法和评价标准。由于各种教学模式在目标、操作程序、策略方法上的不同，评价方法和标准也存在着差异。一种教学模式一定要规定自己的评价方法和标准。

上述五个因素具有不同的功能，它们之间彼此联系，相互蕴含，相互制约，共同构成了一个完整的教学模式。如图 5-1 所示，理论基础是教学模式得以建立的基础；教学目标是教学模式的核心，制约着其他因素；操作程序是教学模式的环节和步骤；实现条件保证着教学模式的有效发挥；教学评价对教学过程进行着反馈和监控。

2. 教学模式的特征

教学模式作为一种反映或再现教学活动现实的理论性、简约性的表现形式，具有以下几个基本特征。

1) 完整性

教学模式是教学现实和教学理论构想的统一，所以它有一套完整的结构和一系列的运行要求，体现着理论上的自圆其说和过程上的有始有终。

2) 指向性

由于任何一种教学模式都是围绕着一定的教学目标设计的，而且每种模式的有效运用也是需要一定条件的，因此不存在对任何教学过程都适用的普遍有效的模式，也谈不上哪一种教

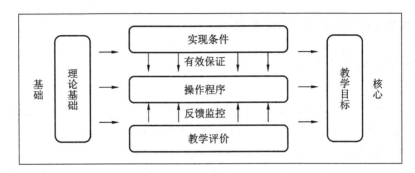

图 5-1　教学模式结构示意图

学模式是最好的教学模式。最好的教学模式就是,在一定情况下达到特定目标的最有效的教学模式。教学过程中在选择教学模式时必须注意不同教学模式的特点和性能,注意教学模式的指向性。

3) 操作性

教学模式是一种具体化、操作化的教学思想或理论,它把某种教学理论或活动方式中的最核心的部分用简化的形式反映出来,为人们提供一个比抽象的理论具体得多的教学行为框架,具体地规定了教师的教学行为,使教师在课堂教学中有章可循,便于教师理解、把握和运用。

4) 稳定性

教学模式是大量教学实践活动的理论概括,在一定程度上揭示了教学活动具有普遍性的规律。一般情况下,教学模式并不涉及具体的学科内容,所提供的程序对教学起着普遍的参照作用,具有一定的稳定性。但教学模式是依据一定的教学理论或教学思想提出来的,而一定的教学理论和教学思想又是一定社会实践的产物,因此,教学模式总是与一定历史时期社会政治、经济、科学、文化、教育的水平相联系,受到教育方针和教育目的的制约。因此,这种稳定性是相对的。

5) 灵活性

并非针对特定的教学内容,体现某种理论或思想,又要在具体的教学过程中进行操作的教学模式,在运用的过程中必须考虑到学科的特点、教学的内容、现有的教学条件和师生的具体情况,进行细微的方法上的调整,以体现对学科特点的主动适应。

二、信息化教学模式概述

(一) 什么是信息化教学模式

随着教学改革的不断深入,信息技术与课程整合已成为教学研究的热点。信息技术与课程整合是指在课程教学过程中把信息技术、信息资源、信息方法、人力资源和课程内容有机结合,共同完成课程教学任务的一种新型的教学方式。信息化教学模式就是信息技术与课程整合的结果,其实质是要在先进的教育思想、教育理论的指导下,把以计算机及网络为核心的信息技术作为促进学生自主学习的认知工具与情感激励工具,丰富教学环境的创设工具,并将这些工具全面运用到各学科的教学过程中,使各种教学资源、教学要素和教学环节,经过组合、重构,相互融合,在整体优化的基础上,产生聚集效应,从而达到促进传统教学方式的根本变革(也就是促进以教师为中心的教学结构与教学模式的变革)和培养学生创新精神与实践能力的目标。

信息化教学模式是根据现代化教学环境中信息的传递方式和学生对知识信息加工的心理过程,充分利用现代教育技术手段的支持,调动尽可能多的教学媒体、信息资源,构建一个良好的学习环境,在教师的组织和指导下,充分发挥学生的主动性、积极性、创造性,使学生能够真正成为知识信息的主动建构者,达到良好的教学效果。[①] 信息化环境下的教学既是对传统教学的继承,同时也是对技术环境下教学新模式的探索与建构过程,是各类教学模式的结构成分与技术应用条件的"整合"过程;教师是教学模式的实践者和创造者,丰富多变的实践情境是教学模式创新的源泉;信息技术为教学模式的发展提供了丰富的资源、工具以及交流与合作平台。

按照教学的实现形式,可以将信息化教学模式划分为以下几种类型,表 5-1 列出了各种类型下相对比较典型的几个教学模式,并概括了各个模式的关键特征。

表 5-1　信息化教学模式

类　　型	典　型　模　式	特　　征
个别授导类	个别指导、练习、教学测试、智能辅导	计算机作为教师,内容特定,高度结构化
情境模拟类	教学模拟、游戏、微型世界、虚拟实验室	计算机产生模拟的情境,可操纵,可建构
调查研究类	案例学习、探究性学习、基于资源的学习	计算机提供信息资源与检索工具,低度结构性资源的利用
课堂授导类	电子讲稿、情境演示、课堂作业、小组讨论、课堂信息处理	计算机作为教具及助教,信息播送、收集与处理
远程授导类	虚拟教室,包括实时授递、异步学习、作业传送、小组讨论等	网络作为传播工具,一定程度的信息与学习工具集成
合作学习类	计算机支持合作学习、协同实验室、虚拟学伴、虚拟学社	计算机与网络作为虚拟社会,一定程度的情境、信息、学习工具的集成
学习工具类	效能工具、认知工具、通信工具、解题计算工具	计算机作为学习辅助工具,多种用法
集成系统类	集成学习环境,电子绩效支持系统,集成教育系统	授递、情境、信息资源、工具之综合

(二)信息化教学模式的基本特征

信息化教学模式的关键在于从现代教学媒体构成理想教学环境的角度,探讨如何充分发挥学生的主动性、积极性和创造性。我们知道,以计算机为主的现代教学媒体(主要指多媒体计算机、教学网络)的出现丰富了教学媒体的构成,使传统的教学环境呈现出交互性、多媒体

---

① 苑永波.信息化教学模式与传统教学模式的比较.中国电化教育,2001(8).

性、超文本性和网络性等多种现代教学特性。这些特性改变了学习者的学习地位,使其能够从真正意义上探索知识,实现知识意义的主动建构。在信息化教学模式中,教师从知识的灌输者和课堂的主宰者转变成课堂教学的组织者、指导者和学生意义建构的帮助者、促进者。一般来说,信息化教学模式具有如下特点。

1) 信息源丰富,有利于学习情境的创设

现代教育技术手段为课堂教学所提供的教学环境,使得课堂上信息的来源变得丰富多彩,教师和课本不再是唯一的信息源,多种媒体的运用不仅能够扩大知识信息的含量,还可以充分调动学生的多种感官,为学生提供一个良好的学习情境。

2) 新型教学活动形式,有利于提高学生的主动性和积极性

现代教育技术手段的加入,尤其是多媒体计算机和网络的引入,教师的主要工作不再是向学生传递知识信息,而是培养学生自主获取知识信息的能力,指导学生的学习探索活动,让学生主动思考、探索和发现,从而形成一种新的教学活动形式。在这种教学活动形式中,学生有时也会处于"传递-接受"式的学习状态,但更多的是在教师指导下自主思考与主动探索;教学媒体有时作为辅助教学的教具,但更多的是作为学生自主学习的认知工具;而教材既是教师向学生传递的内容,也是学生建构知识和认知的对象。这种新型的教学活动形式有利于提高学生的主动性和积极性。

3) 个别化教学,有利于因材施教

计算机的交互性为学生提供了个别化学习的可能,学生可以通过多媒体技术完整呈现学习的内容和过程,自主选择学习内容的难易和进度,并随时与教师、同学进行交互。在现代教育技术手段所营造的信息化学习环境中,学生可逐步摆脱传统的教师中心模式,由被动学习变为主动学习,有利于因材施教。

4) 互助互动,有利于实现协作式学习

计算机的互动特性和网络特性有利于实现培养合作精神、促进高级认知能力发展的协作式学习。信息化学习环境下,学习者之间通过协同、竞争或分角色扮演等多种互动形式来参与学习,对于问题的深化理解和知识的掌握运用具有重要意义,而且对高级认知能力的发展、合作精神的培养和良好人际关系的形成也具有明显的促进作用。

5) 超文本信息组织方式,有利于培养创新精神和信息能力

多媒体的超文本特性与网络特性的结合,为培养学生的信息获取、分析与加工能力营造了理想的环境。众所周知,因特网是世界上最大的知识库、资源库,它拥有最丰富的信息资源,而且这些知识库和资源库都是按照符合人类联想思维的超文本结构组织起来的,因而特别适合于学生进行"自主发现、自主探索"式的学习,有利于学生发散性思维的发展、创造性思维的发展和创新能力的培养。

第二节 基于问题的探究式教学模式及其案例

一、基于问题的探究式教学模式概述

《国家中长期教育改革和发展规划纲要(2010—2020年)》指出:教学要注重学思结合,倡导启发式、探究式、讨论式、参与式教学,帮助学生学会学习。探究式教学,符合当前课程改革

中倡导的以学生为中心,提升学生探究能力这一要求,能够有效促进学习者知识与技能、过程与方法、情感态度与价值观的全面发展。基于问题的探究式教学模式正是在这样的背景下逐渐形成并发展起来的。

(一)什么是基于问题的探究式教学模式

基于问题的探究式教学改变了传统的课堂教学将知识从生活中分离出来的弊端,让学生在真实情境中学习,将知识和技能直接迁移为解决现实问题的能力,使学习从此变得有意义。"探究"就是"通过质疑寻求真理、信息和知识的过程",探究式教学就是让学生投入问题活动之中。这些问题提供有意义的活动机会,让学生在真实的背景中解决问题,培养高级思维。探究性教学模式的学习对象(即学习主题)是教材中的某一个或某几个知识点,且任何教材都是由一节节的课程内容组成的,而每一节课程内容又总是包含一个或几个知识点。这就表明,信息技术与课程整合的几乎所有日常教学活动(包括各种不同学科的常规课堂教学活动)都可以采用这种模式。事实上,基于问题的探究式教学模式,目前已经成为能满足各学科常规课堂教学需要的、最有效也是最常用的课内整合模式之一。

基于问题的探究式教学模式是指在教学过程中,学生在教师的指导下,通过以"自主、探究、合作"为特征的学习方式对当前教学内容中的主要知识点进行自主学习、深入探究并进行小组合作交流,从而较好地达到课程标准中关于认知目标与情感目标要求的一种教学模式。其中,认知目标涉及与学科相关的知识、概念、原理与能力的理解与掌握,情感目标则涉及感情、态度、价值观与思想品德的培养。在实施信息技术与课程深层次整合的过程中,各学科知识与能力(如阅读、写作、计算、看图、识图、实验以及上机操作等能力)的培养以及健康情感、正确价值观与优秀思想品德的形成,都可通过该教学模式使之逐步落实。

(二)基于问题的探究式教学模式的基本特征

基于问题的探究式教学模式的基本特征可以用一句话来概括:"主导、主体相结合",既重视发挥教师在教学过程中的主导作用,又充分体现学生在学习过程中的主体地位。具体表现在以下两个方面。

1. 高度重视教师在教学过程中的主导作用

尽管基于问题的探究式教学模式主要采用"自主、探究、合作"的学习方式,在教学过程中强调学生的自主学习和自主探究,但是它并不忽视教师在教学过程中的主导作用;相反,它通过下面四个环节使教师的主导作用在整个教学过程中得到全面的发挥。

(1)当前探究性学习的对象要由教师确定。如上所述,探究式教学模式的教学总是围绕课程中的某个知识点(即探究性学习的对象)而展开的,到底是哪个知识点不是随意确定的,更不能由学生自由选择,而是要由教师根据教学目标的教学进度来确定的。

(2)进行探究之前的启发性问题要由教师提出。学习的对象确定后,为了使探究性学习切实取得成效,需要在探究之前向全班学生提出若干富有启发性、能引起学生深入思考并与当前学习对象密切相关的问题(以便全班学生带着这些问题去探究)。这一环节至关重要,所提出的问题是否具有启发性、是否能引起学生的深入思考,这是探究性学习能否取得效果乃至成败的关键。而这类问题必须由教师提出,也只能由教师提出(学生对当前学习对象初次接触,尚不了解,不可能由他们自己提出与当前学习对象密切相关又富有启发性的问题)。

（3）进行探究时要由教师提供多方面的帮助与指导。带着问题进行探究的过程，固然是由学生个人（或学习小组）去完成的，但在这一过程中需要教师提供有关的探究工具（例如几何画板、建模软件、仿真实验系统等）和相关的教学资源支持，以及对探究性学习中的方法、策略做必要的指导。如果这方面的学习支持与指导不落实、不到位，将会挫伤学生们的学习信心与学习积极性，使探究性学习的效果大打折扣，甚至完全落空。

（4）探究过程完成后要由教师帮助总结与提高。探究过程完成后，一般要先由学生个人（或学习小组）做总结，而不是直接由教师做总结。通过一次探究性学习虽然能取得不小的收获，但学生毕竟是初学者，总结起来难免有片面甚至错误之处，通过全班的讨论交流，集思广益、取长补短，在一定程度上可以克服这些片面甚至错误之处。不过，如果要让全班学生都能对当前的学习对象达到比较深入的理解与掌握，即对所学的知识点都能从感性认识上升至理性思辨，都能做到不仅知其然而且知其所以然，那就还需要教师的帮助与提高。毕竟和学生相比，教师对整门课程有比较全面、透彻、深入的把握，可以做到高屋建瓴。

2. 充分体现学生在学习过程中的主体地位

基于问题的探究式教学模式因为采用"自主、探究、合作"的学习方式，所以在教学过程中特别强调学生的自主学习和自主探究，以及在此基础上实施的小组合作学习活动。由于在此过程中，学生们的主动性、积极性乃至创造性都能普遍地得到比较充分的发挥，因而这种教学模式不仅可以较深入地达到对知识技能的理解与掌握，更有利于创新思维与创新能力的形成与发展。

但是，为了使探究性教学真正取得成效，除了要充分调动学生的主动性、积极性，还需要有若干富有启发性问题的启发与引导，要有相关"探究工具""教学资源""策略"的帮助与支持，而这些都离不开教师主导作用的发挥。由此可见，探究式教学模式要想真正成功实施，光有学生方面的主动性、积极性还是不够的，还需要有教师方面的引导、帮助与支持。换句话说，基于问题的探究式教学模式的成功实施涉及两个方面——既要充分体现学生在学习过程中的主体地位，又要发挥教师在教学过程中的主导作用，离开其中的任何一方，探究性学习都只能无果而终。正因为如此，我们才认为"主导、主体相结合"是这种教学模式的最本质的特征。

二、基于问题的探究式教学模式结构

基于问题的探究式教学模式结构示意图如图 5-2 所示。

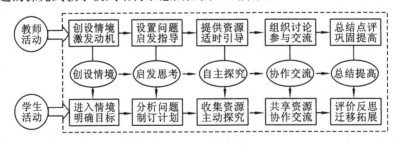

图 5-2　基于问题的探究式教学模式结构示意图

（一）创设情境

创设情境不仅是教师导入教学主题的需要，也是激发学生的学习动机和自主探究动机的需要。教师创设情境的方法多种多样：可以设置一个待探究的问题（此问题的解决需运用当前所学的知识），也可以播放一段与当前学习主题密切相关的视频录像，或是朗诵一首诗歌、放送一段乐曲、讲一个生动的小故事、举一个典型的案例、演示专门制作的课件、设计一场活泼有趣的角色扮演……当然，所有这些活动都应有一个先决条件——必须与当前学习主题密切相关，否则达不到创设情境的目的。教师通过上述各种方法创设能激发学生学习动机和探究动机的情境，学生一旦进入教师创设的情境就可在情境的感染与作用下形成学习的心理准备，并产生探究的兴趣。

（二）启发思考

教师通过情境的创设激发起学生的学习兴趣和探究动机之后，教师应及时提出富有启发性而且能涵盖当前教学知识点的若干问题（切忌提出一些有明显答案或明知故问的问题），让学生带着这些问题去学习和掌握有关的知识、技能——这一过程也就是主动地、高效地完成当前学习任务的过程。在问题思考阶段，教师对于学生应当如何解决问题、应当利用何种认知工具或学习资源来解决问题，以及应当如何利用这些工具及资源，包括如何处理在探究过程中遇到的新问题等，都应给出具体的建议和指导；学生则要认真分析教师所提出的问题、明确自己所需完成的学习任务，并通过全面思考形成初步的探究方案。

（三）自主探究

在实施这一步骤的过程中，学生利用教师提供的认知工具和学习资源，或是利用在教师指导下从网上或其他途径获取的工具和资源，围绕教师提出的与某个知识点有关的问题进行自主探究。这类自主学习与自主探究活动包括：学生利用相关的认知工具（不同学科所需的认知工具不同）去收集与当前所学知识点有关的各种信息；学生主动地对所获得的信息进行分析、加工与评价；在分析、加工与评价基础上形成的、学生对当前所学知识的认识与理解，即由学生完成对当前所学知识意义的自主建构。在学生进行自主学习与自主探究的过程中，教师应密切关注学生的学习与探究过程，并要适时地为学生提供如何有效地获取和利用认知工具、学习资源以及有关学习方法策略等方面的指导。

（四）协作交流

为了进一步深化学生对当前所学知识意义的建构，应在自主探究的基础上，组织学生以讨论形式开展小组内或班级内的协作与交流——通过共享学习资源与学习成果，在协作与交流过程中进一步深化学生对当前所学知识的认识与理解。教师在此过程中应为学生提供协作交流的工具，同时要对如何开展集体讨论、如何面对小组成员的分歧等协作学习策略做适时的指导，而且教师在必要时也应参与学生的讨论和交流（不能只做场外指导）。协作交流的过程不仅是学生深入理解知识与情感内化的过程，也是学生了解和掌握多种学习方法的过程。

（五）总结提高

总结提高是实施探究式教学模式的最后一个步骤，其目的是通过师生的共同总结来补充和完善全班学生经过自主探究和协作交流这两个阶段以后对当前所学知识的认识与理解方面仍然存在的不足，以便更全面、更深刻地达到与当前所学知识点有关的教学目标的要求（包括认知目标与情感目标这两方面的要求）。在实施这一步骤的过程中，学生的活动包括讨论、反思、自我评价、相互评价;教师的活动包括点评学生的学习情况、提出与迁移拓展有关的问题并创设相关情境、对当前所学知识内容进行概括总结(以帮助学生了解当前所学知识点与其他相关知识点之间的内在联系)。其中"提出与迁移拓展有关的问题",可以要求学生应用所学知识去解决某个问题,也可以要求学生应用所学知识去完成某项作品。

三、基于问题的探究式教学模式应用案例

《函数 $y=A\sin(\omega x+\varphi)$ 的图象》教学设计案例
武汉市新洲一中　陈科

一、教学目标分析

(1) 知识与技能:正确找出由函数 $y=\sin x$ 到 $y=A\sin(\omega x+\varphi)$ 的图象变换规律。

(2) 过程与方法:通过对函数 $y=\sin x$ 到 $y=A\sin(\omega x+\varphi)$ 的图象变换规律的探索,体会由简单到复杂、由特殊到一般的化归思想。

(3) 情感态度与价值观:通过对问题的自主探究,培养独立思考能力;在小组交流中,增强合作意识;在解决问题的难点时,培养解决问题抓主要矛盾的思想。

二、学习者分析

(1) 智力因素方面:大部分学生基础知识比较好,对数学有一定兴趣、具备较好的数学能力等。

(2) 非智力因素方面:学习动机不是特别强烈,需要引导和激发,也有部分同学有畏难情绪,会比较焦虑,在独立思维能力和抽象思维能力方面表现不强,需要加强小组合作学习,分组讨论。

三、教学内容分析

本节课内容是人民教育出版社出版的普通高中课程标准实验教科书《数学4(必修)》第一章第五节《函数 $y=A\sin(\omega x+\varphi)$ 的图象》,是在学生已经学习了正、余弦函数的图象和性质的基础上,进一步研究生活生产实际中常见的函数类型:函数 $y=A\sin(\omega x+\varphi)$ 的图象。在解决这个问题的过程中,贯穿了由简单到复杂、由特殊到一般的化归数学思想。同时,还力图向学生展示观察、归纳、类比、联想等数学思想方法,通过本节内容的学习,可以使学生将已有的知识形成体系,对于进一步探索、研究其他数学问题有很强的启发与示范作用。

四、重点、难点分析

(1) 教学重点:函数 $y=A\sin(\omega x+\varphi)$ 的图象及参数 A,ω,φ 对函数图象的影响。

(2) 教学难点:参数 ω,φ 对函数 $y=A\sin(\omega x+\varphi)$ 的图象的影响及综合应用。

五、媒体和资源的设计

(1) 教学媒体。

多媒体教室、多媒体课件、实物投影仪、视频、几何画板。

(2) 教学资源。

教学资源如表5-2所示。

表5-2　教学资源

知　识　点	学习目标	教学资源的形式、内容、作用
导入新课	引出问题	视频:弹簧振子、潮汐对轮船进出港的影响,引起兴趣

续表

知 识 点	学 习 目 标	教学资源的形式、内容、作用
参数 A	A 对函数图象的影响	几何画板演示：函数 $y=\sin x$ 的图象变换得到 $y=3\sin x$ 的图象
参数 ω	ω 对函数图象的影响	几何画板演示：函数 $y=\sin x$ 的图象变换得到 $y=\sin 3x$ 的图象
参数 φ	φ 对函数图象的影响	几何画板演示：函数 $y=\sin x$ 的图象变换得到 $y=\sin\left(x+\dfrac{\pi}{6}\right)$ 的图象
参数 A,ω,φ	参数 A,ω,φ 对函数图象的形状和位置的影响	实物投影仪：展示各小组不同的探讨结果

六、教学过程的设计

具体的教学过程设计如表 5-3 所示。

表 5-3 《函数 $y=A\sin(\omega x+\varphi)$ 的图象》教学过程设计

教学环节	教师活动	学生活动	媒体演示
导入新课	播放视频，提出课题	观看视频，思考问题	视频：弹簧振子、轮船进出港
探讨参数 A	提出问题，四处巡视，适时参加小组的讨论，留心不同的探讨结果	分组合作探究，并选派一两个代表展示本组探讨结果	实物投影仪：各不同的探讨结果
	引发再探究	探究不同的结果的正误，并选代表加以说明	几何画板演示：函数 $y=\sin x$ 的图象变换得到 $y=3\sin x$ 的图象
探讨参数 ω	提出问题，四处巡视，适时参加小组的讨论，留心不同的探讨结果	分组合作探究，并选派一两个代表展示本组探讨结果	实物投影仪：各不同的探讨结果
	引发再探究	探究不同的结果的正误，并选代表加以说明	几何画板演示：函数 $y=\sin x$ 的图象变换得到 $y=\sin 3x$ 的图象
探讨参数 φ	提出问题，四处巡视，适时参加小组的讨论，留心不同的探讨结果	分组合作探究，并选派一两个代表展示本组探讨结果	实物投影仪：各不同的探讨结果
	引发再探究	探究不同的结果的正误，并选代表加以说明	几何画板演示：函数 $y=\sin x$ 的图象变换得到 $y=\sin\left(x+\dfrac{\pi}{6}\right)$ 的图象

续表

教学环节	教师活动	学生活动	媒体演示
课堂练习	形成性练习,开放性思考题	巩固、深化知识点	幻灯片展示:练习题的正确答案
课堂小结	引导回顾知识点	分组合作,形成结论,加以交流	实物投影仪:小结的结果

七、形成性练习题和开放性思考题的设计

设计思想:参数 A,ω,φ 对函数 $y=A\sin(\omega x+\varphi)$ 的图象的影响及综合应用,如表5-4所示。

表5-4 设计思想

知 识 点	学习水平	题目内容
参数 A	应用	函数 $y=\sin x$ 的图象如何变换得到 $y=5\sin x$ 的图象?
参数 ω	应用	函数 $y=\sin x$ 的图象如何变换得到 $y=\sin\left(-\frac{1}{3}x\right)$ 的图象?
参数 φ	应用	函数 $y=\sin x$ 的图象如何变换得到 $y=\sin\left(x-\frac{\pi}{3}\right)$ 的图象?
参数 A,ω,φ	综合	函数 $y=\sin 2x$ 的图象如何得到 $y=3\sin\left(2x+\frac{\pi}{3}\right)$ 的图象?

【案例分析与教学建议】

(1)案例分析:本课例首先通过对课本例1进行仔细分解剖析,进一步体会参数 A,ω,φ 对函数图象的形状和位置的影响;接着,例2的设计是上述三个过程的合成,这样安排既分散了难点,又使学生形成清晰的线索,从中能使学生学习如何将复杂的问题分解为简单的问题并"各个击破",然后"归纳整合",培养有条理地思考的习惯,有利于培养学生的逻辑思维能力。练习题的设计则降低对知识的要求,使得不同层次的学生都能得到相应的训练,提高课堂的思维效率;思考题的设计有利于延伸"图象变换"的方法,让学生寻找不同的变换途径,拓展思维;作业中的选做题为学有余力的学生提供进一步发展的空间。然而,在教学过程中还要更多地给学生自主探究的空间,加强对学生的引导和启发。

(2)教学建议:该课例采取探究式教学模式,贯穿"以教师为主导,学生为主体,问题为主线,探究为核心"的指导思想,转变教师的角色,促进学生学习方式的转变。通过"导入—启发—探究—协作—总结"等环节,有效培养学生问题解决的能力,形成协作探究的意识,学会合理利用几何画板进行数学探究发现的方法。在协作探究环节,教师必须注意适度诱导,同时也应使学生独立思考,多进行自主交流,教师只作为普通的一员参与活动,关键时辅以必要的质疑、点拨、补充,点到为止尤其关键。同时,学生在协作探究的过程中或许会得到许多"副产品",教师需要做恰当的点评,鼓励学生多思考、多探究、多质疑,充分发挥学生的创新精神和问题解决能力。

第三节　任务驱动教学模式及其案例

一、任务驱动教学模式概述

任务驱动教学模式借助于信息技术环境被广泛应用于多种学科的课堂教学中,改变了传统的课堂教学结构,使学生在亲身体验和实践的任务活动中,实现知识内容的自主习得和知识意义的建构。任务驱动教学是在建构主义学习理论的基础上提出的。建构主义学习理论强调:学生的学习活动必须与任务或问题相结合,以探索问题来引导和维持学习者的学习兴趣和动机,创建真实的教学环境,让学生带着真实的任务学习,以使学生拥有学习的主动权。学生的学习不单是知识由外到内的转移和传递,更应该是学生主动建构知识经验的过程,通过新知识经验和原有知识经验的相互作用,充实和丰富自身的知识和能力。

(一)什么是任务驱动教学模式

任务驱动就是将所要学习的新知识隐含在一个总体任务与多个子任务之中,学生通过对教师所提出的任务进行分析、讨论,明确任务涉及哪些知识点,并指出哪些是重点、难点,在教师的指导和帮助下,紧紧围绕一个共同的实际任务活动中心,在强烈的问题动机的驱动下,通过对学习资源积极主动地运用,进行自主探索和相互协作的学习,并在完成既定任务的同时,引导学生产生一种学习实践活动。任务驱动是实施探究式教学模式的一种教学方法,从学习者的角度说,任务驱动是一种学习方法,适用于学习操作类的知识和职业技能。任务驱动教学使学习目标十分明确,适合学生特点,使教与学变得生动有趣、易于接受。任务驱动的主要特点之一就是围绕任务展开教学,所以一个任务的设计、编写非常重要,既要注重方法和知识体系,还要注重融入职业技能的文化性、综合性,渗透其他学科知识。

所谓任务驱动教学模式,就是学生在教师的指导下,紧紧围绕某个共同的任务,在强烈的任务动机的驱动下,自主探究、协作学习,从而在任务完成的过程中,实现对所学知识的意义建构并提高分析问题和解决问题能力的一种教学模式。

在这种教学模式中,教师巧妙地设计教学任务,将学生要学习的新知识隐含在一个或多个任务之中,学生通过对任务进行分析、探究,寻求完成任务的途径和方法,最后通过任务的完成实现对所学知识的意义建构。同时,学生在任务的驱动下和学习的过程中,培养了创新意识和创新能力,并提高了分析问题和解决问题的能力。

(二)任务驱动教学模式的基本特征

任务驱动教学模式的基本特征是"以任务为主线,以教师为主导,以学生为主体"。

1. 以任务为主线

在任务驱动教学模式中,任务的设计处于核心位置,任务贯穿于整个教学过程。从任务的典型特征来看,任务大致可以划分为两类:一类是封闭型任务,另一类是开放型任务。封闭型任务主要侧重于围绕确定的任务类型和任务主题,以促进学生掌握关键性的知识和技能为目标;开放型任务主要侧重于围绕不确定的任务类型或任务主题,以综合培养学生问题意识和创新能力为目标。任务的真实性和趣味性决定了学习者的学习兴趣,任务的综合性和开放性能够培养学习者的创新思维。任务还应具有目标指向性和可操作性,以便于学生探究。整个教学模式就是围绕任务的创设、完成、总结与评价来进行的。

2. 以教师为主导

在任务驱动教学模式中,教师的主导作用体现在以下几个方面。

(1) 任务的设计者:教师围绕教学目标的具体要求,设计出合适的任务。

(2) 任务情境的创设者:创设情境是任务完成的前提,需要教师创设有利于完成任务的情境。

(3) 任务过程的指导者:教师在学生完成任务的过程中及时提供必要的指导和帮助。

(4) 任务完成的评价者:教师要对学生完成任务的情况进行适当的评价。

(5) 课堂的监控者:实时了解学生完成任务的情况,全面引导学生朝着完成任务的方向努力。

3. 以学生为主体

在教学实践中,学生的主体性主要表现为自主性、创造性和协作性。任务驱动教学模式有助于发挥学生的主体性,具体表现为以下几个方面。

(1) 提高学生自主探究的能力。任务驱动教学模式将学生置于与当前学习主题相关的、尽可能真实的学习情境中,有效激发学生的学习兴趣,驱使学生主动探究和发现,完成有关知识的建构,从而提高学生自主探究的意识和能力。

(2) 促进学生创造能力的发展。任务驱动教学模式使学生从实际出发,提出问题、分析问题、解决问题,在解决问题过程中建构知识和掌握技能。在完成任务的过程中,学生可以根据自己的理解,自由选择解决问题的方法和途径,通过多角度、多方位的思考,可以有效地促进学生创新思维和创造能力的发展。

(3) 培养学生的协作交流精神。教师设计的任务,既有独立完成的任务,又有协作完成的任务。所以,学生在完成任务的过程中,需要和教师、和同学进行协作与交流,不断调整、完善自己的观点,以促进任务的有效完成。该模式还能进一步培养学生的协作精神。

二、任务驱动教学模式结构

任务驱动教学模式的结构示意图如图 5-3 所示。

图 5-3 任务驱动教学模式结构示意图

(一) 创设情境,提出任务

从建构主义学习理论的观点来看,学习总是与一定的"情境"相联系的。因为在"情境"的媒介作用下,那些生动、直观的形象才能有效地激发学生的联想,唤起学生原有认知结构中有关的知识、经验及表象,从而使学生利用有关知识与经验去"同化""顺应"所学知识,发展能力。因此,教师需要创设与当前学习主题相关的,尽可能真实、生动、开放的任务情境。在情境的烘托下,教师选择与当前学习主题密切相关的真实性事件或问题(任务)作为学生学习的中心内容,使学生明确所要完成的学习任务及任务所含的学习目标。

(二)共同讨论,分析任务

给出任务之后,教师就需要与学生一起讨论、分析任务,提出完成任务需要做哪些事情,需要解决哪些问题。这些问题可以在教师的引导下由学生提出,也可以结合实际情况由教师主动提出,但必须采用由粗到细、逐步求精的方法。需要指出的是:对于某些任务,在本阶段不可能把所有的问题都一次性提出来,对于一些任务中存在的问题,学生也许只能在探究的过程中逐步发现,甚至许多问题都是以前没有学习过的,教师则有必要引导学生完成新旧知识的衔接和拓展,这也正是解决这个任务的关键所在。

(三)探究协作,解决任务

针对学生发现的问题,教师要引导学生提出解决问题的各种可能的想法,并形成正确的解决问题的思路和计划。这里并不是由教师直接告诉学生应该如何去解决面临的问题,而是由教师向学生提供解决该问题的有关线索,如向学生提供各种认知工具和学习资源,或者向学生提供工具和资源的获取途径和方法。如果学生需要在课后完成任务,教师也可以借助于E-mail、QQ、MSN、BBS等信息交流工具给学生提供必要的指导和帮助,强调发展学生的自主探究能力。同时,教师应鼓励学生之间合作、交流和讨论,通过不同观点的交锋,补充、修正、加深每个学生对当前问题解决方案的理解。

(四)评价反思,总结任务

任务驱动教学是具有反思性质的活动。在任务完成后,学生应以自我为参照进行评价,比如"学会了什么","明白了什么","掌握了哪些方法","还需改进和注意的地方"等。学生除对个人的探究行为和结果进行自评外,还需对与他人的协作交流活动进行评价,总结经验和不足。通过反思,学生获得了知识,并完善了个人的知识体系。

教师则有必要对整个任务驱动教学过程做出评价:一是对学生完成当前任务的过程和结果的评价;二是对学生自主探究和协作交流能力的评价。值得注意的是:教师在总结任务的同时要给予学生中肯的评价和鼓励,使每个学生都能体验到成功的快乐。

从实施程序上看,任务驱动教学模式和探究式教学模式都是由问题或任务出发,由教师引导学生进行自主探究、协作交流,在解决问题的过程中获得知识的建构和综合能力的培养。但相对而言,任务驱动教学模式更强调任务的真实性、趣味性和综合性,更注重围绕任务中心激起学生完成任务的内驱力。

三、任务驱动教学模式应用案例

热学单元教学设计案例

1. 教学目标分析

知识与技能:熟知分子动理论的内容;理解物体的内能;广义的能量转化和守恒定律,以及能源的开发和利用;知道气体的相关知识。

过程与方法:热学单元要应用到多方面的知识,同时给学生提供了自由发挥的空间,学生可以充分发挥自身的理解力与想象力,培养学生综合运用知识的能力。通过学生观察、实验、分析、总结的学习方式,培养学生解决问题和创新的能力。学生在学习热学的过程中,理论和实践相结合是最为重要的。

情感态度与价值观:激发学生探求未知、认识新知的愿望,培养学生的思考能力,提高学生学习物理的积极性和热爱科学的思想情操。

2. 学习者分析

高中二年级的学生,通过一年的高中物理课的学习,已经掌握了一些学习物理的方法和思路,对生活中的现象能够进行一定的观察和思考,并从中学习到正确的知识和结论。

3. 教材内容分析

人民教育出版社,《物理》(第二册),热学单元,分子动理论。

4. 重点、难点分析

教学重点:分子的热运动,通过对布朗运动的观察、分析,概括出布朗运动的原因;培养学生的概括能力、分析能力和推理能力。

教学难点:分子间同时存在的引力和斥力随分子间距离的变化情况。利用课件把微观变成宏观,把抽象变成直观,帮助学生加深理解和记忆。

5. 方法和媒体的设计

教学方法:本课采用的主要教学方法是"任务驱动"教学法,将枯燥的知识练习暗藏于生动有趣的任务之中不但使学生情绪饱满,而且将学到的知识用于实际生活中,有利于对新知识的理解、掌握和熟练运用。

教学媒体:多媒体实验室、多媒体计算机、投影仪、黑板、粉笔、实验器材。

6. 教学过程的设计(见表5-5)

表5-5 教学过程的设计

教学环节	教师活动	学生活动	媒体设计
导入任务	提出问题:物质是由什么组成的	学生思考、讨论,引起学习的兴趣	教师使用多媒体展示分子照片
提出任务	提出任务:分子有多大,它的直径的数量级是多少	学生认真领悟教师的要求	学生使用所给照片分析问题
明确任务	明确任务:学生开始准备,教师进一步明确任务	学生准备工作,进一步明确教师意图	学生利用实验解决问题
完成任务	教师指导学生进行实验,及时发现学生中存在的问题	学生分组合作,自己学习,完成教师布置的任务	学生利用实验完成任务
评价任务	教师选出学生中有代表性的结果,给学生做总结评价	学生在听取教师对作品的评价过程中分析、总结自己在研究中存在的问题	师生共同使用多媒体,各小组展示结论
总结任务	布置课下的任务	结束本节的内容,计划课下要完成的任务	教师使用多媒体布置任务

课堂教学结构设计图(略)

(资料来源:刘林涛."任务驱动"教学模式的研究与实践.现代教育科学·普教研究,2004(6).)

【案例分析与教学建议】

(1)案例分析:该课例成功的关键在于"任务"的设置,只有设计和编排具有驱动性和挑战性的"任务","任务"驱使学生自主学习,才是真正实现"任务驱动"教学。设计任务要综合考虑多种因素:符合学生特点、创设教学情境、能够激发学生的求知欲、能培养学生的综合能力和素质。热学单元教学设计案例中"任务"的设计是导入任务、提出任务、明确任务、完成任务、评价任务、总结任务的一个"运载"过程。学生围绕任务的探究过程,不仅了解了分子动理论等相关知识,以小组为单位,运用实验技能加深了对知识的理解和应用,而且还有利于培养协作探究精神和问题解决的思维和能力。

(2)教学建议:在学生自主操作、协作探究完成任务的过程中,教师要随时巡查、察看学生的任务进行情况,发现临时出现的问题,提供必要的点拨引导,同时也要维持必要的课堂秩序。教师的关键作用是要创设自主协作的学习氛围与环境,教师应遵循这样一个原则去教学:学生能看懂的、会做的,教师一定不要讲;学生能通过小组研究解决的问题,一定让学生去探究、去讨论。此外还要注意,不同的教学任务类型,也会存在不完全一致的教学过程。教学环节并不是不可更改的,可以结合不同的任务类型和教学设计的各方面要素综合考虑,在教学实践中进行调整。

第四节 电子白板教学应用模式

电子白板系统是以电子白板设计的交互理念为基础,兼顾电子白板本身的交互性和可操作性特点的一种变革性的辅助教学手段。电子白板系统引入学科课堂教学后,促进了课堂教学方式的变革,有效地补充了多媒体教学与网络条件下的课堂教学之间的空白,有力地推动了教育技术与学科课程的整合。

一、电子白板对教学的影响

电子白板是教师和学生都可以从中受益的一个功能强大的课堂教学工具,它可以有效使用各种资源,增强示范效果,提高师生互动质量。电子白板通过全新的教学方式,对教学过程进行时间和资源的科学分配,使教学资源得到高效利用,减轻教师的教学压力和学生的学习负担,充分培养学生的创造性思维,调动学生的学习积极性,从而显著地提高教学效果。

1. 对学生的影响

(1)提高学生的注意力和理解力。相对于传统的黑板教学,电子白板支持的教学过程融声音、行为和视觉于一体,可以直观地处理复杂的概念,处理结果更加清晰、高效、动态化,可以帮助学生通过不同的教学手段更好地理解所学知识。尤其是学习一些比较抽象的知识和概念时,电子白板为学生提供了多种分析、解决问题的方法和思路。

(2)便于学生复习以往的知识内容并促进学生对新知识的掌握。电子白板可以记录教师的授课内容和过程(包括学生的学习过程),学生只需专心致志地听讲,不必忙着记笔记,课后可以直接存盘带走课堂教学资料,从而帮助学生更好地学习和掌握新知识。

(3)有利于调动学生在课堂上主动学习的积极性和参与性。有研究表明,电子白板支持的教学过程更强调学生的参与和师生、生生的互动,使原来课堂教学中学生不注意听讲、做小动作、随意说话等现象大大减少,提高了学生的学习质量、学习动力和学习自信心。借助电子白板，课堂内容和教学过程更加生动活泼，可以充分调动学生的积极性和创造性，真正做到寓教于乐。

2. 对教师的影响

（1）对教师备课方式的影响。基于电子白板进行课堂教学备课几乎和传统课堂教学备课一样简单易行、快捷高效。利用电子白板备课，教师不必每节课都预先准备课件，教师可根据教学内容，把要用的素材资源按照交互白板资源库的组织方式事先放入库中，在教学过程中根据课堂实际需要随时调用，这样就可以大大节省制作课件的时间和精力。这些单元内容的资源还可以服务于其他教师或者教师本人以后的教学，适合教师日常备课的需要。

（2）对教师实施教学过程的影响。使用电子白板系统能非常灵活地实施教学过程。电子白板所构建的是一个教师们都非常熟悉的类似传统"粉笔＋黑板"的课堂教学环境，教师不用改变"板书＋讲解"的教学行为和习惯，可以像使用粉笔一样使用感应笔在交互白板上任意书写和绘图。另外，教师对显示内容可以进行放大缩小、位置变换、角度调整、颜色改变等操作，还可以随时进行注释、标记等，这些功能都非常贴近教师实际的教学需求。此外，教师也不用受计算机操作的约束，完全可以像以往一样站在讲台前，充分展示自身的教学风格和魅力，自由地和学生进行各种交流互动，组织学生开展多种学习活动，活跃课堂气氛，增强课堂教学效果，从而真正实现信息技术与课堂教学的整合。

（3）对教师开展教学评价活动的影响。评价包括两个方面：对学生的评价和对教师的评价。对学生的形成性评价是当前课堂教学的有机组成部分，而对教师的评价，传统的方式是通过教案、听课、说课、教研活动进行的，两者都缺少对教学实际过程信息的支持。

交互白板有一个传统黑板不具有的功能，就是对课堂整个教学过程所有操作信息的记录，包括教师标记信息、学生参与练习的信息。这些反映真实课堂教学过程的动态资源可以作为对教师和学生进行评价的参考资源，成为开展形成性评价和总结性评价的依据之一。

（4）对教师转变教学理念的影响。教师教学理念转变被视作信息技术与课程整合的最大障碍，其转变不是一朝一夕的事情，而电子白板在课堂教学中的应用，可以对教师的教学观念产生潜移默化的积极影响。信息技术与课程整合中最常见的问题就是教师自我角色的迷失，教师面对信息技术的冲击变得无所适从，有的教师可能忽视自己常年积累的课堂教学经验和技能，如知识的组织经验、课堂的管理经验、提问策略、动机激发策略等；有的教师则可能迷恋技术的优势而忽视了教学内容本身，把基于信息技术的教学视为展示自己信息技术技能的舞台。基于电子白板的课堂教学支持教师传统黑板的使用习惯，教师可以在一个相对"亲切"的环境中使用信息技术，而不用改变"板书＋讲解"的教学行为和习惯，有利于教师树立信息技术是为教学提供支持和服务的理念，从而消除教师对信息技术所持有的排斥心理，改善长久以来教师只是将信息技术当作课堂教学点缀的这样一种教学现象。

二、电子白板教学应用模式

在实现教学结构与模式的多元化方面，电子白板比当前用于课堂教学的其他信息技术装备具有更大的灵活性和适应性。综合目前已有的教学案例文献分析发现，当前电子白板的课堂教学应用模式主要有三大基本类型：教学资源模式、情境创设模式和交互整合模式。

教学资源模式提供教师以交互白板为核心，整合其他数字化信息技术设备和教学素材，并辅助教师多方位系统展示教学信息，以完成扩展或丰富学生学习经验为主要目的。在这种模

第五章 信息化教学模式与学习方式

式中，电子白板的作用是为教师提供并呈现教学资源，辅助教师教学。教师在教学设计中，筛选或整理相关的图片、影片或网页内容等媒体资源，补充教师教学素材的不足之处，并且允许学生浏览教师所建议的媒体内容扩展其学习经验。此模式经常用的教学策略是讲述示范和操作练习。此模式实施的关键是教师慎选的媒体内容要与教学目标具有很好的契合度，以及适时监督学生对教学资源的响应，否则可能造成学生的认知过载或迷失。

情境创设模式主张不能只是让学生从教师或电子白板的画面中学习知识，在此教学模式中，电子白板已不只是支持或补充教学活动的不足，而是积极安排或刺激学生操作的信息软件或应用设备，让学生沉浸在电子白板创设的情境中，去完成教师提出的学习任务，期望学生在学习任务中解决问题与思考，再从思考中建构知识。此模式经常运用的策略包含运用电子白板进行探究教学与问题解决策略，以及采用虚拟现实情境模拟或游戏媒体让学生在操作中理解与获得知识。在情境创设的教学应用模式中，教学实施的关键是教师要指导学生技术操作的技巧，同时也需要随时了解学习者运用科技设备的学习过程并提供适当的回馈。

交互整合模式则是指将交互式电子白板和网络有机结合起来，发挥它们能够克服传统教学时空限制与学习进度一体化困境的优势，让教师能够照顾到每个学生的个人进展，进而实现利用电子白板适应个别化学习过程的目标。在该模式中，电子白板与网络设备整合构成一个整合式学习系统，其中主要是以网络服务器作为系统平台，整合超媒体、文件传输、同步与异步的交互以及系统记录过程等功能。交互整合模式的关键之处在于，学生必须在实体教室里熟练与他人交互讨论的技巧与发展计算机网络操作的能力，具备依据自我进度进行学习调节的能力。

具体三种类型教学模式的基本特征比较如表 5-6 所示。

表 5-6 交互式电子白板三种类型教学应用模式特征比较

比较项 \ 类型	教学资源模式	情境创设模式	交互整合模式
电子白板的教学功能与角色	提供教学资源，辅助教师教学	提供学生完成学习任务的情境	将网络的个性化分析、交互交流和实施追踪与学习过程分析融入教学中
适用的学习活动	补充教学素材不足，拓展学生学习经验	专题型、问题型需要进行探究教学的内容	培养学生与他人交流、突破时空限制的学习，以及实施自主性学习
教师、学生、技术媒体三者的交互角色	教师教学，技术辅助，学生被动学习	学生与技术交互，教师协助	教师、学生与技术媒体角色动态转变
常用教学策略	操作与练习、举例示范与媒体呈现	探究教学、问题解决、情境模拟和游戏式学习	合作学习、讨论与整合式学习

三、电子白板教学模式应用案例

《圆中如何添加辅助线》教学设计案例

1. 教学目标分析

知识与技能:探究总结在圆中添加辅助线的类型,结合生活中的实例,让学生初步感知圆中添加辅助线的特点,能熟练运用辅助线方法来解答综合题和解决实际问题。

过程与方法:积极引导学生观察、想象、推理证明等活动,了解直径、半径、弦心距等,掌握定理及公式。充分利用交互式电子白板提供的便捷的教学功能,与学生互动学习、共同探索、总结规律。

情感态度与价值观:通过探索圆中添加辅助线的规律的过程,培养学生的数学思考能力。通过教师适当的引导,学生可以积累经验,体会成功的喜悦。把现实中的实例与数学结合起来,设计具有挑战性的问题,激发学生的学习兴趣、探索欲望。在教学过程中通过使用交互式电子白板,培养学生熟练运用文字、图形、符号三种语言的转换能力。

2. 学习者分析

学生接受新知识的能力有一定的差异,但是整体的学习热情很高,尤其是几何课,学生可以自己试验探究,学生的积极性特别突出。但学生的归纳总结能力还不强,因此本节课把善于探究和不善于归纳结合起来进行。本班的学生对交互式电子白板的使用有一定的基础。

3. 教学内容分析

《圆中如何添加辅助线》是人民教育出版社新课程标准、数学九年级(上)第二十四章的教学内容,属于初中平面几何的领域。学好这一章非常重要,中考压轴题通常是由圆与函数、方程、坐标系、面积组成的。学习平面几何时与圆有关的题目大多需要做辅助线来解决,很多看似很难的题目,加上合适的辅助线之后,思路畅通,很容易地解决了问题,同时培养了学生的分析能力、逻辑推理能力、创造性思维。本章的内容注重学生的理解和运用,结合实际生活让学生通过观察、操作、想象等活动,发展空间观念;结合具体的事物,让学生感受数学与实际生活的密切联系,能用圆的知识解决实际生活中的问题。

4. 重点、难点分析

教学重点:通过本课的教学,使学生体会到圆中添加辅助线是有规律可循的,提高学生分析问题的能力。

教学难点:根据实际的需要,熟练运用添加辅助线的方法来解答综合题和解决实际问题。

5. 教学策略分析

依据数学新课程标准和教学目标,把数学和实际生活联系起来,调动学生学习的积极性,充分发挥交互式电子白板独特的教学功能。为学生学习创设情境和广泛的探究空间,在课堂上以学生为中心,学生自主探究、总结规律。

6. 教学媒体的设计

交互式电子白板系统、黑板。

7. 教学过程的设计

(1) 创设情境,提出问题,如表5-7所示。

第五章 信息化教学模式与学习方式

表 5-7 创设情境,提出问题

教师活动	学生活动	白板操作
老师:同学们,知识来源于生活,也赋予了生活,美丽的赵州桥体现了古人丰富的数学知识,平静的水面上一艘小船缓缓地驶过赵州桥,大家想一下,小船的桅杆最多能有多高呢? 老师:很好,但是怎么算出桅杆的高度呢?我们把它转换为数学模型。 老师:在解决平面几何问题中画出正确的辅助线,可以把复杂的问题简单化,使看似很难的问题变得容易。在圆中添加辅助线是有规律可循的。这节课我们的学习目标是找出圆中添加辅助线的规律	学生思考并观看电子屏幕上的赵州桥图片。 学生1发言:可以用我们学过的圆的知识解决。 学生2发言:不能直接算出桅杆的高度。	投影:赵州桥图片。  投影:转换为数学模型。

交互式电子白板使用:利用交互式电子白板的显示功能为同学们呈现赵州桥图片,使用感应笔在白板上划出半圆及要求解的问题,同学们观测到问题形成的动态过程。

(2)呈现目标,引导探究,总结规律,如表5-8所示。

表 5-8 呈现目标,引导探究,总结规律

教师活动	学生活动	白板操作
教师:下面老师和同学一起来探究圆中添加辅助线的规律,大家只要认真体会一定能成为解题高手。那么,我们首先探索第一条规律。 教师使用白板呈现探究规律(一)的两道题。教师提问如何解决该题,怎样添加辅助线? 教师总结第一题:通过圆心和直角的连线解决了第一题。 教师:那么同学们,大家看,在这两道题中我们都做了哪些工作? 教师:这样连是因为在题的已知条件中出现了关键字"切线"。当我们看见"切线"大家想到什么? 教师根据学生的回答总结规律:见切线,圆心、切点半径连。	学生观察思考后,对第一题,学生1发言:连接OB。随后说出自己的思路,然后解决了第一题。 学生2发言解决第二题:看见"切线",把切点C和圆心O连接,然后解出第二题。 学生总结发言:连接切点和圆心。 学生:连接圆心和切点,构造直角三角形。	投影:两道数学题。  感应笔在白板上连线,标出角。使用聚光灯照亮屏幕上的关键字"切线"。 

续表

教师活动	学生活动	白板操作
如果题中没有切线,教师展示两道题的探究规律(二)。 教师提示。 教师分析第二题:直接解出此题有困难怎么转化? 教师按学生的思路在白板上操作解题。 教师让学生回忆两道题的解法,在电子白板上使用放大器放大直径,教师根据学生发言总结规律(二),见直径构造直角。 教师:圆中还有没有其他的规律可以探寻呢? 教师展示探究规律(三)。 教师请有思路的同学回答问题。 教师请一名同学到白板上亲自解题,画辅助线。 教师根据学生发言总结规律(三):通过圆的半径、半弦、弦心距做直角三角形。 老师:通过学习我们总结了三条规律分别是什么?用自己的话总结一下。 教师在白板上用幕布呈现小回顾。 教师移动幕布依次出现规律。 	学生1发言:连接 AD。然后自己解出此题。 学生思考。 学生2发言:因为看到 AE 是直径,想到直径所对的圆周角是直角,连接 CE。 学生总结两道题都有直径。 学生讨论总结出解题过程。 学生观看电子白板上的题目,思考如何解题。 学生1发言:做弦心距。 学生1发言:看到切线以后,要想到切点和圆心相连做半径,从而根据切线长定理来解题。 学生2发言:因为我们知道,直径所对的圆周角是直角,所以我们可以根据解决直角三角形的有关知识来解决这类问题。 学生3发言:根据弦与弦心距相互垂直,我们可以利用垂径定理或者勾股定理来求解	投影:没有切线的两道题。  通过放大镜工具,将两道题的关键字"直径"扩大。 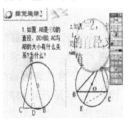 呈现:探究规律(三)的两道题。 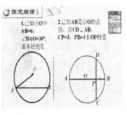 使用遮挡功能,慢慢拖动使文字慢慢呈现。 

交互式电子白板使用:聚光灯提供聚光的效果,使用它照亮屏幕上的关键字"切线",让学生的注意力集中在被照亮的部分,引导学生围绕切线去探寻总结规律,教师使用放大镜工具将"直径"两个字放大,增强了教学的趣味性,在总结规律时使用幕布把答案遮挡,然后在讲解时慢慢地拉开,吸引学生的注意力,让学生有时间去思考,加深印象。使用交互式电子白板的这些功能,可以提高教学效率。

(3) 联系实际,运用规律,如表5-9所示。

表5-9 联系实际,运用规律

教师活动	学生活动	白板操作
教师:通过刚刚的学习,同学们掌握了圆中添加辅助线的三种规律,那么在生活中如何运用好这些规律呢?	学生发言:我们可以用所学的知识解决赵州桥的问题了。	调出白板提供的学科工具,选择数学,画出直线与圆。
教师:非常好,那我们怎么解决这个问题? 用电子白板显示最初的图形。 同学们开始动笔去解决这个问题。请一名同学到白板前做此题。	学生在练习本上解出该题。	
教师:我们解决了这个实际问题,大家接着往下看,构造直角坐标系。 教师在白板上画直角坐标系并构造一个圆,与坐标系的两个轴相切。 教师:绘制一个同样的圆,把这个圆沿 x 轴向左移一定的距离,如果告诉与 x 轴相交的两点的坐标,求圆心坐标。	学生观察教师的操作,根据切线原理得出结论:圆心坐标为(5,5)。 学生分析题,有切点弦,探索这个问题的答案。	绘制一个同样的圆。

交互式电子白板使用:交互式电子白板提供了不同的学科工具,本节中使用数学学科工具。通过平面图形功能,师生可以进行平面图形的绘制,并可对图形进行编辑。师生在工具栏里选择所需的图形种类,在软件页面中拖拽,即可生成相应的平面图形。如解该题过程中,教师拖拽的圆和直线,操作非常方便,使教学方便灵活。

(4) 发散思维,促进发展,如表5-10所示。

表 5-10　发散思维，促进发展

教师活动	学生活动	白板操作
教师让同学们观看屏幕上的图标：同学们认识这个图标吗？ 大众汽车的图标代表什么意思？虽然见得比较多，但是不一定知道。教师利用电子白板呈现大众汽车的图标并向学生解释其含义：大众汽车的图标是由三个字母"V"构成的，意思是必胜、必胜、必胜。我希望同学们通过学习，也有一种必胜的精神，有了必胜的精神，就会有必胜的结果。现在老师把图标转化为数学题。 教师：现在同学们来解决这个问题。提示方法不止一种，给同学们一分钟时间小组讨论一下。 同时使用时钟计时器开始计时。教师在教室里走动，观察小组讨论情况。计时结束后，学生回答问题。 教师：这道题的解法不止一种，同学们可以添加辅助线来解题，可以下课后继续探讨。 教师用电子白板的保存功能回顾本节课的教学过程并总结。辅助线就像一座桥梁，把已知条件和未知条件连接起来，为我们解题创造条件。 教师布置作业	学生回答：大众。 学生观察数学题，从已知条件分析问题。 学生迅速分成小组，讨论如何解决这个问题。 各小组派一名代表就如何解题进行发言。 小组 1 代表发言：连接半径 OF、OE，构造全等三角形来证明 $\angle D=\angle B$。 小组 2 代表发言：学生到白板前使用感应笔连接 FB、ED、BD，构造两个大角相等、小角相等。利用等量减等量差相等证明 $\angle D=\angle B$	呈现大众图标。  课件出示大众汽车的图标转化出来的数学题。  教师单击时钟计时器，开始一分钟倒计时。 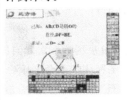 使用白板撤销工具。 电子白板的回顾功能。 电子白板记录教学过程

交互式电子白板使用：使用交互式电子白板呈现大众汽车的图标，然后将其转化为数学模型，让学生小组讨论探索解决问题，单击时钟定时器按钮。该工具提供了时钟和倒计时器的功能，并提供了两种显示方式：数字时钟和石英钟。在这里我们使用数字时钟。在时钟任意位置单击鼠标左键，生成控制菜单，选择数字时钟并设定倒计时为 1 分钟。同时调出并单击屏幕键盘按钮，在软件页面生成屏幕键盘工具，该工具模仿计算机键盘，直接单击即可使用，让学生有紧迫感，提高了课堂效率。使用白板的记录功能记录课堂教学的过程。

(5) 课堂小结。

交互式电子白板使用:"板书"本节课的主要内容,梳理知识框架,最后保存文件。

(资料来源:赫晓瑞.基于电子白板的互动教学模式在初中数学教学中的应用研究.东北师范大学硕士学位论文,2012年5月.)

【案例分析与教学建议】

(1) 案例分析:互动教学模式和交互式电子白板的功能相结合来把数学课上到最佳的效果。设计的问题要与实际的生活相近,引起学生的求知欲,让他们觉得学习数学知识是很有用的。通过本案例可以看出,教学过程应用交互式电子白板给学生带来了很多乐趣,使以往枯燥的数学课堂活跃起来。利用白板呈现教学资源,让学生多观察、多思考,动手在白板上画一画、摆一摆拓展思路。学生以小组形式相互讨论,让思想相互碰撞出新的火花,发散了学生的思维,在实践中创新。利用交互式电子白板特有的教学功能,调动学生学习的积极主动性,让每个学生都参与到知识形成的过程中去思考问题、探索方法,独立地解决问题。

(2) 教学建议:课堂互动的关键在于教师如何利用交互式电子白板这一新的技术产物,为课堂教学搭建良好的互动平台。教师要把握好自己的角色和任务,课堂教学是师生互动的过程。在这一过程中,学生是不断变化的,课堂气氛也在变化,教师要掌握新技术,充分地利用交互式电子白板为课堂教学提供的条件和工具,不断地提高自身的素质以迎接挑战。

第五节 电子书包教学应用模式

电子书包作为一种新兴的教育教学工具,其最核心的价值不是用来呈现和提供信息,其不可替代的价值在于通过技术来增强学习者的思维能力,实现个性化、探究性、社会化、情境化、游戏化、自组织、深度的学习,从而转变教与学的方式,实现信息时代的教育变革。这不仅是电子书包的核心价值体现,也是我国电子书包教育教学应用的发展趋势。

一、电子书包对教学的影响

1. 对学生的影响

技术作为学生学习活动和思维发展的参与者与帮助者,在协助学生发展高阶思维能力中的作用早在国际教育界达成共识。新时代的学生本质上就是"数字原住民",技术是他们的第二天性。虽然已经有很多教师能够使用信息技术,但他们充其量是"数字移民"而已。在教育客观上就存在着"数字原住民"与"数字移民"之间的文化冲突。让学生使用技术学习,将电子书包的使用像衣食住行一样自然,成为一种"素养习惯"(literacy habits)或一种"学习生活方式"(learning life style),其实并没有我们想象的那么困难。引入电子书包后,班级差异化互动学习、数字化探究实验学习、小组合作项目学习、个性化按需兴趣学习、能力本位评估引导学习等新型学习方式都将成为可能。孩子们天生就是技术能手,我们所要做的只是给予必要的技术条件,创设应用环境并加以必要的引导,学生就会自然而然地将生活中的技术行为转变成课堂中的学习行为。

2. 对教师的影响

电子书包在教育教学中的应用使学生有了一个爱不释手的智能伙伴,这个智能伙伴成为教师与学生个体之间的"第三者",许多原本由教师承担的任务被机器分担了或替代了。教师要学会适应这种关系变革,把机器最擅长的事情给机器做,把人最擅长的事情留给人做。在这种电子书包所创设的新型信息化学习环境中,学生成了学习的主体,是自主探究者、问题解决者、知识建构者、协作反思者,教师应该转变课堂舞台主角的身份,自愿充当学生的导学者、促学者、助学者、评学者。此外,教师还应具备全新的教学时空观和教学设计理念,要关注学生的不同特点和个性差异,发展每一个学生的优势与潜能,对课前、课中、课后、班内、班外、校内、校外的学习活动进行通盘规划,为学生学习能力的发展创建创新的技术学习环境和学习体验。

3. 对教学的变革

从全世界来看,电子书包进入校园已成为一个不可逆转的趋势,而电子书包也必然会带来一场学习的革命。基于电子书包的"轻负担、高效益"的高互动课堂以及随时随地发起的随意课堂不再是一句空话;借助电子书包,对学生进行持续、精准的评估(无论是课内外,真实还是虚拟情境),支持个性化的普适设计并不断调整学习可达性,使每一个学生获得成功的体验;通过电子书包,教师、家长、学校、社会将形成一个紧密的关联圈,调动一切资源为每一个学生量身打造适合的学习环境,以促进学生健康、公平的发展。无论课堂内外,学生都可以获得一个有趣且强有力的个性化学习空间,优质的 e-Classroom、e-School、e-Home、e-Museum、e-Library、e-Lab 随手可及;当与学习伙伴一起时,电子书包又转变为一个和谐高效的协同学习空间,一流教师的虚拟课堂可以自由参加,兴趣相近的研究同伴可以无障碍联络。但受现行考试制度与培养目标不协调等方面的制约,这些变革要实现起来并不是一朝一夕的事,需要师生共同进行实践探索,并在应用中不断反思、改进与创新。

二、电子书包教学应用模式

电子课本与电子书包的标准研究和行业发展最终均需服务于教学应用实践,并在教学应用实践中得到检验和发展。针对 2010 年前后电子书包试点项目的调研可以发现,2009 年马来西亚的"e-book 试验计划"、中国台湾地区的"电子书包试验计划"、2010 年日本的"未来学校项目"、2011 年韩国的"电子课本计划"、中国香港地区的"电子学习试验计划"、中国上海虹口区的"开展电子数字化课堂环境建设和学习方式变革试验"、中国佛山南海区的"智能课堂项目"、2012 年上海闵行区的电子书包项目,出现了一批以政府及教育部门主导的电子书包推进项目,各地掀起了一股"电子书包"应用热潮。根据调研结果,从电子课本与电子书包的应用群体来看,当前电子书包的教学应用已经涵盖各个学段、涉及各个学科,以下是电子书包推广试验过程中应用比较广泛的几种教学应用模式。

(一)基于电子书包的"授导互动"教学模式

传统"授导互动"教学亦称"传递-接受"教学。所谓"传递-接受"是指在教学过程中教师通过口授、板书、演示,学生则通过耳听、眼看、手记来完成知识与技能的传授,从而达到教学目标要求的一种教学模式。其特点是教师易于组织、监控整个教学活动,便于师生之间的情感交流;有利于系统科学知识的传授,并能充分考虑情感因素在学习过程中的重要作用。其不足是:教师主宰课堂,忽视学生认知主体作用,不利于创新思维与创新能力的发展。尽管存在上述不足,但"传递-接受"教学模式仍然是我国基础教育常见的教学模式。基于电子书包的"授导互动"教学模式是电子书包在基础教育课堂的应用过程中逐步发展形成的,它实现了"传递-

第五章 信息化教学模式与学习方式

接受"教学与电子书包功能的融合,具有较强的实用推广价值。

基于电子书包的"授导互动"教学是指在电子书包平台支撑下,教师以讲授引导互动为主要手段,以知识学习为导向,向学生叙述事实、解释概念、论证原理和阐明规律,同时在教学过程中展开动态测评,并及时调整教学的一种教学应用模式。本研究分别从理论基础、教学目标、实现条件、操作程序及教学评价五个方面对上述两种教学模式进行对比,如表5-11所示。

表5-11 "传递-接受"教学与基于电子书包的"授导互动"教学对比

教学模式 比较项	"传递-接受"教学	基于电子书包的"授导互动"教学
理论基础	有意义接受学习理论	建构主义学习理论与教学理论
教学目标	知识、技能学习	以知识、技能学习为导向,兼顾三维目标
实现条件	教学内容计划性强、缺乏变化	教学内容安排以计划为基础,教学中依据评测,动态生成、灵活调整教学内容
	黑板、投影等	电子书包、多媒体教学环境
操作程序	呈现先行组织者→呈现学习内容→正确运用教学内容组织策略→迁移运用新知识	回顾旧知→创设情境→授导互动→归纳练习→反思评价
教学评价	评价角度、方法单一	动态测评,多维度评价教与学

基于电子书包的"授导互动"教学模式充分发挥了传统"传递-接受"教学模式的特点,同时整合了电子书包的教学应用优势与特征。该模式的具体实施流程如图5-4所示。

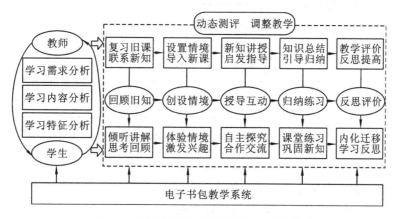

图5-4 基于电子书包的"授导互动"教学模式

学习者是学习活动的主体,学习者具有的认知、情感、社会等特征都将对学习的信息加工过程产生影响。因此,对学习者的分析在教学过程中显得尤为重要。在该模式下,依托电子书包平台,课前,教师通过互动了解学生学习需求、知识能力基础、认知结构特点等,并据此对教学内容进行调整,为课程开展奠定基础。

(1)回顾旧知:在课前互动基础上,教师通过回顾旧知,建立新旧知识之间的联系,学习者倾听讲解,回顾所学知识,唤醒对已有知识、经验的记忆,为即将开展的学习做准备。

（2）创设情境：教师充分发挥电子书包平台多媒体特性，创设与当前学习主题相关、真实的情境。通过情境的创设，有效激发学生的学习兴趣，引导学生参与到课程的学习中来。

（3）授导互动：这一阶段包括教师授导、学生自主学习与协作学习。教师借助信息化的手段呈现学习内容，并对内容进行详细讲解与说明。学生在学习过程中，借助电子书包平台实现师生互动交流，围绕学习任务进行自主与协作学习。

（4）归纳练习：依托电子书包实时测评功能，教师及时发现学习中存在的问题，对教学过程中的内容及侧重点进行及时的调整，并动态生成新的教学内容。

（5）反思评价：借助电子书包平台，教师可以实现对课堂教学效果以及学生表现的评价，促进学生对于知识内化迁移与学习反思。基于电子书包的"授导互动"教学是以教师为主导、学生为主体的学习，电子书包平台发挥师生互动、资源呈现、评价测试的作用。在该模式下，教师需要有目的性、选择性地使用电子书包平台，充分发挥其功能，从而避免电子书包自身对教学的干扰，分散学生注意力。

（二）基于电子书包的主题探究式教学模式

基于电子书包的主题探究式教学，是指学习者围绕学习主题，运用电子书包进行自主和协作学习，并最终实现问题的解决，形成学习成果。其目的是培养学习者解决问题、自主探究以及协作学习等方面的能力，从而提升信息素养与学科素养。在学习过程中学生成为学习的主体，教师成为支持者和辅助者，学习的结果被弱化，学习过程与合作得到强化。基于电子书包的主题探究式教学是围绕教师与学生两大主线展开的，流程如图5-5所示。

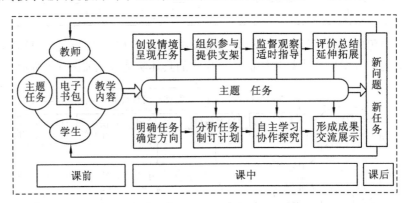

图5-5 基于电子书包的主题探究式教学模式

借助电子书包平台强大的交互功能，教师与学生围绕学习内容与主题任务进行互动，通过互动，教师了解学习需求，学生对要学习的主题形成一定的了解，做到心中有数。

（1）创设情境，呈现任务。教师围绕探究主题，构建真实的问题情境，并呈现学习主题。学生对学习主题进行讨论交流，明确学习任务以及学习方向。

（2）组织参与，提供支架。教师组织学生分组，引导学生参与到主题探究中来，并提供学习支架辅助探究。学生以小组为单位对主题进行分析，制订探究的计划与组内分工。

（3）监督观察，适时指导。学生以小组为单位，借助电子书包的丰富资源和良好互动优势，展开探究性学习。探究过程中教师发挥指导、监督作用，保证学生探究方向的正确，并针对难题提供适时适当的指导。

（4）评价总结，延伸拓展。任务完成后，以小组为单位形成学习成果，并借助电子书包平台进行学习成果的交流与展示,师生对学习成果进行评价。教师引导学生进行总结归纳,实现知识的内化与提升。

另外,由于时间等方面的限制,在课堂探究学习的过程中会产生一些新的问题或任务,这些问题或任务可以作为下一次探究学习的起点。

(三)翻转课堂教学模式

1. 翻转课堂概述

翻转课堂出现于2007年前后,当时这种全新的教学模式在美国科罗拉多州的部分地区开始流行,但尚未能在更大范围内推广。直到三年之后,"可汗学院"的兴起才使翻转课堂真正将自身的影响力扩展至全美乃至全球。国内有关翻转课堂的实践开始于2011年重庆市聚奎中学校对适合本校的翻转课堂基本模式的探讨。直到备受关注的山东省昌乐一中课堂全翻转,以及2013年9月"C20慕课联盟"(C即China,中国;20即20余所国内知名高中/初中/小学)的组建,翻转课堂才开始成为国内教育信息化的热点。

所谓翻转课堂(flipped classroom或inverted classroom)就是在信息化环境中,教师提供以教学视频为主要形式的学习资源,学生在上课前完成对教学视频等学习资源的观看和学习,师生在课堂上一起完成作业答疑、协作探究和互动交流等活动的一种新型的教学模式。与传统的教学模式相比,翻转课堂具有如下特征。

从教学流程的角度看,翻转课堂这一新型教学模式的实践尝试,直指我国传统教学一直以来存在的逻辑弊病,即"知识传授在课内,知识吸收与掌握在课外"的低效知识学习过程(事实上,传统教学中学生需要克服学习中的重点难点时教师并不在现场),通过对知识传授和内化过程的颠倒安排,对课堂时间的使用进行了重新规划,实现了对传统教学模式的革新。从师生角色的角度看,翻转课堂改变了传统教学中的师生角色,教师的角色由原来在讲台上布道传授的"演员"和"圣人"转变为教学活动的"导演"和学生身边的"教练",而学生则由原来讲台下被动接受的"观众"和"学徒"转变为教学活动的"主人公"和"决策者"。学生在教学过程中拥有更多的自由,在总体进度已定的情况下,学生可以按照自己的实际情况安排学习进程。从教学资源的角度看,短小精悍(针对某个特定的主题,长度维持在10分钟左右)的教学视频(或"微课")作为翻转课堂教学资源最为重要的组成部分,可以通过媒体播放器实现暂停、回放等多种操作,便于学生在学习过程中反复播放和思考复习,有利于学生的自主学习。

翻转课堂的有效实施有赖于信息技术的支持,即必须通过技术为学习者提供工具、资源、伙伴,或者借助技术为学习者提供多方面、广范围的支持力量。在以学生为中心、教学视频为核心结点的翻转课堂教学模式下,把电子书包作为为翻转课堂提供核心技术支持的工具和手段,可以全面整合线下课堂与网络空间,帮助教师有效地组织和呈现教学资源,动态记录学生的学习过程信息,及时了解学生的学习状况和遇到的困难,方便地进行个别化辅导;帮助学生制订学习计划、学习内容、学习速度,把握自身学习进度,高效便捷地实现自主学习与合作学习。通过电子书包学习系统,将课堂上的互动交流拓展至网络空间,大大增加了师生之间、生生之间的交互时间,提升了交互效果。总之,电子书包与翻转课堂的有效整合,解决了当前翻转课堂教学实践过程中存在的学习时空限制、学习资源匮乏、学习过程难以管控、学习数据记录与互通缺失、学习交互困难、学习评价体系不健全等问题,使翻转课堂的实施能真正正正地落到实处,这在一定程度上"激活"了翻转课堂。

2. 翻转课堂教学模式

翻转课堂教学模式主要由课前学习和课堂学习两部分组成,如图5-6所示。在这两个过程之中,信息技术和活动学习是翻转课堂学习环境创设的两个有力杠杆。信息技术的支持和学习活动的顺利开展保证了个性化协作式学习环境的构建与生成。

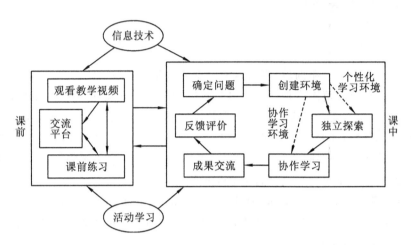

图 5-6 翻转课堂教学模式结构示意图

1)第一阶段:课前设计模块

(1)教学视频的制作。

在翻转课堂中,知识的传授一般由教师提供的教学视频来完成。教学视频可以由课程主讲教师亲自录制或者使用网络上优质的开放教育资源。教师可以在优质的开放教育资源中,寻找与自己教学内容相符的视频资源作为课程教学内容,既提高了资源利用率,节省了人力、物力,也使学生接触到国际性优秀教师的最新教学内容。但是,网络上的开放教育资源往往并不能与课程目标、课程内容完全相符。

教师自行录制教学视频能够完全与教师设定的教学目标和教学内容相吻合,同时教师也可以根据学生的实际情况对教学内容进行针对性讲解,并可根据不同班级学生的差异性多版本地录制教学视频。在具备这些优势的同时,自行录制教学视频也给教师的教学技术和时间提出了挑战。教学视频的视觉效果、互动性、时间长度等对学生的学习效果有着重要的影响。因此,教师在制作教学视频时需要考虑视觉效果、支持和强调主题的要点、设计结构的互动策略等,帮助学生构建内容最丰富的学习平台,同时也要考虑学生能够坚持观看视频的时间。

(2)课前针对性练习。

在学生看完教学录像之后,应该对录像中的收获和疑问进行记录。同时,学生要完成教师布置的针对性课前练习,以加强对学习内容的巩固并发现学生的疑难之处。对于课前练习的数量和难易程度,教师要合理设计,利用"最近发展区"理论,帮助学生利用旧知识完成向新知识的过渡。

对于学生课前的学习,教师应该利用信息技术提供网络交流支持。学生在家可以通过留言板、聊天室等网络交流工具与同学进行互动沟通,了解彼此之间的收获与疑问,同学之间能够进行互动解答。

2) 第二阶段:课堂活动设计模块

(1) 确定问题。

教师需要根据课程内容和学生观看教学视频、课前练习中提出的疑问,总结出一些有探究价值的问题,学生根据理解与兴趣选择相应的探究题目。在此过程中,教师应该有针对性地指导学生选择题目,并根据所选问题对学生进行分组。

在翻转课堂中,技术工具和信息资源是学生学习的基础,个性化学习环境的创建能够使学生成为自我激励的学习者,拥有强大的自主学习控制权。学生能够通过教学指导和技术工具进行自我组织的探究性学习。在翻转课堂个性化学习环境中,教师主要发挥领路人的作用,帮助学生制订学习计划和使用学习工具。

(2) 独立探索。

在翻转课堂的活动设计中,教师应该注重和培养学生的独立学习能力。教师要从开始时的选择性指导逐渐转至学生的独立探究学习方面,把尊重学生的独立性贯穿于整个课堂设计,让学生在独立学习中构建自己的知识体系。

(3) 协作学习。

协作学习是个体之间采用对话、商讨、争论等形式充分论证所研究问题,以获取达到学习目标的途径。协作学习活动有利于发展学生个体的思维能力,增强学生个体之间的沟通能力和学生相互之间的包容能力。此外,协作学习对形成学生的批判性思维与创新性思维,提高学生的交流沟通能力、自尊心与形成个体间相互尊重的关系,都有明显的积极作用。因此,在翻转课堂中应该加强协作交互学习的设计。常用的小组交互策略有头脑风暴、小组讨论、浅谈令牌、拼图学习、工作表等。

(4) 成果交流。

学生经过独立探索、协作学习之后,完成个人或者小组的成果集锦。学生需要在课堂上进行汇报、交流学习体验,分享作品制作的成功和喜悦。成果交流的形式可多种多样,如举行展览会、报告会、辩论会、小型比赛等。在成果交流中,参与的人员除了本班师生以外,还可有家长、其他学校师生等校外来宾;除在课堂直接进行汇报之外,还可翻转汇报过程,学生在课余将自己汇报过程进行录像,上传至网络平台,老师和同学在观看完汇报视频后,在课堂上进行讨论、评价。

(5) 反馈评价。

翻转课堂中的评价体制与传统课堂的评价完全不同,在这种教学模式中,评价应该由专家、学者、老师、同伴以及学习者自己共同完成。翻转课堂不但要注重对学习结果的评价,还通过建立学生的学习档案,注重对学习过程的评价,真正做到定量评价和定性评价、形成性评价和总结性评价、对个人的评价和对小组的评价、自我评价和他人评价之间的良好结合。评价的内容涉及问题的选择、独立学习过程中的表现、在小组学习中的表现、学习计划安排、时间安排、结果表达和成果展示等方面,对结果的评价强调学生的知识和技能的掌握程度,对过程的评价强调学生在实验记录、各种原始数据、活动记录表、调查表、访谈表、学习体会、反思日记等的内容中的表现。

3. 翻转课堂教学实践模式

翻转课堂在国内中小学教育中的有效实施有赖于长期的本土化实践和探索。根据环境条件的不同,当前我国基础教育阶段翻转课堂实践呈现出不同的实践模式。通过对六所学校翻转课堂实践案例的研究(见表 5-12),可以分别从两个不同的视角来分析翻转课堂的本土化教学实践模式。

表 5-12　翻转课堂实践案例分析

实践案例	学习阶段	教与学活动	技术支持
山东省昌乐一中	自学质疑（晚自习）	自学教材；观看微视频；协作交流（面对面）；在线测试；提出问题	学案,微视频,"阳光微课"平台,学习终端(Pad)
	训练展示（课中）	小组合作突破疑难（面对面）；小组合作训练、解说、评价；互动质疑；评价点拨；总结反思	
上海市古美高级中学	课前	自学多媒体电子教材	多媒体电子教材；微视频；课堂交互系统；"录课宝"作业讲评系统；学习终端(Pad)
	课中	自学检测；反馈讲评；提出问题；师生活动,解决问题；课堂检测,及时反馈	
	课后	完成作业；观看微视频（作业讲评）	
温州市第二中学	课前	自学教材；观看微视频；完成练习；互动提问	微视频；互动平台；学习终端
	课中	以学定教,教师解答课前提问；合作纠错,掌握预习题；例题分析,变式提升；练习巩固,小组合作找易错点	
	课后	自主个性复习；进行下一节内容的学习	
青岛市实验初级中学	课前	观看微视频；话题讨论（基于微视频内容）；完成练习	微视频；学习平台（讨论、评测等功能）；学习终端(Pad)
	课中	话题分享,解决问题；问题迁移；达标检测	
	课后	拓展延伸练习	
广州数字教育城天云项目	学生自学	自学教材；观看微视频；完成学习任务；提出问题（使用平台）	微视频；学习平台；学习终端
	教师创设情境进行问题解决	创设情境,解决问题（自主探究、小组协作解决,教师答疑）；课堂测试；布置拓展练习	
深圳市南山实验学校	课前	观看微视频；完成练习	微视频；学习平台；学习终端
	课中	梳理知识；聚焦问题；合作学习；综合训练；评价反馈	

1) 视角一:教学过程的变化

教学过程的变化即突破教学全流程的翻转,根据学习场所的不同,呈现出两种翻转模式:以课前、课中为分界的家校翻转及校内翻转。家校翻转即课前由学生在家学习,完成知识传授,再参与课堂学习活动,此时要求学生回家后仍具备"先学"的技术环境;校内翻转即根据课时安排在校内完成知识传授与知识内化两个阶段,此时"先学"的技术环境由学校保障。通过对不同学习阶段教与学活动的统计发现,课前活动包括自学教材、微视频/多媒体电子教材,学案助学,课前检测,使用学习平台提出问题等问题诱发的过程。事实上,无论是学案助学还是微视频导学,它们都以教材内容为中心,都是引导学习者深读教材的一种手段。课内活动聚焦问题解决过程,包括互动质疑、反馈讲评、合作纠错、话题分享等。其中,高中阶段的课堂活动贯穿解题思路与核心知识点,初中、小学阶段则重在对知识要点的理解与掌握。

2)视角二:课内教学活动的调整

课内教学活动的调整,即在一个课时的课堂教学中进行翻转。前半节课由学生借助微视频、学案等自定进度完成学习,并整理学习收获,提出学习困惑;后半节课则通过自主探究、协作讨论、展示交流、巩固练习等活动完成师生交互、问题解决。天河区"天云项目"的初三政治教师方老师结合初中政治的学科特点及家校的客观情况,将翻转的整个过程放在课堂内,并将所有的课设置成 A 型课和 B 型课。A 型课即学生的"先学"。教师为学生提供微视频、学习任务等学习资源,学生按照学习支架独立完成对基础知识的掌握,并完成相应的任务;同时也可通过平台将问题反馈给教师。B 型课即问题解决的过程。教师根据学生任务完成的情况,整理问题;并创设情境来解决学生自学中出现的问题;随后教师再通过课堂测试,加强学生对常考点和易错点的理解和巩固;也可再布置拓展练习,让学生以小组的形式合作完成。

4. 翻转课堂本土化实践的典型模式——基于电子书包的"学案导学"教学模式

"学案导学"教学模式产生于 20 世纪 90 年代后期,诞生于一线教师的教育教学实践。这种教学模式有利于自主学习、合作学习以及研究性学习等多种形式教学活动的开展,能培养学生问题解决、协作创新等多方面的能力。其与新课程改革所倡导的教学理念相一致,故一直以来都受到广大中小学教师的青睐。

联合国教科文组织在《Learning: The Treasure Within》一文中指出:教学应当尊重每一个人的多样性和特性,这一原则应主张摈弃任何标准化的教学形式。关注学生差异,促进学生个性化学习的关键在于以学习的过程代替教学的过程。而学案则是实现这一转变的有力工具。所谓学案,是在教师广泛调研学生的学习情况下,集思广益,精心编写的指导学生自主学习的教学辅助材料。对于学生来说,它是学生课前预习、课堂学习、课后复习所使用的工具与方案,是学生主动学习所依据的材料。对于教师而言,它是教师启发讲解的工具与方案。学案具有基础性、差异性、开放性以及主体性的特点,"学案导学"关注学生之间的差异,不仅注重知识传授,更注重引导学生去学会学习、学会创新。从某种意义上来讲,"学案导学"算是一种"小翻转课堂",只不过"学案导学"主张以学案导学,而翻转课堂则主要以微视频助学,但两者之间并不存在明显的冲突。如今,在翻转课堂本土化实践的过程中,我们也在更多地考虑吸收传统教育的精华,使翻转课堂能真正意义上落地生根,助力中国教育。

基于电子书包的"学案导学"教学应用模式是指在电子书包教学环境下,以学案为载体,以学生自学、教师导学为手段,以培养学习者学习能力为导向,实现分层教学以及课前、课中与课后有机融合的教学模式。在教学中,充分发挥学案特点,依据学生差异性,制订分层学案,实现分层教学,满足不同学习需求。同时,提供丰富的学习支架,支持学生学习,注重学习者问题解决能力、协作学习能力等能力的培养,具体教学流程如图 5-7 所示。

基于电子书包的"学案导学"教学应用模式是围绕课前学案、课中学案、课后学案展开的。

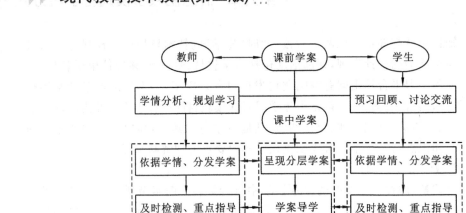

图 5-7　基于电子书包的"学案导学"教学应用模式

（1）课前：教师编制课前学案，学生依据学案进行知识回顾与预习。教师根据学生的反馈进行学情分析，制订分层课中学案，调整教学重难点，并规划课堂教学。

（2）课中：①呈现分层学案。依据学情分析，教师依托电子书包学习平台分发分层课中学案，学生获得学案后，阅读学案内容，明确学习任务。②学案导学。学生围绕学习任务，开展自主或协作探究学习，教师及时监控学生学习过程，并对学习提供指导，做到重点问题及时突破；普遍存在问题及时讲解；涉及下节课内容，鼓励课下思考。③学案学习评价。学生学习完成后，教师进行归纳提升，并借助评价测试模块，对学习情况进行评估与诊断。

（3）课后：教师发布课后学案，其目的在于帮助学生对所学知识进行巩固强化。需要指出的是，课后学案并非是一个教学流程的结束，相反，它可以成为下一堂课的开端，成为另一个"课前学案"。基于电子书包的"学案导学"教学充分尊重学生之间的差异，确保学习过程中不同层次的学生都能够"吃饱"。同时，依托电子书包平台，实现"课前、课中、课后"的有效融合，大大拓展课堂所覆盖的范围。教学过程中内嵌"自主学习、协作探究"环节，有助于学生能力的培养。

电子书包在我国还处于刚刚起步的状态，还没有形成系统而科学的电子书包教学模式。但不可否认的是，电子书包的教学应用改变了课堂教学结构、课堂教学组织形式、课堂教学交互、教师角色及学生学习评价方式，转变了教师的教学理念，使教师从最开始的纠结于到底用不用信息技术支持教学，到如今的思考如何将信息技术用于课堂教学以及如何有效地利用技术支持课堂教学。

三、电子书包教学模式应用案例

"眼睛的科学"教学设计案例

1. 教学目标分析

知识与能力：认识简单的眼睛构造，初步了解近视和眼睛构造的关系。

第五章 信息化教学模式与学习方式

过程与方法:善于提出问题,并能进行问题筛选分析。应用感官观察并结合电子书包"解暗箱"的体验活动,了解眼睛的构造,并在不断认识的过程中,有意识地对眼睛的知识进行补充和完善。

情感态度与价值观:保持与发展想要探究与发现周围事物奥秘的欲望;同时,还要在科学学习中能注重事实,克服困难,乐于合作与交流;另外知道保护眼睛对于青少年的重要性。

2. 学习者分析

处于四年级的学生好奇心重,思维活跃,勇于表现自己。他们在之前的各学科学习中已经有了探究学习的经验,喜欢动手实验,并积极认真思考。但是在探究过程中,兴趣仅停留在探究工具上,并不重视探索事物本质、追寻问题解决的方式方法,教师要适时适度地给予帮助和指导。学生在学习本课前对眼睛的有关知识有浅层次的认识,在日常生活中,听说过假性近视、近视等眼睛相关名词,但是并不知道眼睛的内部结构和近视的成因。

3. 教学内容分析

"眼睛的科学"(第一课时)是天津路小学科学校本课程"我们的身体"单元中的第三课,本课让学生认识简单的眼睛构造,使学生初步了解近视和眼睛构造的关系,并培养学生发现、整理、筛选问题的能力,让学生能在已有问题、经验和现有信息的基础上,通过简单的思维加工,做出自己的解释或结论;能用自己擅长的方式表达探究结果,进行交流,并参与评议,知道对别人研究的结论提出质疑,同时培养学生搜集、整理信息的能力和自学能力。

4. 重点、难点分析

教学重点:了解关于眼睛构造的名称及位置。

教学难点:近视和眼睛构造的关系。

5. 方法和媒体的设计

本课教学内容更加注重过程的体验和能力的获得,因此采用自主探究和协作交流的教学方法。教学媒体采用电子书包、多媒体网络教学系统。

6. 教学过程的设计(见表5-13)

表5-13 教学过程的设计

教学阶段	师 生 活 动	设 计 意 图	整合点分析
创设情境导入课题	教师带领学生打开电子书包的"看一看"部分,其中有两幅图片,引导学生思考:我们眼睛看到的是不是真实的?学生看到图片的直观现象竟然与真实结果不相符,引发了学生对此问题的极大探究兴趣。进而引出本课主题:眼睛的科学	由于眼睛和学生的关系太密切了,他们会认为非常了解眼睛。教师在一开始上课时选择了"视错觉"这一现象,让学生对自己的眼睛产生了质疑,极大地激发了学生的探究兴趣	运用电子书包的"看一看"的动画资源,可以让学生真切地感知到有时候不一定"眼见为实"。这一动画资源极其形象逼真地向学生展示了"视错觉"这一现象,学生切身观察到眼睛直观表象与实际结果的反差,对眼睛有了浓厚的探究兴趣

续表

教学阶段	师生活动	设计意图	整合点分析
组织投票确定问题	教师抛出问题:"关于眼睛,你们现在都知道些什么?"学生予以思考并积极作答,随后教师问:"关于眼睛,你们还有哪些不知道的或想了解的?"学生将问题发布到电子书包的答疑区中。学生写完问题后,由于课堂时间有限,不可能对学生的问题进行一一作答,只能选取大家最想知道、最基础的问题进行探究,学生可以利用电子书包的统计软件,在大家提出的问题中进行选择	教师从了解学生的原有知识基础出发,提出"关于眼睛,你们现在都知道些什么?"的问题。然后,引导学生继续发现自己还有很多不了解的问题。如果只是让学生泛泛地提出问题,然后选择两个问题解决,那么学生对于自己的提问很快会淡化,所以教师采取把问题发送到电子书包的答疑区的方式,加强学生的问题意识,同时也为后一部分的教学环节做了铺垫。在选择解决问题的环节,教师引导学生正确地整理筛选问题的方法:"这么多的问题我们不可能一起都解决,科学研究也要从基础开始了解,哪个问题是最基础的?"	在电子书包的答疑区中,学生可任意写入自己急于解决的问题,为学生的沟通交流提供便利。同时通过统计软件,可统计出学生最想知道的也最基础的问题作为探究问题,这种设计极大地凸显了学生的主体地位
小组协作自主探究	教师组织同学们互相观察眼睛的构造,并提出问题:通过观察知道了眼睛的哪些构造或有什么发现?再结合生活经验猜一猜,眼球里面还有什么是我们看不到的,它们可能有什么作用?教师给出导学案,导学案中包含探究目标、探究方法、探究时间、探究环节等,为学生的探究过程提供了详细而清晰的探究导向。学生运用电子书包作为探究工具及资源来探究眼球的重要构造,以及以小组为单位,协作探究眼睛近视和眼睛构造的关系,教师进行巡回指导	观察是科学学习的重要方式,所以,对于眼睛的外部构造,教师采取让学生互相观察的方式,既能提高学生的兴趣,又能激发学生的探究欲望。另外,学生以小组协作、自主探究的形式来获取知识,不仅可以加深对知识的理解,通过亲身体验探究过程,与其他同学交流,可提高探究和沟通能力	电子书包可为学生提供丰富而有针对性的探究工具和资源,电子书包中模拟仿真的三维动画,可帮助学生探究到眼球的重要构造。小组成员通过电子书包可以多种形式来探究眼睛近视和眼睛构造的关系。基于电子书包的探究式学习不再流于形式,学生利用此能够探究到问题本质,帮助学生解决问题

· 第五章 信息化教学模式与学习方式·

续表

教学阶段	师生活动	设计意图	整合点分析
强化练习成果展示	组织学生选择不同的小游戏，来巩固了解关于眼睛的构造知识。学生进行游戏，游戏后，教师对学生的成果进行检验。通过提问交流，发现学生对眼睛的知识还需更深了解，因此指导学生回到电子书包的"学一学"部分进行更深入的学习。教师组织学生展示各小组的探究成果	利用小游戏，学生在电子书包上对眼睛结构认知的操作，起到了让学生的知识接受差异得到补充平衡的效果。小组成员运用电子书包进行成果展示，可将小组探究成果更形象、更逼真地呈现给大家	传统练习如回答课后练习，做试卷，学生会觉得枯燥与恐惧，学生在轻松自由的氛围中即电子书包提供的游戏中进行对知识的强化巩固，可以促进有意义学习的发生
再现新知拓展学习	眼睛的每个部分大家都是一样的吗？变化了会怎么样呢？在电子书包中"自学区"内，可以解决你们的疑问，请大家认真学习，把你们的发现讲给同学们听	这里教师着重培养学生的自学能力，也关注自学方法的引导，即提出问题—选择资源—探究问题—解决问题—表达交流	在传统教学中，课后学习的部分仅仅是完成作业，然而电子书包支撑的课后学习可为学生带来拓展学习的资源，因为课堂有限，不能满足学生的所有知识习得，因此需要拓展学习以及资源工具。在电子书包的拓展区中，可为学生提供拓展资源与工具，同时也为学生提供了讨论区，学生可随时随地沟通交流。这不仅丰富了学生的学习生活，也为学生知识能力习得提供了有力而丰富的平台

（资料来源：王玉玺,张妲,钟绍春,钟永江.基于电子书包的探究式教学模式设计——以小学科学教学为例.中国电化教育,2014(2).）

【案例分析和教学建议】

（1）案例分析：以上是基于电子书包的主题探究式教学模式的应用案例。通过观察课堂实录,学生乐于通过电子书包来进行自主探究学习,在探究过程中能够积极主动,勤于思考。可以从某种程度上反映出利用基于电子书包的网络探究教学模式可有助于培养学生探究能力,提高教学绩效。

(2) 教学建议:基于电子书包的主题探究教学中,学生可身临其境,真正能够让"问题"看得见,摸得着,学生在自由、开放的教学环境中,利用丰富的资源和有力的探究工具进行探究,师生角色极大转变,教师成为配角,在课堂中仅扮演情境创设者、促进者、组织者、帮助者,学生真正地主宰了课堂。电子书包可支撑个性化学习,并可实施公平教学,注重个体差异,极大地凸显了学生的主体地位。另外,电子书包成为学生家长共享应用的平台,为学生的课外学习和家校互通交流增添生机。基于电子书包的探究式教学希望能够为以后各学科开展探究式教学提供一定的理论和实践依据,并为信息技术与课程高效整合提供重要的应用契机。

第六节　信息化学习方式

一、信息化学习方式概述

学习是指人类在认识与实践的过程中获取知识、经验,探索客观规律,实现身心发展的社会活动。学习的过程是知行统一的过程,是以现有的知识、经验、技能等作为认知基础,通过与其他客体信息进行双向互动,以充实或调整已有认知结构的相对持久的变化过程。学习方式是指学生在完成学习任务时基本的行为和认知的取向。简单来说,学习方式就是学习者进行学习的组织方式,也是学习者获取知识或经验的方式。

在信息化的时代大背景下,信息技术为学习的发展带来了诸多可能,学习的方式方法发生了巨大的改变,许多新的学习方式也相继涌现出来,这些新的学习方式借助技术的作用力图实现在传统学习中不可实现的做法。所谓信息化学习方式是指在信息技术环境下,学生在完成学习任务的过程中,利用信息技术进行有效学习行为和认知取向,是以学生有效利用信息技术获得主体发展为目的,以现代信息技术为基础的学习方式。简而言之,信息化学习方式就是利用现代信息化技术进行有效的学习方式。在教育者的引导下,学习者依托信息化学习环境,采用信息化学习方式方法,发挥学习的主动性、积极性和创造性,可以更好地达成学习目标,获得个体的发展。

与传统的学习方式相比,信息化学习方式具有如下基本特征。

(1) 知识迁移能力和良好学习习惯的养成是信息化学习方式的基本目标之一。知识迁移能力是终身学习能力的重要基础,终身学习能力包括知识迁移、基于技术的学习、合作学习以及信息处理等多方面的能力。另外,培养良好的学习习惯是终身学习能力培养的重要组成部分。

(2) 问题导向是信息化学习方式的起点。没有问题,就没有思考,也就没有知识的联结,当然也难发生深层学习。传统的学习方式主要包括课前预习教材、课堂听讲教材、课后复习教材等三个基本环节,所有环节围绕教材内容来展开,以"消化"教材内容为教学目的,以测量学生"掌握"教材的程度为考核目标。实践表明,传统的学习方式已很难适应今天的课堂教学,学生很难长时间保持注意力以聆听教师的讲授。信息化学习方式可以以问题或学习任务开始,学生是学习的主人,知识内容的消化和掌握以问题的解决与否或学习任务的完成程度为衡量依据,学生的学习热情更持久,内容理解更深入,知识内化更成功。

（3）开放课堂是信息化学习方式的实现基础。信息化学习方式拓展了教学情境,单一的课堂讲授形式已很难适应学生学习的需要。任务明确的个人学习、具有共同任务的小组合作学习、面向复杂过程或活动的体验式学习、面向现实或实践领域的问题解决学习等得到了越来越广泛的应用。

（4）信息技术和工具的有效使用是信息化学习方式的重要手段。不仅个人电脑在学习中越来越普及,各种手持设备和电子阅览工具也逐渐成为学生的必备品。信息技术不仅是学习的支持工具,还是学生学习的认知工具。如何利用信息技术进行学习是衡量学生是否"会"进行信息化学习的重要指标。

（5）社会交互是信息化学习方式不可或缺的环节。信息化学习中的互动方式不再仅停留在师生层面的交流。首先,学生之间的互动乃至校与校之间学生的交流将变得越来越重要,现代通信技术为学生之间的互动提供了便利。其次,利用媒体的学习将在学习中占有越来越大的比重,而有效的人机交互将提升学习效果和效率。最后,教师不再是知识的唯一"拥有者",信息的易获取性使学生很多时候要比老师知道得还多,学生在教学过程中的知识贡献越来越不容忽视。

二、信息化学习方式

信息技术改变了原有的班级授课模式,信息化学习环境下,学习者可以根据教师所采用的信息化教学模式进行相应的信息化自主学习、信息化合作学习、信息化探究学习、移动学习以及混合学习等一种或多种学习活动。

（一）信息化自主学习

自主学习是指学习者独立地、积极主动地确定学习目标、选择学习策略,并完成富有创造性的学习活动。那么,什么是信息化自主学习呢？很显然,信息化自主学习就是信息技术与自主学习过程深度融合的结果,是指学习者利用信息化学习环境所提供的各种信息技术手段和资源积极地、主动地、探索性地进行学习的过程,就是学习者充分发挥主观能动性和创造性,在已有认知结构的基础上充实和调整认知结构过程,在这个过程中,学生的独立学习能力得到了发展,高级思维能力得到了提升。

信息化自主学习方式除了具有信息化学习方式的基本特征之外,还具有一般自主学习的所有特征。

（1）主体性,自主学习贯彻"以学习者为中心"的教育思想,在这种学习方式中教师不再是知识的传授者,而是教学内容、教学过程、教学活动的组织者、参与者和指导者。

（2）能动性,自主学习与传统的学习方式有很大的不同,自主学习把学习建立在人的主观能动性上,它是以尊重、信任、发挥人的主观能动性为前提的。只有学习者发挥主观能动性,自主学习才能顺利地进行下去。

（3）独立性,自主学习要求学习者摆脱对教师的依赖,独立选择学习内容、学习策略和开展学习活动,并解决最近发展区的问题。

（4）协作性,自主学习虽然强调独立性,但是师生之间、生生之间还是要平等地进行讨论与交流,实现个体与个体之间的协作学习,更有效地解决学习问题。

(5) 创造性。在信息化学习环境中,学习者能够独立地、自主地学习,在学习实践中勤于思考,在与教师或者其他学习者交流的过程中注意吸纳和借鉴他人经验,融合自身已有知识,超越以往经验,创造性地解决问题。

(二) 信息化合作学习

合作学习是当今基础教育改革所倡导的三大学习方式之一,美国的教育家帕克主张合作学习,并将这一学习方式引入了课堂教学。关于合作学习的定义,不同的学者有不同的看法。虽然如此,不同定义的合作学习的本质特征却是一致的:合作学习是以小组活动为主体进行的学习活动,其中小组是根据一定的规则划分的;合作学习是一种目标导向的学习活动,小组成员具有共同的学习目标;合作学习是同伴间互帮互助的学习活动,小组成员能够充分发挥各自的优势进行协作学习,实现优势互补。

所谓的信息化合作学习,是指在信息化环境下开展的合作学习,即为了达到共同的学习目标,完成共同的学习任务,学习者利用信息技术获取、分析和处理学习资源,并以小组为单位进行分工协作与交流,从而实现学习目标的过程。在信息化合作学习过程中,学习者要充分发挥学习的主观能动性,合理利用信息技术进行协作学习。信息化合作学习活动以学习小组为主,与信息化自主学习一样,需要学生积极主动地参与到学习过程中来,同时也需要教师对合作学习过程进行科学的组织、引导与监督。

信息化合作学习既有合作学习的所有特点,又具有与信息技术相结合的其他特质。采用信息化合作学习方式,不仅能帮助学生实现知识意义的建构,还能培养学习者多方面的能力。

(1) 培养学习者的自主性和独立性。合作学习的前提就是自主学习,学习过程中学习者既要能够独立地、自主地完成小组分配的任务,充分发挥主观能动性,还要能积极参与小组的学习活动。

(2) 培养学习者的交往能力。信息化合作学习中,无论是在线交流还是面对面交流,都是信息与思想的交换和碰撞,通过交流,学习者不仅可以了解他人的思想与观点,还可以获得他人的知识和经验。学习者通过对自己观点的表达与他人观点的听取,可以提高人际交往能力。

(3) 培养学习者的合作精神。学习的合作精神体现为学习者在学习的过程中互相帮助、互相关心、互相促进,进而达到共同的学习目标,体现了"人人为我、我为人人"的价值追求。

(4) 培养学习者的竞争意识。合作学习将整个班级划分为若干个小组,学习任务的完成过程中,组与组之间难免会存在竞争。但是竞争与合作并不是相对立的,竞争可以培养学习者的竞争意识,形成"你追我赶"的学习思想,使学习者积极主动地发展自我。

(5) 培养学习者的创新精神。合作学习采用的是"组间同质、组内异质"的分组方式,每个小组成员的学习能力、学习兴趣和知识背景都不一样,因此,合作学习过程中思想的碰撞、观点的争鸣必然会引发一些新的观点、解决问题的新办法或者提出一些值得争论的问题,这些都是创新知识的源泉。

(三) 信息化探究学习

探究学习是学生在主动参与的前提下,根据自己的猜想或假设,在科学理论指导下,运用科学的方法对问题进行研究,在研究过程中获得创新实践能力、获得思维发展、自主构建知识体系的一种学习方式。信息化探究学习是指在信息化学习环境中,学习主体利用信息技术,对具有时代特征的学习客体进行探究的学习活动。从广义上讲,信息化探究学习中,学习主体包括学习者以及与学习有关的所有人。学习客体就是学习对象,简而言之,就是我们探究的是什么。从狭义上讲,信息化探究学习是指学生围绕一定的问题、文本或材料,在教师的帮助和支持下,充分利用信息技术,自主寻求或自主建构答案、意义、信息或理解的学习活动和学习过程。信息化探究学习不只是为了寻找问题的答案,信息化环境下的探究式学习过程更关注学习主体全面、均衡地发展,更注重培养学习主体探究问题的能力和兴趣。信息化探究学习虽是更符合社会和时代发展需要的学习方式,但需要指出的是,信息化探究学习并不能完全取代传统的接受学习。信息化探究学习虽强调学生综合能力的培养且有助于学生对新知识、新概念的深入理解,但任何学习方式都是有其利与弊的,在实际教学过程中需根据教学情况选择适合当前教学内容的学习方式。

探究学习的思想由来已久,很多学者对其进行了大量的研究与探讨。通过对已有成果的研究与总结,我们可以将信息化探究学习的特点归纳如下。

1) 多样性

信息化探究学习的多样性表现在以下多个方面。

(1) 学习目标多样化。信息化探究学习不仅关注学生获取知识的能力,同时也注重培养学习者的科学素养和信息素养。通过多种多样的探究学习,学习者的综合能力能够得到长足发展。

(2) 学习资源多样化。信息化学习环境下,学生不仅能从书本上获取学习资源,也可以通过网络、电视等媒体获取大量的、丰富的学习资源。

(3) 设计模式多样化。根据获取信息的自主程度的不同,可以将信息化探究学习划分为接受式信息化探究与发现式信息化探究。在发现式信息化探究学习中,探究者要通过观察、实验、调查、解读、研讨以及整理发现来获得学习成果,且发现式信息化探究学习有多种学习模式(实验、观察、问题解决等)。

(4) 评价模式多样化。信息化探究学习评价的目的是提高学生的探究能力,而不是判断探究出来的结论是不是正确。因此,要将形成性评价、诊断性评价和总结性评价相结合,将认知过程的评价与创新能力的评价相结合,根据不同的学习目标选择不同的评价模式,促进学生的发展。总之,要综合多种评价模式进行科学的评价,引导学生积极反思,积累学习经验。

2) 体验性

根据马克思的观点,人类学习知识是由实践到认识,再由认识到实践的,在某种意义上讲,学习是实践和认识的统一。信息化探究学习要求学生亲自参与实际的情境,在解决实际问题的过程中获取知识、理解概念、培养技能。信息化探究学习的体验性主要包括实践性、过程性、情感性和理解性。

过程性是指在信息化探究学习中学生通过直接参与探究过程,思考所探究的问题,思考知识是怎么获取的,思考怎样利用知识来发现科学以及科学怎样更好地服务于社会等,思考的过程就是学习的过程。

情感的产生与信息化探究学习过程是相伴相生的,学生在探究学习中避免不了与他人的合作学习与沟通交流,这些人际往来和对学习的探究精神都是情感的发展。当然,在学习过程中有成就感也会有挫败感,通过亲身体验探究科学本质的艰辛,学生能够更好地理解探究科学的意义和价值。

信息化探究学习过程的顺利开展建立在学生对获取到的知识的深入理解上,通过这样一个持续的过程,可以激发学生对问题的探究欲望。

3）自主性

信息化学习环境中，任何一种学习方式本质上都具有一定的自主性。信息化探究学习强调培养学生的自主学习能力，要求学生能够独立地发现问题和解决问题，通过积极思考和主动探究来实现知识意义的自主构建。

4）技术性

信息化探究学习与传统的探究学习相比最大的特点就是具有技术性。学生能够上网收集资料，可以通过 QQ、E-mail 等网络通信工具随时与教师取得联系，可以将学习成果和相关学习资源上传到网上进行共享学习，学习的数据还可以通过计算机软件进行处理，等等。

（四）移动学习

移动学习的研究始于 1994 年美国卡耐基梅隆大学的无线基础设施建设研究项目，随后各国对移动学习展开研究。至今，移动学习的研究已经进入了学习服务建设阶段。目前，关于移动学习还没有一个统一的定义。Chabra 和 Figueiredo 给出了范围较广的定义：移动学习就是能够使用任何设备，在任何时间、任何地点进行学习。Dye 等人对移动学习做出了较为具体的定义：移动学习是一种在移动计算设备帮助下的能够在任何时间、任何地点开展的学习，移动学习所使用的移动计算设备必须能够有效地呈现学习内容并且提供教师与学习者之间的双向交流。

尽管不同的学者对移动学习的定义不尽相同，但通过对这些定义的深入分析和理解，不难发现，学者们对移动学习主要存在以下三种不同的理解。

（1）远程教育或数字化扩展。我国的移动学习定义也倾向于此理解，以网络教育为平台，借助传输技术实现原有数字化学习资源的优化、整合、自适应等，试图将其直接移植到移动设备上来。简而言之，将原来数字化的学习内容，借助于移动技术进行学习。

（2）可独立存在的学习过程。这种理解是从认知和学习的角度来看的，教师或者其他设计者根据教学策略，充分利用移动学习的移动性、情景相关性、实时交互协作性等特点，将移动学习设计为独立的学习过程，以激发学生的学习兴趣，优化学习效果。

（3）移动工具论。这种理解方式将移动学习视为辅助学习的一种移动技术或设备。

本书认为移动学习是指利用无线移动通信网络技术以及无线移动通信设备（如移动电话、个人数字助理 PDA、PocketPC 等）获取教育信息、教育资源和教育服务的一种新型的学习方式。首先，移动学习是基于一些便携式的移动设备的一种数字化学习方式；其次，移动学习是依赖无线通信网络技术实现的学习内容的传输；最后，移动学习是利用无线通信网络技术实现的一种师生能够实时交互的学习方式。

移动学习具有以下四个特点。

（1）便捷性：由于移动终端设备屏幕小、重量轻且便于携带，人们可以在任何时间、任何地点进行学习。

（2）个性化：学习者可以根据需要（时间、地点、学习情境等）个性化地选择学习内容和学习服务。

（3）社会交互性：在移动终端学习，学习者之间可以自由协作学习、实时交互，实现学习资源的共享。

（4）互联性：利用移动通信网络技术通过移动终端将学习者连接到广泛的学习资源（包括数字化的学习资源、教师、专家以及学习的小伙伴等）网络中。

（五）混合学习

在信息化学习环境中，人们发现任何一种信息化学习方式都有优点和不足，为了实现理想的学习效果，人们重新审视了信息化学习方式，将信息化学习与传统的学习相结合，取长补短，相互促进，这样一种新型的学习方式称为混合学习。那么什么是混合学习呢？国内外存在诸多说法。美国培训与发展协会将混合学习定义为一种学习方式，这种学习方式包括面对面、实时的 E-learning 和自定步调学习。Margaret Driscoll 认为混合方式有四个不同的概念：第一，结合或混合多种网络化技术（如实时虚拟教室、自定步调学习、协作学习等）实现教育目标；第二，结合多种教学方法（如建构主义、行为主义、认知主义），利用或不利用教学技术产生的最佳的学习成果；第三，将任何一种教学技术与面对面的教室指导的培训相结合；第四，将教学技术和实际工作任务相混合或结合，以使学习和工作相协调。学者霍夫曼（Jennifer Hofmann）认为，在混合学习背后隐藏着一种思想，就是教学设计人员将一个学习过程分成许多模块，然后再去决定用最好的媒体将这些模块呈现给学习者。我国学者何克抗教授认为，混合学习就是把传统学习方式的优势和 E-learning 的优势结合起来，也就是说，混合学习就是既要重视教师的引导、监控教学的主导作用，也要使学生的积极主动性充分发挥出来。黎加厚教授将混合学习称为融合性学习，是指对所有教学要素进行优化选择和组合，以达到教学目标。

Harvi Singh 和 Chrisreed 从学习灵活性的角度解释了混合学习的本质。他们将混合学习定义为"五个恰当"：混合学习注重应用"恰当的"教学技术与"恰当的"个人学习风格相匹配，以便在"恰当的"时间将"恰当的"技能传授给"恰当的"人。分析这个定义我们可知：第一，运用混合学习首先考虑学习目标而不是传递的方式；第二，每个学习者都有不同的个性化的学习风格，在混合学习方式中我们应该支持；第三，每个学习者都会将新学习的知识与自己先前的经验相结合，并应用于实践中去；第四，学习讲求的是效率，最有效的学习就是即时和即需。

混合学习关注的不是混合哪些事物，而在于如何混合，旨在达到最佳的学习效果和经济效益，混合学习的关键在于合适。

混合学习是多元化思想的体现，这不仅仅是事物之间简单的混合，而是发生"化学反应"的混合，即质变的混合，在适合的时间混合适合的元素，得到预期的反应，从而得到最优的效果。混合学习的特点如下。

（1）传统学习和信息化学习的混合。何克抗教授认为，混合学习就是两种学习的优势互补，这里的信息化学习在本小节前面的内容中就介绍了，而传统学习是相对信息化学习而言的，是被动地接受式学习，也是在非信息化环境下的学习。

（2）教师主导和学生主体的混合。在混合学习过程中，教师和学生的地位都是不容忽视的，要充分发挥教师的主导作用，同时要体现学生的主体地位。

（3）自主学习和协作学习的混合。自主学习似乎太倾向于自主，协作学习似乎不能培养学生独立学习的能力，将两者有效混合，才能达到最佳的学习效果。

（4）多种教学模式的混合。为了达到教学目标，教师应该选择多种合适的教学模式相混合，进行优劣互补。

（5）学习、实践和绩效支持的混合。知识就是从认识到实践，再从实践到反思再到认识的循环过程，即知识的内化到知识的外化，再到知识的内化的循环过程。因此将这三者混合可以优化学习效果。

（6）信息资源与非信息资源相混合。多种学习资源的混合是为了学习者能够获取更多的学习知识,丰富的学习资源有助于学习者的自主选择,扩展学习者的视野。

(7) 多种学习环境的混合。例如教育技术学的摄影课,前期是在传统的教室学习理论知识,中期是在户外进行实践教学以方便学生取景,后期是在网络教室学习处理照片的技术,这样的混合优化了学习的效果。

三、信息化学习的典型应用——WebQuest

(一) 什么是 WebQuest

WebQuest 是信息化探究学习的典型应用实例,在英语中,"Web"是指"网络","Quest"是指"寻求、探究",因此"WebQuest"可以理解为"基于网络的探究活动"。Sernie Dodge 博士对 WebQuest 下的定义:WebQuest 是以探究为取向的学习活动,在这样的研究当中,学习者所需要的信息的一部分或全部来自网络。WebQuest 注重培养学生分析、综合和评价的技能,具体来说,它是指在网络环境下,利用互联网资源,由教师引导,以一定的目标任务驱动学习者对某个问题或某类课题自主地进行探究、探索和研究。按时间的长短,可以将 WebQuest 分为两种类型:短期型和长期型。短期型 WebQuest,学习者完成学习任务大约需要一个课时到三个课时,短期型的 WebQuest 注重学习者处理信息的能力以及运用所学知识解决实际生活中问题的能力。长期型 WebQuest,学习时间将持续一周到一个月,甚至更久,在长期型的 WebQuest 学习中,学习者有足够的时间深入挖掘知识的本质,并能够将知识转化为其他的形式。

WebQuest 将探究学习、自主学习和协作学习等学习方式有效地结合在一起,为学习者提供富有挑战性的任务并搭建有效的学习支架,让学习者能够利用网络技术和学习资源去解决实际的问题,提高了学生学习的主动性和积极性。

(二) WebQuest 的特点

1) 多学科的交叉

WebQuest 学习中,问题的提出是基于生活实际的,因此与多个学科的知识背景相关,运用单一的学科根本解决不了这样一个富有挑战性的问题。只有综合多门学科与实际的生活经验,打破学科之间的界限,才能完成学习任务。

2) 培养学习者的协作精神

WebQuest 学习中,学习者面临的问题是具有挑战性的,对于单个的学习者而言是有难度的,因此需要多人协作才能完成。只有大家齐心协力,积极主动地参与学习才能将学习任务完成。在 WebQuest 学习中,学习者要相互交流,这对培养学习者的协作精神有很大的促进作用。

3) 培养学习者的信息素养

WebQuest 要求学习者必须利用信息技术解决问题,从而为培养学习者的信息素养提供了条件。在信息化学习环境中,学习者要上网查询学习资源,并进行加工整理,建构成为自己的知识,利用这些新的知识解决实际的问题。

4) 培养学习者的问题解决能力

WebQuest 学习的任务往往是复杂的,不能一次性解决的。所以,在教师的指导下,将复杂的问题化难为易,找到突破口,将大问题分解为一个一个的子问题,一步一步解决,在这个解决问题的过程中,学习者解决问题的能力得到不断的提高。

5) 与实际生活有效地联系起来

WebQuest 提出的问题都是基于实际生活的,将学到的知识用于解决实际的问题。因此,它不仅仅是学习者的学习任务,同时也能与实际生活有效地联系起来。

(三) WebQuest 的组成模块

一个标准的 WebQuest 一般由引言、任务、过程、资源、评价、总结六个模块组成,每个模块既可以独立存在,又可以有机地组合成为完整的、严密的学习系统。WebQuest 是自主学习、探究学习和协作学习的交融,它不仅体现为探究的学习过程,还充分体现了自主学习和协作学习的特点。

1) 引言

引言部分提供相关问题的背景、动机因素以及明确的学习目标。这部分就是上述探究学习过程中教师设计的任务情境。在长期的 WebQuest 学习中,引言可以贯穿全过程,这样吸引学习者的材料能够使得学习者一直保持积极的学习状态,激励学习者不断地探究、找寻问题的答案。

2) 任务

任务这个模块要描述学习者要完成什么样的学习任务,要达到怎样的学习效果。教师应该找到适合主题的学习网站,整合网站的学习内容,给学习者设计一个可行、有趣的任务。教师要充分发挥创造思维和发散思维,设计各种任务,包括社会问题、历史问题、自然问题、主题研究等,这里的任务应该具有很强的实际性,能够激发学习者的学习兴趣。这个模块就是上述学习过程中学习者明确的要解决的问题和完成的学习任务。

3) 过程

过程模块描述学习者完成学习任务所经历的过程或者学习步骤。在这个模块中,学习者要了解要完成学习任务的子任务,包括子任务中的学习步骤以及学习者提出的建议。这个模块是探究过程中学习者探究学习的方案设计。

4) 资源

资源模块就是描述学习者获得资料的来源,包括专家列表、数据库、网站等,也包括非信息资源,如纸质图书、海报等。该模块是探究过程中学习者根据教师提供的资源范围收集和整理的有用学习资源。

5) 评价

在评价这个模块中,要对学习成果、学习过程、学生表现等做出评价,评价人员包括教师、家长、同学等,评价的方式可以是形成性评价、诊断性评价、总结性评价等。

6) 总结

总结模块是学习者对学习过程的反思和教师总结的阶段,是对探究学习过程中学习内容和学习经验的总结。总结内容包括学习内容和经验教训。教师还可以提出一些新的值得学习和讨论的问题,鼓励学习者继续深入学习。

(四) WebQuest 应用案例

探究中国的春节

1. 导言（introduction）

我们去年开始与美国北卡罗来纳州的 Bryson 城市的 East Swain County 小学四年级的学生建立了友谊，我们已经完成了中秋节和感恩节的共同协作研究项目，大家收获都很大。西方的传统节日圣诞节就要到来了，我们中国的春节也临近了。我们的美国朋友对中国很感兴趣，或许将来他们会像我们上次 Go-Fourth（美国罗得岛州诺基山学校）的交流伙伴一样访问中国，到我们韶关来。现在我们通过互联网再次与我们的美国朋友做一个网上远程协作式学习的研究项目：中国的春节与美国的圣诞节。

2. 任务（task）

在这个研究项目中，你和你们小组的朋友要探究人们是怎样过春节和为什么欢庆春节。

（1）学习有关春节的一些关键词。

（2）利用多种在线资源完成这个研究项目。

（3）汇报呈现出你找到的图片或自己拍摄的照片。

（4）通过多媒体手段分享你们找到的答案并为你们的美国朋友制作一张有关春节的电子贺卡。

（5）研究项目结束阶段，作一次小组的研究项目汇报呈现。

3. 过程（process）

为确保你能作一个精彩的研究成果汇报，提供下面一些值得你借鉴的操作步骤。

第一步，在研究项目中选择一个你感兴趣的话题，要确信它就是你感兴趣并想知道更多知识的话题。

（1）关于小孩的红包（压岁钱）的风俗；对应联想圣诞节小孩的礼物有_____。

（2）关于财神的风俗；对应联想圣诞节的人物有_____。

（3）过春节时吃的食物；对应联想圣诞节的食物有_____。

（4）舞狮；对应联想圣诞节的活动有_____。

第二步，与你们小组的其他同学共同策划并组合你们的研究信息。要求每个人都有分工负责的具体角色。

第三步，研究。要求尽可能多些组合信息，可以利用网页资源。

（1）浏览中文网页（了解春节的常识）。

（2）浏览英文网页，学会一些新单词和需要的英文句子。

（3）记录下有用的单词和句型。

现在你们对自己小组的话题已经有了一个很清晰的思路。

第四步，现在应该是考虑组合信息作汇报和制作电子贺卡的时间了。

（1）你可以在电脑上写汇报，记得要经常在打字编辑后注意保存文件。

（2）为研究报告搜索一些照片或图片。

（3）使用 Word、PowerPoint 或 FrontPage 建立一个多媒体的研究项目汇报作品。

（4）为你们的美国朋友制作一张春节贺卡，你可以用手工做或电脑制作。贺卡的画面和祝愿语要与你们的话题相关。

（5）在你们的多媒体作品中加入贺卡。

第五步,准备项目汇报。
(1) 从屏幕上阅读你的汇报项目。
(2) 在你阅读时,检查修改其中的错误。
(3) 请其他的朋友阅读并检查错误。
(4) 告知老师你已经完成研究项目。
(5) 用口头讲解的方式讲解你的研究报告。
第六步,分享。
(1) 向班上的同学口头汇报呈现你的研究项目。
(2) 在网上与你的朋友们分享你的研究项目。

4. 分组学习资源(resources)

A组学生研究关于中国红包(压岁钱)的风俗习惯。

http://www.cctv.com.cn/entertainment/2002spring/sanji/zhanggu_020110.html

http://www.chinavoc.com/festivals/spring/springf02.htm

(1) 为什么父母给小孩压岁钱?
(2) 父母什么时候给小孩压岁钱?
(3) 父母是怎样给小孩压岁钱的?
(4) 在圣诞节有类似的风俗习惯吗?

B组学生研究关于春节迎财神的风俗习惯。

http://www.xcd.com.cn/files/cjzb/cjxs3.htm

http://www.chinatown.com.au/feature/article.asp?MasterID=97&ArticleID=425

(1) 财神象征什么?
(2) 财神是长什么模样的?
(3) 人们在什么时候迎财神?
(4) 圣诞节里有一个家喻户晓的人,他就是圣诞老人。圣诞老人和财神之间有哪些相同和不同之处?

C组学生研究关于欢度春节时所吃的食品。

http://www.huaxia.com/wh/msqt/00167971.html

http://www.chinavoc.com/festivals/spring/springf03.htm#food

(1) 在中国北方最有名的春节食品是什么?
(2) 人们是在什么时候吃这些食品的?人们为什么吃它们?
(3) 为什么中国南方的人喜欢吃橘子?
(4) 在圣诞节有些特别的食品吗?

D组学生研究关于春节的舞狮。

http://www.bhnkc.edu.hk/mld/fhc/origin.htm

http://www.bhnkc.edu.hk/mld/fhc/ltype.htm

(1) 春节期间我们为什么会有传统的舞狮活动呢?
(2) 中国南方和北方的舞狮活动是一样的吗?如果不一样,区别在哪里?
(3) 圣诞节有无类似的庆祝活动呢?

5. 评价(evaluation)

评价的标准如表5-14所示。

表 5-14　评价标准

评价等级	proficient (熟练)+30	consolidating (巩固)+25	developing (发展)+20	beginning (创建)+15	score (分数)
group cooperation 小组合作 （30分）	在实施协作式讨论学习的过程中,所有的小组成员都积极参与项目的研究并为研究的顺利完成做出了贡献	在实施协作式讨论学习的过程中,各成员都积极参与项目的研究并为研究的顺利完成尽了全力	在实施协作式讨论学习的过程中,小组中的大部分成员都参与了项目的研究	在实施协作式讨论学习的过程中,小组中的成员研究分工不合理,只靠一两个学生完成项目的研究	
research 研究 （30分）	除了项目研究所提供的信息之外,还能另外找到有用的信息来完成研究报告	能利用好所给出的信息资源完成研究报告	能利用所给出的信息资源,没有经过商讨完成研究报告	没有有效地利用信息,围绕话题的信息搜集很少或没有实质性有用的信息	
presentation 汇报呈现 （40分）	对研究所涉及的主要问题都进行了深入的讨论,研究小组能通过一些图片的信息进行汇报呈现	对研究所涉及的主要问题都进行了讨论,研究小组只使用了一两张图片信息进行汇报呈现	对研究所涉及的主要问题都进行了讨论,研究小组没有使用图片进行汇报呈现	只对研究所涉及的少数主要问题进行了讨论,研究小组没有使用图片进行汇报呈现	

(案例来源:游陆莲.探究中国的春节.信息技术教育.2005(1).)

本 章 小 结

信息化教学模式根据现代化教学环境中信息的传递方式和学生对知识信息加工的心理过程,充分利用现代教育技术手段,调动尽可能多的教学媒体、信息资源,构建一个良好的学习环境,学生在教师的组织和指导下,依托这个信息化学习环境,充分发挥学习的主动性、积极性与创造性,实现知识意义的主动建构。本章在详细介绍了信息化教学模式及其相关概念的基础上,探讨了基于问题的探究式教学模式和任务驱动式教学模式的内涵与结构,并通过对电子白板和电子书包的教学应用影响、教学应用模式的详细介绍与说明,阐述了新型教学媒体和教学技术在教育教学中应用的方式方法。此外,本章还对信息化学习方式的概念和常见的几种信息化学习类型进行了介绍。

第五章 信息化教学模式与学习方式

 本 章 练 习

1. 名词解释

教学模式　信息化教学模式　信息化学习方式　信息化自主学习　信息化合作学习　信息化探究学习　移动学习　混合学习

2. 结合教学实际简述以下教学模式的概念和步骤：

（1）基于问题的探究式教学模式；

（2）任务驱动教学模式；

（3）翻转课堂；

（4）WebQuest。

3. 翻转课堂作为近几年国内教育信息化研究的热点，越来越多地被应用于基础教育之中，请结合自己的观点谈谈翻转课堂本土化实践中存在的问题和面临的挑战，并结合已有的研究成果或教学实践，谈谈如何更好地实施翻转课堂以及实施翻转课堂的过程中应该注意哪些问题。

4. 信息技术虽然能优化和变革传统的教学模式，但是"水能载舟亦能覆舟"，把握信息技术在教学中运用的度决定着信息化教学模式实施的效果。请结合教学实际谈谈你对这个问题的看法。

第六章 信息化教学资源的设计

核心概念

信息化教学资源
多媒体课件

学习目标

（1）掌握信息化教学资源的概念、分类及特点。
（2）掌握多媒体课件的开发过程，并学会编写多媒体课件脚本。

知识概览

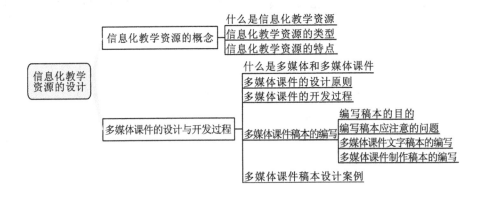

第一节 信息化教学资源的概念

信息化教学资源是信息化教学必不可少的材料。对于学习者来说，信息化教学资源的有效利用能够提高学习者的信息素养和自主学习能力，能够激发学生的学习兴趣；对于教学者来说，信息化教学资源为教学提供了帮助和支持，促进了教师专业化发展。

一、什么是信息化教学资源

教学资源是指支持教和学的资源，包括教学材料等软件资源、教学设备等硬件资源、环境资源、人力资源等。信息化教学资源则是指在以网络和计算机为主要特征的信息技术环境下，以教学为目的而专门设计或能被用于为教育目的服务的各种资源，是经过选取、组织并使之有序化的，适合学习者发展的大量教育信息的集合，包括教育环境资源、教育人力资源和教育信息资源。它的物化载体或表现形式有视听教材（如光盘等）、计算机课件、网络课程和教育网站等。

教育环境资源是指构成教育教学系统的各种硬件设备，如计算机设备、网络设备、通信设备等，以及维持教育教学系统正常运行的各类系统软件、应用软件、工具软件和教学软件等。

教育人力资源包括教育教学机构人员、任课教师、教辅人员、行政管理者，以及能通过互联网等现代通信工具联系到的各个领域的专家、学者。

教育信息资源是指经过数字化处理，可以在多媒体计算机上或网络环境下运行的多媒体信息材料，它能够激发学生通过自主、合作、创造的方式来寻找和处理信息，从而使数字化学习成为可能。

二、信息化教学资源的类型

信息化教学资源的分类方法很多，根据不同的原则有不同的分类。本节分别以资源的主要使用对象、资源的组织形式和资源与教育内容的相关性为根据对信息化教学资源进行分类。

（一）按资源的主要使用对象分类

（1）学习资源：供学习者使用的各学科的电子讲稿、网上教程、课程资料、学习论坛、讨论组、试题库、教学软件和招生信息等。

（2）备课资源：供教师备课使用的各种课程资料、教学软件、教案、指导刊物、学术会议资料及交流心得等。教师在教学准备过程中，需要搜集大量的资料。网络为教师制作各种类型的教材提供了丰富的教学资源，有利于优化教学设计，提高备课效率。

（3）科研资源：供教育科研人员及学习者使用的各学科的专业文献资料、各种政策法规、各种教育新闻和教育统计信息等。

（4）管理资源：供教育管理人员对各类教育信息资源及各类教学活动进行统一管理的数据库管理系统。学习资源、备课资源和科研资源的正常组织与使用离不开管理资源，否则教学活动过程将变得凌乱无序。

（二）按资源的组织形式分类

按资源的组织形式，可以将信息化教学资源分为以下八类。另外，还可以根据实际情况添加其他类型的教学资源，如电子图书、工具软件等。

（1）媒体素材。媒体素材是传播教学信息的基本材料单元，可分为文本类素材、图形（图像）类素材、音频类素材、视频类素材和动画类素材等。

（2）案例。如有指导意义和教学意义的代表性的授课视频资料或课件资料等。

（3）常见问题解答。常见问题解答是针对某一具体领域最常出现的问题给出全面的索引，如大型软件开发平台的帮助文档。

（4）文本资料。文本资料是指网上以电子文档形式传播和共享的资源。如关于教育的相关法规、关于某个学术问题的论文资料或各个学科有典型意义的试卷集合等。

（5）题库。题库是按照一定的教育测量理论，在计算机系统中实现的某个学科题目的集合，是在教学模型基础上建立的教育测量工具。

（6）网络课件。课件是对一个或多个知识点利用多样化的形式进行展现的软件。网络课件可以通过网络教学环境被大家共享，有些网站还能提供免费下载。

（7）网络课程。网络课程是通过网络表现的某门学科的教学内容及实施的教学活动的综合。它包括两个组成部分,即按一定的教学目标、教学策略组织起来的教学内容和网络教学支撑环境。

(8) 网络教学平台。目前很多学校自主或联合开发了多种网络教学平台,集成了丰富的教学资源,可以提供学习者自主学习或协作学习的环境。

(三) 按教学资源与教学内容的相关性分类

按教学资源与教学内容的相关性将软件教学资源分为内容特定软件教学资源、内容相关软件教学资源和内容无关软件教学资源。

(1) 内容特定软件教学资源:根据教学目标设计的,表现特定的教学内容,反映一定教学策略的教学软件,如课件、网络课程、测试与练习题、案例和教学数据库等。

(2) 内容相关软件教学资源:与课程内容相关的,如教学参考资料、教育游戏软件、电子百科、电子词典及一些辅助性教学软件等。

(3) 内容无关软件教学资源:用于支持学习活动的工具性软件,如课件开发工具、通信工具等,其本身又可以划分为认知工具、协作工具、知识管理工具和通信工具等。

三、信息化教学资源的特点

与传统的教学资源相比,信息化教学资源除了具备一般资源的共同属性,如依附性、传递性、共享性、可选择性等,还具有多媒体、超文本、交互性、虚拟仿真、远程共享等信息技术和通信技术的属性。因此,信息化教学资源具有不同于传统教学资源的特性。

1. 信息形式的多样性

网络上的信息化教学资源以超媒体形式组织。超媒体的组织形式不仅可以通过网络的超链接直接得到与主题相关的教学资源,还包括精美的画面、优美的音乐、逼真的动画和视频图像,极大地丰富了信息内容的表现力,有助于人们认识结构的更新和重构。

2. 信息获取的便捷性

网络上的教学资源检索简单、快捷、方便,可通过网络终端随时随地获取,这就避免了其他媒体信息在查找时所受到的时间、空间等因素的限制。例如,我们可以通过互联网查询各在线图书馆的图书资料信息,而不用奔波于图书馆之间,节省了检索信息以外的时间。

3. 信息资源的共享性

互联网上的教学资源除了具备传统资源具有的多人共享同一资源的特性之外,由于其信息的公开性,凡是能够使用互联网的用户均能够共享这一资源,不受副本数量的限制。同时,网络还提供了大量的免费检索工具、下载软件,并开发了大量免费的资源库供用户使用。

4. 信息传播的时效性

由于网络信息更新速度快、信息容量大等特点,网络信息传播的时效性及其更新速度是任何媒体无法比拟的。学习者可以通过终端时刻关注信息的更新。

5. 信息传递的互动性

交互性是 Web 2.0 时代的主要特点之一。网络信息教学资源不同于传统信息传递媒体的单向传递方式,具备同步和异步双向传递功能,用户可以实时或非实时地接收信息并做出反馈。其中用户可以是信息的发布者,也可以是信息的使用者。

6. 信息内容的广泛性

网络信息资源快速地更新及容量的无限决定了信息内容的广泛性。例如,对于教师而言,可以在网上寻找自己所教科目的教案、相关教学资料和教学素材,以及各种学习平台等,同时可以跟同领域的专家、学者进行交流以获取信息,教师也可在网上观摩领域内专家的讲课视频,了解其他学校的教学状况等。

7. 信息资源的创造性

用户可以在网上直接下载、使用信息化教学资源,也可以利用素材开发平台自己制作需要的素材,富有创造性。

第二节 多媒体课件的设计与开发过程

一、什么是多媒体和多媒体课件

1. 媒体

一般来说,媒体有两层含义,一是承载信息的载体,二是存储和传递信息的实体。人们把媒体分为硬件和软件两大类。硬件是指那些传递、存储信息的物体和设备,如幻灯机、DVD、电视机、录像机和计算机等;软件是指那些能存储与传递信息的材料等,如记录有信息的胶片、磁带、光盘和计算机软件等。没有承载信息的物体,不能说是媒体,如空白录像带和白纸就不能称为媒体,而只能叫作材料;载有信息的录像带和纸才能称为媒体。硬件与软件是不可分的统一体,只有配合使用,才能发挥储存与传递信息的功能。

国际电话电报咨询委员会(CCITT)把媒体分成以下五类。

(1)感觉媒体:能直接作用于人们的感觉器官,从而能使人产生直接感觉的媒体,如语言、音乐、自然界中的各种声音、各种图像、动画和文字等。

(2)表示媒体:为了传送感觉媒体而人为研究出来的媒体,借助于此媒体,便能更加有效地存储感觉媒体或将感觉媒体从一个地方传送到另一个地方,如语言编码、条形码和电报码等。

(3)显示媒体:用于通信中使电信号和感觉媒体之间产生转换用的媒体,如键盘、鼠标、显示器和打印机等。

(4)存储媒体:用于存放某种媒体的媒体,如磁带、磁盘和光盘等。

(5)传输媒体:用于传输某些媒体的媒体,如电话线、电缆和光线等。

其中,课件制作中所指的媒体素材,实际上是上面所说的"表示媒体"。

2. 教学媒体

教学媒体是媒体的一个衍生概念,其定义为:直接加入教学活动,并在教学过程中传输有关教学信息的媒体,我们称它为"教育媒体"或"教学媒体"。比如,书籍、报刊、幻灯机、投影仪、录音机、VCD、DVD、录像机、电子计算机等,以及各种与其相配套使用的盘、片、带等均可称为教学媒体。教师不仅是教育信息源,也是教育教学过程中的特殊媒体。教师通过语言、声调、眼神、表情、形体、动作、板书、图板等来传递教学信息。

3. 多媒体课件

多媒体是指把文字、图形、图像、声音、动画等多种媒体有机结合成一种人机交互式的信息媒体。一般我们平常所指的"多媒体",不仅指多种媒体本身,而且指处理和应用多媒体信息的相应技术。因此,"多媒体"常被当作"多媒体技术"的同义词。多媒体技术的特点主要表现在信息处理的数字化、信息呈现的多样化、媒体的集成性和系统的交互性上。

(1) 数字化:必须把文字、图形、图像、声音等信息进行数字化编码,便于计算机进行处理,并且这些数据编码具有不同的压缩方法和标准。

(2) 多样化:计算机处理的信息多样化或多维化。多媒体技术致力于计算机能够处理更多种类的信息或多维空间的信息。

(3) 集成性:一方面指多种媒体信息的集成,另一方面指显示媒体或表现媒体设备的集成。集成充分利用了各媒体之间的关系和蕴涵的大量信息,使它们能够发挥综合作用。

(4) 交互性:可以实现人机交互功能,实现人对信息的主动选择和控制,而传统信息交流只能单向地、被动地传播信息。

课件是根据教学大纲的要求,在一定的学习理论指导下,经过教学设计、教学活动结构及软件设计等环节,而加以制作的教学软件。课件与课程内容有着直接联系,它根据一定的教学目标进行设计,表现特定的教学内容并能反映一定的教学策略。多媒体课件是指通过辅助教师的"教"或促进学生自主地"学"来突破课堂教学中的重点、难点,从而提高课堂教学质量与效率的多媒体教学软件,即以多种媒体的表现方式和超文本结构制作而成的课件,其本质上是一种应用软件。本章提到的多媒体课件即是通常所说的计算机辅助教学(CAI)软件或计算机辅助学习(CAL)软件。多媒体课件与一般的多媒体软件的不同之处在于,它是一种表现特定的教学内容、适合于某类教学对象、专门用于辅助某一学科教学的教学媒体。

二、多媒体课件的设计原则

好的多媒体课件依托其良好的交互性、图文并茂的信息传达等特点使教学过程变得活泼,将许多教学中抽象、枯燥的问题变得具体、生动,提高了学生的感知水平和学习兴趣,起到了优化教学效果的作用。而如何完美地将教学内容通过多媒体课件表现出来,使之更好地服务于教学,起到推动教学的作用,是多媒体课件制作过程中的核心问题。本节从教学设计、教育心理学和实际应用的角度出发,分别从教学性、科学性、艺术性、使用性、技术性、交互性、经济性等七个方面对多媒体课件的设计原则进行探讨。

1. 教学性

多媒体课件的最终目的是优化教学过程,提高教学效果。因此,在进行多媒体课件设计时首先不能忽视课件的教学价值。课件的教学性主要表现在:符合教育方针、政策,紧扣教学大纲,能够很好地体现教学目标,符合学生的认知规律,以及能够很好地呈现教学内容,给学生以启发。

教学目标是教学大纲中针对学生要掌握知识的深度和广度形成的文本说明。课件在制作过程中应以教学目标作为导向,合理地选取教学内容和组织策略。在目标确定以后,内容选取和呈现安排应符合学生的认知规律,适应学生的需要,化抽象为具体,对学生学习具有一定的引导作用。

2. 科学性

科学性是多媒体课件评价的重要指标之一。科学性的基本要求是:制作的课件不出现知识性的错误,逻辑严谨,层次清楚;对于素材选取、名词术语、操作示范等均符合有关规定。对于实验模拟型的课件,制作者应对课件有个整体的把握,在模拟原理正确的基础上,要反映实验的主要部分,细节可以淡化。

3. 艺术性

艺术价值高的课件能给使用者以赏心悦目的享受,对取得良好的教学效果有一定的促进作用,优秀的课件是高质量的内容和美的形式的统一。多媒体课件的制作除了选择适当的表达形式呈现教学内容以外,画面展示也要做到色彩柔和、搭配合理,对于特定的教学内容可以使用三维动画进行制作。对象的运动要流畅,不宜出现拖沓、跳跃的现象,声音尽量选择柔和的语音和音乐,给学习者一种美的享受。

4. 使用性

使用性是指课件的选择与设计要方便学习者的使用。快捷灵活、简便易用,便于教师和学生控制,导航清晰明了是使用性原则的基本要求。设计者往往会因为课件的艺术性而设计十分复杂的页面,最后导致课件的使用性不好。

课件安装要遵循简易的原则,在不同的环境下要能便于教师使用,不要有烦琐的使用说明。对于课件的导航及内容设置则以便于教学为主,不同部分的切换方便简单,避免层次复杂的交互和跳转菜单。由于使用者的不当操作容易造成课件运行出错,因此课件需要有很好的容错能力,避免因使用者操作的不当造成不可挽回的损失,同时要针对错误操作或不当操作给予提示,避免死机现象,提高可靠性。

5. 技术性

技术性反映制作者的技术水平,即如何将多种媒体素材进行集成来共同表现教学内容,为实现教学目标服务。制作者的技术水平主要表现在是否能够合理地设计声音、图像、动画、文字等内容,画面是否清晰明了,动画是否流畅无跳跃,视觉效果是否逼真等。这要求制作人员对使用的课件开发平台有全面的掌握,能够熟悉该平台的使用方法。例如用 Flash 制作课件首页导航,如何让用户界面更友好、如何让导航清晰、文字如何排版等都需要制作人员对 Flash 软件有较好的运用。

6. 交互性

交互性是现代多媒体课件最重要的指标之一,也是与传统多媒体课件的主要区别。交互性解决了学习者独立于课件存在的问题,让学习者亲自参与到课件模拟的环境中去。交互性设计的关键在于设计者要根据教学内容的需要和学习者的需求进行设计,能够引导学习者的学习并有一定的启发性,促进学习者深层次的思考和探索。

7. 经济性

由于各校教育经费的投入不同,不同多媒体课件相配套的硬件设施及软件设施的价格和投入的人力物力也不同。学校应根据实际情况进行选择和设计，尽量做到以最少的投入编制出高质量、高性价比的多媒体课件。

多媒体课件的设计原则是根据课堂教学目标、教学内容选择具体的开发平台及开发方法，主要以实际情况为导向，不应犯本本主义错误。在处理艺术性、技术性等容易出现矛盾的地方，要重点把握课件的教学性原则、交互性原则，综合考虑其他方面原则。例如由于学校经费有限，所能购买的硬件设备配置有限，因此对于动画制作过于精细的课件容易导致死机或停滞等问题，此时则应根据教学内容制作合适的课件，经过反复调试制作出优秀的多媒体课件。表6-1将多媒体课件的设计原则进行了简单归纳。

表6-1 多媒体课件的设计原则

类别	设计原则
教学性	符合教育方针、政策，紧扣教学大纲
	很好地体现教学目标，呈现教学内容
	符合学生认知规律
	注意启发，促进学生能力培养
科学性	没有知识性错误，逻辑严谨，层次清楚
	模拟仿真形象，重点突出
	素材选取、名词术语、操作示范等符合有关规定
艺术性	媒体多样，选材适度，创意新颖，节奏合理
	画面简洁、不拖沓，没有跳跃现象
	声音悦耳、柔和
使用性	界面友好，操作简单、灵活
	容错能力强
	导航清晰明了
技术性	声音、图像、动画、文字设计合理
	画面清晰，动画流畅，视觉效果逼真
交互性	交互设计合理，智能性好
	交互设计有引导性
经济性	以最少投入获得高回报

三、多媒体课件的开发过程

按照软件工程中生命周期法进行多媒体CAI课件的开发时，可以将整个过程大体上分为分析、设计、制作和测试与评价几个阶段，多媒体课件开发的一般流程如图6-1所示。

1. 系统分析

设计多媒体课件的目的就是发挥多媒体计算机的优势，以实现最优化的教学效果。为了最大限度地实现这种优化目标，在进行多媒体课件开发时，首先要对整个课件开发项目进行科学的系统分析。

(1) 需求分析(分析课件开发的必要性如何)："为什么要开发这个课件"、"不使用多媒体课件对教学有何影响"。

第六章 信息化教学资源的设计

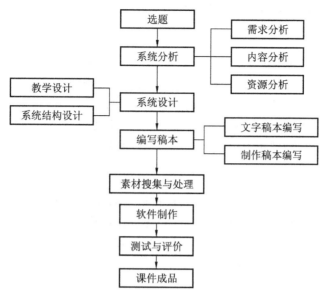

图 6-1 多媒体课件开发的一般流程

（2）内容分析："教什么"、"怎么教"。

（3）资源分析："多媒体课件开发的可能性如何"。

2．系统设计

系统设计是在系统分析的基础上，对系统的整体进行设计，确定课件开发的一套具体的方案、策略和技术方法。它主要包括教学设计和结构设计。

1）教学设计

根据需求分析的结果，对于一定的教学目标，在确定了其有必要学习而且它适合并可能用多媒体课件来表现后，就可以开始按照这一教学目标进行教学设计了。要进一步制定具体的教学目标，也就是目标的细化工作。在整个多媒体课件的开发过程中，教学设计有着举足轻重的地位。

有关教学设计中的若干关键问题，诸如学习目标的分解、教学策略的制定、课件模式的选择、信息媒体的选取与组合等，这里就不再展开了。

2）系统结构设计

多媒体课件信息量大，具有集成性、交互性、控制性好等特点，所以我们必须根据教学设计的结果对课件的整体结构作好设计和规划。系统结构设计是教学设计的基本思想在软件设计上的具体体现。多媒体课件的系统结构实质上就是多媒体教学信息的组织与表现形式，它定义了课件中各部分教学内容之间的关系及其发生联系的方式，反映了整个课件的框架结构和基本风格。

3．编写稿本

在完成了对课件的教学设计和系统结构设计以后，应在此基础上编写出相应的稿本，作为制作课件的直接依据。规范的稿本，对保证课件质量、提高课件开发效率将起到积极的作用。稿本设计是将课件的教学内容、教学策略进一步细化，具体到课件的每一屏的呈现信息、画面设计、交互方式及学习过程的控制。它是教学目标的实现手段和方法，是在教学内容、教学策略、教学模式、媒体选择决定的基础上进行的。

4. 素材的搜集与处理

稿本设计阶段对课件制作提出了具体的要求,接下来的工作即是为课件的制作准备各种素材。多媒体课件中主要有文本、图形、图像、动画、音频和视频等媒体形式。多媒体数据资源的搜集是比较复杂的,一般都要有专用的设备和软件。不同类型的数据,其采集的方法不同。设计者可根据实际要求利用各种软件进行素材制作,如利用扫描仪预处理图形、图像,利用 Photoshop 进行图片处理,利用 Flash 进行动画制作,利用 Premiere 处理视频等。

5. 软件制作

在稿本编写完成之后,素材设计人员就应按稿本的要求设计组织所需的多媒体素材(文本、图形、图像、声音、动画、视频图像等),程序设计员在选择合适的开发工具后把这些多媒体要素组织成一个完整的、接口友好的、交互灵活的具有较高的教学性、科学性、艺术性的CAI教学系统。

6. 软件调试

尽管程序开发人员在开发过程中就对软件进行了调试,但是在整个软件代码编写完成后仍有必要进行反复调试,发现并去除其中难以发现的错误,特别是大的分工编写的多媒体系统。

7. 软件评价

软件评价是教学软件设计不可缺少的一部分,它既是教学软件设计的结束,也是软件设计的开始。对教学软件的评价主要检查它是否达到了预期的教育教学要求和技术要求。目前,多媒体教学软件评价的方法和标准很多,在这里不作过多的介绍。

四、多媒体课件稿本的编写

多媒体课件稿本如同影视教材稿本一样,是指导多媒体制作的主要依据。多媒体课件稿本通常分文字稿本和制作稿本。文字稿本强调的是结构设计,涉及的是教学内容、教学方法、教学形式等;而制作稿本强调的是界面设计,涉及的是画面布局,交互的形式、跳转和返回,问题与响应等。

(一)编写稿本的目的

稿本在课件的开发中占有重要的地位,它不仅影响到课件的开发过程,还直接影响到课件开发的质量和效率。因此,编写稿本具有十分重要的意义。

(1)稿本是多媒体课件设计思想的具体体现。系统设计的结果只是描述了教学信息的呈现、教学流程控制等方面的思想,并没有给出多媒体课件制作中各种具体的指示和要求。通过编写稿本,可以设计各种信息的排列、显示和控制,并考虑信息处理中的各种编程方法和技巧,将课件设计的思想和方法具体体现出来。

(2)稿本是多媒体课件开发的直接依据。稿本不仅反映了教学设计的各项要求,还给出要显示的各种内容及其位置的排列。基于学生学习情况的各种处理和评价,以及学生学习所显示的特点和方法等,为课件的制作提供了直接的依据。

（3）稿本是沟通学科教师与软件开发人员的有效工具。在课件的开发中，除了具有丰富教学经验的学科教师和软件开发人员外，还需要有教学设计人员的参与。稿本将课件的设计、开发、使用紧密结合在一起。

（4）稿本设计是一项创造性的劳动。稿本设计不是系统设计结果的翻版，不是简单地决定各种信息的排列位置和显示方式。稿本设计是一项创造性的劳动。规范和有效的稿本，既能充分体现课件设计的思想要求，又能对课件的制作给予有力的支持。

（二）编写稿本应注意的问题

（1）选材要适当，要适合于用多媒体计算机来表现，体现出多媒体计算机的特长。如果用多媒体计算机来向学生传递一些简单的文字信息，这种用法就使得计算机大材小用了，多媒体计算机的性能价值比就大大地打了折扣。

（2）素材选择时应考虑到软件、硬件的可行性问题。比如，软件中的声音输出，是通过 PC 扬声器输出，还是通过硬件解压或软件解压输出；假如在软件中要使用图片，那就应照顾到显示卡的性能的高低、软件存储空间的大小问题，还应注意图片的格式与开发平台的兼容性等问题。

（3）注意科学性与趣味性相统一，用软件进行教学的过程要符合教学规律和学生认知规律。

（4）局部设计与总体设计兼顾，尽量做到结构化、模块化设计，便于相似的画面或功能的反复调用，方便软件的利用，提高开发效率，减少开发中不必要的错误。

（5）软件的交互控制上既要方便教师的控制与调节，更要保证学习者能够自己控制学习进度，发挥自身的主动性，借助导航工具在多媒体环境下自主学习。

（6）用户界面设计是评估计算机应用软件成功与否的重要因素之一。创设友好的用户界面已成为人们探索和创新的焦点。界面设计要合理，图形、文字布局时，闪烁、滚动、旋转、切换等技术的运用力求达到良好的视觉效果。

（三）多媒体课件文字稿本的编写

1. 多媒体课件文字稿本的编写特点

多媒体课件文字稿本就是把准备制作成多媒体的全部内容用画面和解说词密切配合的形式，系统地写成书面表达材料。这里强调的是结构设计，明确教学目标，熟悉教学对象，分析教学内容，选择教学媒体，并要掌握一些基本方法，即呈现要点、设置支点、化解难点、强调重点。

呈现要点是在多媒体课件稿本的开头描述本课件的主要内容，使学习者心目中有一个总体印象，可直接标明哪些问题需要重点掌握，哪些问题需要一般了解，这样可使学习者有针对性、有计划地分配注意力。在展开部分采取多种信息传输手段，详尽呈现、论述、解析、归纳重点内容。

设置支点是通过重要的画面、文字、声音强调课件的知识点、重点、难点、兴趣点。支点可设置在主干结构中，也可以安排在分支结构中。各种知识点的排列组合，要讲究内在的逻辑，便于"透视知识点之间的有机联系，从而有助于形成符合科学逻辑的知识结构体系，使之转化为学生的认知结构"。

化解难点是利用多媒体课件的表达特点，调动计算机的综合优势，使那些平时讲解费力、学生接受费解的难点问题,化为容易理解、便于记忆的画面和文字。

强调重点一般在一开始就应把重点内容放在突出位置,给予较大篇幅并利用认知心理学原则,充分展示重要内容,用不同方法强调重点内容。

总之,多媒体课件的文字稿本与电视教材的文字稿本有许多相同之处,但在内容、思维方式与写作技巧等方面有其自身的特点。

(1) 多媒体课件题材内容上求全、求完整。由于多媒体课件表现方式的特殊性,可以方便地进行人工控制,自由地交互,读者使用时,可以根据需要进行选择。这样更符合人类思维的多维性、发散性,所以,在内容上要尽量完整、全面,这对于个别化教学的课件尤其重要。即使是一个单一的主题也可以把与之相关的内容写进稿本中,作为主题的补充,使之更丰满、信息量更大。当然,在形式上可以作为次要的内容处理,比如通过热字作为资料性的查询,以不影响主体为原则。这与电视教材有所不同,因为电视教材是力求主题单一,只允许读者按照作者的思路去观察认识。由于受到线性播放的限制,必须砍掉一些与主题无关或关系不大的枝枝叶叶,有时甚至是忍痛割爱。

(2) 在结构形式上,一般是顺序呈现,选择进入。这与电视教材结构方法大不一样。电视教材结构形式可以有多种多样,仅电视教材的开头就有释题法、侧重法、设问法、倒叙法、正误法、旁解法等。而一旦结构确定后,在呈现时就只能按顺序进行,线性播放,而不能像多媒体课件那样可以自由进入某一部分内容。所以,多媒体课件文字稿本在写作时一般按顺序来写,而在使用时,则可以根据读者的知识背景和偏好自由选择。比如,对于初学者可以从头学起,由浅到深,最后做练习;而对于复习者则可以先做练习或测试题,遇到问题再返回去学习。

(3) 在画面的写作上以相对静止画面为多。由于多媒体课件的交互性,在使用中可以根据读者的需要或长或短地停止在某一页认真地读解,这样画面可以相对静止或循环再现。而电视教材画面是流动的,即使是一幅静态的画面,停留的时间也不能太长,少则一两秒钟,多则七八秒钟就要被下一个镜头替代。这就要求写稿本时,想象中的画面一定要有代表意义,能够代表这一页或这一段的主题内容。对画面的语言描述要推敲锤炼,可视性要强,使制作者从字里行间可以想象出画面来。

(4) 在画面的过渡上相对松散。这是与电视教材相比较而言的。电视画面的过渡有技巧过渡和无技巧过渡,必须遵循蒙太奇原则,不可出现景别、轴线、逻辑上的混乱。而多媒体课件画面的概念则不是那样确切,看似一页画面,实际上可以由多层组成,画面上的许多元素都可以引起新的画面,而它们之间的联系除逻辑上和内容上的联系外,很少有蒙太奇中规定的转场和过渡关系。

(5) 解说词的写作一般以知识点为中心展开。知识点是教学活动中传播知识信息的基本单位,教学活动就以知识点为线索,逐次展开内容。知识点的划分以教科书的内容为基本依据,但不拘泥于教科书,尤其不能与教科书的章节目录等同起来。作者应该按授课的内在逻辑,重新组织教学内容,必要时可以打破原章节安排,加以必要的重构,并且要把学科的最新进展加进去,有选择地将教科书中与知识点密切相关的内容用精练的文字写成解说词,使读者读起来朗朗上口,听起来易懂易记,将深奥的科学原理和繁杂的书本知识组织成与读者知识相适应的听觉元素,而不是生僻的名词、晦涩咬口的书面语,更不可书本搬家,照搬照抄。所以,解说词的写作要把书本的表达形式转化成口头表达形式,除以陈述性的语句阐述外,还应适当运用设问、对比等启发式语言,以提醒读者注意,引导读者思考。此外,在人称上要统一,通常以第一人称或第三人称为宜。总之,解说词要能够阐释画面的内在含义,解释和补充画面内容,加强和扩大画面的表现力,从知识方面补充画面不易表达的内容,使之系统完整,从艺术上增强感染力。

2. 多媒体课件文字稿本的形式

多媒体课件文字稿本没有固定的形式,一般采用卡片的形式进行描述,并按照教学过程的先后顺序综合起来进行排列,形成一定的系统,这种卡片称为文字稿本卡片。文字稿本卡片一般包含有课件名称、适用对象、课件类型、序号、内容、教学目标、媒体类型和呈现方式等。其基本格式如表6-2所示。

表6-2 文字稿本卡片的基本格式

课件名称				
适用对象				
课件类型				
序号	内容	教学目标	媒体类型	呈现方式

(1)课件名称:用来标识不同课件的名字,一般根据该课件所呈现的内容取名。如高二复习课"易混时态讲解",课件名称为《突破时态易混点》。

(2)适用对象:课件的使用对象范围。

(3)课件类型:如课件属于模拟实验型、辅助测试型或作为课堂演示型课件。

(4)序号:在一定的程度上,可以认为文字稿本是文字稿本卡片的有序集合。文字稿本卡片的序列安排是根据教学过程的先后顺序来决定的。依据知识结构流程图,可划分各阶段的序号范围,并按先后顺序将文字稿本的卡片序号排列出来。

如果在讲授知识点的过程中配有相关的问题,那么可根据问题的设置加插相关的序号。

(5)内容:某个知识点内容或构成某个知识点的知识元素,也可以是与知识内容相关的问题。一般以文字、图形、图像、动画、解说、效果声等作为知识内容,以问题和答案及反馈信息作为练习与测试的内容。

(6)教学目标:对应的知识点讲解要使学生达到怎样的掌握程度。

(7)媒体类型:为使每个知识点的教学达到预定的教学目标,在多种媒体组合的课堂教学中,教师除使用传统的教学媒体外,还常常选择幻灯、投影、电视录像、录音等电教媒体进行课堂辅助教学。而在多媒体计算机辅助教学中,媒体类型是教师根据教学内容和教学目标的需要,结合各种媒体信息的特点,合理地选择文本、图形、图像、动画、解说、效果声等各种媒体类型。

(8)呈现方式:主要是指每一个教学过程中,各种信息出现的前后次序(如先呈现图像后呈现文字、先呈现文字后呈现图像或图像和文字同时呈现等)和每次调用的信息种数(如图文音同时调用、只调用图文或只调用文字等)。

(四) 多媒体课件制作稿本的编写

文字稿本是学科专业教师按照教学过程的先后顺序,将知识内容的呈现方式描述出来的一种形式。它还不能有效地指导多媒体课件的制作,因为多媒体课件制作时还应考虑所呈现的各种信息内容的位置、大小及显示特点(如颜色、闪烁、下划线、黑白翻转、箭头指示、背景色和前景色等),并要考虑信息处理过程中的各种编程方法和技巧。所以需要在文字稿本的基础上改写使其成为多媒体课件制作稿本。

通常,多媒体课件制作稿本应包含软件系统结构的说明、知识单元的分析、屏幕的设计、链接关系的描述等,最后才填写到制作稿本卡片上。

1. 软件系统结构的说明

依据教学内容的知识结构流程图,并考虑教学软件在实际应用中的具体情况,可以建立软件的系统结构。

2. 知识单元的分析

知识单元是构成多媒体教学软件系统的主要部分。一般情况下,知识单元即为某个知识点或构成知识点的知识要素,但也可以是教学补充材料或相关的问题或练习。

(1) 知识单元的划分:不同的知识单元,在屏幕设计和链接关系上有很大的区别,因此知识单元的划分是非常重要的工作。知识单元的划分一般来说以下面两条作为准则:一是考虑知识内容的属性,即按照加涅的学习内容分类,可分为事实、概念、技能、原理和问题解决等五类,不同类型的知识内容应划分为不同的知识单元;二是考虑知识内容之间的逻辑关系,如因果关系的知识内容应划分为不同的知识单元。

(2) 知识单元的屏数及其之间的关系:每个知识单元的呈现是由若干屏幕来完成的,屏数的确定可参考文字稿本中与该知识单元相对应的卡片数,并确定各屏之间的关系。

3. 屏幕的设计

(1) 屏幕设计的基本内容:屏幕设计一般包括屏幕版面设计、显示方式设计、颜色搭配设计、字体形象设计和修饰。多媒体课件的要求比较高,除了追求屏幕的美观、形象和生动之外,还要求屏幕所呈现的内容具有较强的教学性。因此,多媒体课件的屏幕设计应该做到布局合理、整洁美观、生动形象、符合教学需要。

(2) 屏幕版面设计主要是安排各种教学信息呈现区域、帮助提示区域和交互作用区域的位置及大小。

教学信息呈现区域主要呈现知识内容、演示说明、举例验证、问题提问等,它们是以多媒体信息来呈现的。在安排这些媒体信息的呈现区域时,重点是对各种可视信息,如文本、图形、图像及动画等进行定位和大小设计。整个教学信息呈现区域在屏幕版面上应处于醒目的位置并占有较大的面积。

帮助提示区域:多媒体教学软件中的导航策略很重要,它可以指导学习者沿着正确的路途进行学习,避免迷途或少走弯路。因此,在制作稿本时,应有相应内容的描述并在屏幕版面上有所考虑。

交互作用区域:交互作用区域根据学生操作习惯,一般位置是在右边、下面或右下角,也可放在上面,甚至利用热键形式放在屏幕的任意处。

多媒体课件的屏幕版面设计一般要求将教学内容作为主体,主体突出、交互操作方便、屏幕使用率高。

显示方式设计就是根据教学顺序和学生的认知规律,设计屏幕版面上各部分显示的方式。

该部分可依据文字稿本中的"呈现方式"来进行设计。

颜色搭配设计包括背景颜色、文字颜色及全屏幕色调的设计,一般要求色彩协调、醒目自然、美观大方,从而有利于教学内容的显示。

字体形象设计包括字形和大小设计,一般要求字形标准、规范,字的大小要求适中、清楚。按原国家教委有关多媒体课件制作规范中的规定,字体大小不得小于 12 号字。

除上述设计以外,为使屏幕形象更加美观,还需进行必要的修饰、点缀,但教学软件一般要求整洁、美观、大方。切忌屏幕内容摆放得太杂乱,背景太花,影响主要内容的表现,干扰学习者的学习。

4. 链接关系的描述

多媒体课件的超文本结构是通过链接关系来实现的。在制作稿本中,可从"进入方式"和"键出方式"两方面来描述节点与节点之间的联系。一般采用下面的语句来描述。

进入方式:由_____文件,通过_____按钮。

键出方式:通过_____按钮,可进入_____文件。

5. 片头、片尾设计

片头主要呈现多媒体课件的名称、制作和发行版权、课件主题等基本信息,片尾主要呈现多媒体课件制作单位和资料提供单位人员、鸣谢等内容。片头和片尾一般采用动画、音效等多种媒体形式,以增强课件的艺术氛围和感染力。为使设计说明更简洁、直观,设计者可填写成表格形式,如表 6-3 所示。

表 6-3 片头和片尾的设计格式

课程或教学单元_____			文件名_____					第___屏			
屏幕背景			交互方式					媒体内容、位置、艺术效果、呈现顺序、时间			
图案	交互方式及位置	基本内容	艺术效果	链接的节点名及各所在屏幕号或文件名、其他信息				文字	图形	动画	声音
				单击	双击	经过	自动				
	图标	热区									
		热对象									
	按钮	图形									
		文字									
	菜单	一级	二级								
		……									
	超文本热字										
	其他										
备注											

6. 主界面设计

主界面即进行教学的知识单元主菜单界面，主界面设计主要是总导航的设计。通过采用菜单、图标、热区等方式，为用户提供相关选择和链接。为使设计说明更简洁、直观，设计者可填写成表格形式，如表 6-4 所示。

表 6-4 主界面稿本格式

课件名称_____			课程或知识单元名称_____				文件名____		第____屏
名称	屏幕背景		各种媒体特技与艺术效果						退出方式
	背景色	图案	动感	媒体	基本内容	特技或艺术效果及位置	长度（秒）	来源	各媒体呈现顺序	
				文字						
				图形						
				声音	解说词						
					背景音乐						
					音响						
				动画						
				视频						
备注									

7. 多媒体课件制作稿本卡片的基本格式

多媒体课件是以一屏一屏的方式呈现给学习者进行学习的，每一屏如何设计、如何制作，应该有相应的说明。综合上述各项工作，我们设计了一种卡片，供大家参考，如表 6-5 所示。图 6-2 所示为多媒体课件制作稿本示例。

表 6-5 多媒体课件制作稿本的基本格式

软件名称		所属模块（单元）		文件名		序号	
画面						解说词	
						本屏呈现顺序说明	
进入方式： 1.由_____文件，通过_____按钮； 2.由_____文件，通过_____按钮。 键出方式： 1.通过_____按钮，可进入_____文件； 2.通过_____按钮，可进入_____文件。							

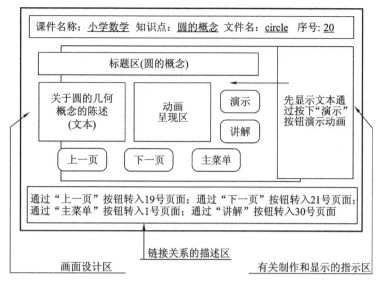

图 6-2 "小学数学"课件制作稿本示例

五、多媒体课件稿本设计案例

在多媒体课件开发的设计阶段,稿本是多媒体课件开发的蓝本,故而它的编写显得十分重要。在教学系统设计阶段会形成文字稿本和制作稿本,在此谨以《春晓》一课为例,介绍课件文字稿本和制作稿本的编写。

(一)《春晓》的多媒体课件文字稿本

文字稿本是按照教学过程的先后顺序,用于描述每一环节的教学内容及其呈现方式的一种形式,它是多媒体课件的教学系统设计结果。以下是《春晓》的多媒体课件文字稿本。

1. 导语

导语如表 6-6 所示。

表 6-6 导语

屏幕板书	图像、声音、视频素材	讲解文字
春晓	一幅图画,画面上是一个古代女子,她左手拉起帘子,看到室外有桃花、小鸟和芭蕉等景物;小鸟的鸣叫声。	古时候,有许多人写了很多诗,这些诗就是古诗。《春晓》就是其中的一首。这首诗是诗人孟浩然隐居在鹿山门时所作的,意境十分优美。诗人抓住春天的早晨刚刚醒来时的一瞬间,展开描写和联想,生动地表达了诗人对春天的热爱和怜惜之情。

2. 作者简介

作者简介如表 6-7 所示。

表 6-7　作者简介

内　　容	使用说明
孟浩然(689—约740),唐代著名诗人,汉族,本名名浩,字浩然,襄州襄阳(今湖北襄阳)人,世称"孟襄阳",与另一位山水田园诗人王维合称为"王孟"。他一生没有做过大官,大半辈子隐居农村,过着淡泊恬静的生活。壮年时曾漫游江浙,徜徉山水间,历览自然风光。他创作的诗中以无言律诗最负盛名。《春晓》就是其中的一首。	

3. 导读

导读如表 6-8 所示。

表 6-8　导读

内　　容	使用说明
学习目标: (1) 学会"晓、眠、觉、闻、啼"5个生字,做到能读会写、能结合诗句讲解其意思; (2) 能理解各句诗的基本意思,能用自己的话讲解全诗的意思; (3) 能朗读、背诵、默写课文; (4) 体会诗的意境,产生"春天真美"的情感。 问题思考: (1) "春晓"中的"晓"和"春眠不觉晓"中的"晓"意思一样吗? (2) 这首诗可能写的是什么季节、什么时候的景色?你是怎么看出来的?诗人听到了什么?想到了什么? (3) 这首诗表达了作者什么样的思想感情? (4) 学了这首诗,你有什么感想?	

4. 导读答案

导读答案如表 6-9 所示。

表 6-9　导读答案

内　　容	使用说明
(1) "春晓"中的"晓"的意思是早晨,"春眠不觉晓"中的"晓"的意思是知道。 (2) 这首诗可能写的是春天早晨的景色,是从题目"春晓"和"春眠"看出来的。诗人听到了鸟叫声,想到了昨夜的风雨声,花落了很多。 (3) 这首诗表达了作者热爱春天,珍惜春光之情。	

5. 注释

注释如表 6-10 所示。

表 6-10　注释

屏 幕 板 书	使用说明
春晓:春天的清晨。晓,指天刚亮的时候。 不觉:不知不觉,没有察觉到。 闻啼鸟:听到小鸟的鸣叫声;闻,听到;啼,鸣叫。 夜来:夜里。 眠:睡觉 晓:知道 处处:到处	

6. 译文

译文如表 6-11 所示。

表 6-11　译文

屏 幕 板 书	使用说明
春天的夜晚一直甜甜地睡到天亮, 醒来时只听见窗外一片鸟鸣啁啾。 回想起昨夜好像下过雨又刮过风, 庭院石阶上一定铺满缤纷的落花。	在讨论分析的基础上逐句呈现。

7. 赏析

赏析如表 6-12 所示。

表 6-12　赏析

屏 幕 板 书	讲 解 文 字
思考问题: (1) 诗人运用了什么写作手法? (2) 诗人是如何通过描写情景来表达自己的情感的?	此诗没有采用直接叙写眼前春景的一般手法,而是通过"春晓"(春天的早晨)自己一觉醒来后瞬间的听觉感受和联想,捕捉典型的春天气息,表达自己喜爱春天和怜惜春光的情感。 　　诗的前两句写诗人因春宵梦酣,天已大亮了还不知道,一觉醒来,听到的是屋外处处鸟儿的欢鸣。诗人惜墨如金,仅以一句"处处闻啼鸟"来表现充满活力的春晓景象。但人们由此可以知道,就是这些鸟儿的欢鸣把懒睡中的诗人唤醒,可以想见,此时屋外已是一片明媚的春光,可以体味到诗人对春天的赞美。正是这可爱的春晓景象,使诗人很自然地转入诗的第三、第四句的联想:昨夜我在朦胧中曾听到一阵风雨声,现在庭院里盛开的花儿到底被摇落了多少呢?联系诗的前两句,夜里这一阵风雨不是急风暴雨,而当是轻风细雨,它把诗人送入香甜的梦乡,把清晨清洗得更加明丽,并不可恨。但是它毕竟要摇落春花,带走春光,因此一句"花落知多少",又隐含着诗人对春光流逝的淡淡哀怨以及无限遐想。

8. 朗读指导

朗读指导如表 6-13 所示。

表 6-13　朗读指导

屏幕板书	图像、声音、视频素材	使用说明
春眠/不觉/晓， 处处/闻/啼鸟。 夜来/风雨/声， 花落/知/多少。	《春晓》朗读视频	(1) "/"表示停顿。 (2) 确定感情基调(赞美、喜爱)。 (3) 晓、鸟、少押"ao"韵，读时声音适当拖长。

9. 练习

练习如表 6-14 所示。

表 6-14　练习

屏幕板书	使用说明
1. "找朋友"(连词) 春(春风)(春雨)(春晓)(春光)(春花) 时(时节)(时间)(时光)(及时)(准时) 2. 用下面的词语写句子 春天　　春雨 3. 说话练习 话题：春天来了。 要求：结合自己的生活经验，展开合理的想象，说说春天的美丽景象。	

10. 资料

资料如表 6-15 所示。

表 6-15　资料

屏幕板书	使用说明
1. 朗读古诗时，句中停顿的规律与要求是什么？ 　　古诗的节拍(音步)跟速度有关，但跟停顿关系更密切。在每一个节拍后面轻轻拖腔之后，往往有短暂的停顿，这种停顿主要是为了突出节奏，这就是我们常说的句中停顿。节拍的划分一般都是五言三拍，二、三拖腔或二、四拖腔，即可在第二、三个字或第二、四个字后分别停顿；七言四拍，二、四、五拖腔或二、四、六拖腔，即可在第二、四、五个字或第二、四、六个字后分别停顿。另外在一首诗中，有的可能是同一拖腔，即采用同一种停顿方式，有的可能是两种拖腔同在，即要采用两种停顿方式，这应根据古诗的实际而定。 2. 为何"春眠不觉晓"？ 　　冬去春来，春暖花开，人们常常会觉得困倦，这种现象称为"春困"。"春困"期间，人特别爱睡，往往天大亮不知醒，所以诗人写出"春眠不觉晓"。 　　从生理角度看，到了春天，气温回升，人体表面的毛细血管和毛孔逐渐舒张开来，体表的血液循环随之旺盛，流往大脑的血液和氧气也就相对减少，脑细胞的活动受到抑制，所以人便会感觉"春困"，以至于天都亮了，还不知道醒过来。此外，春季昼长夜短，不够睡，气候宜人，催人欲睡，也是春眠不觉晓的原因。	

(二)《春晓》的多媒体课件制作稿本

本软件注重语文知识、生活常识和科学知识的有机结合,突出趣味性,注重训练学生的理解能力。软件的系统结构如图6-3所示。

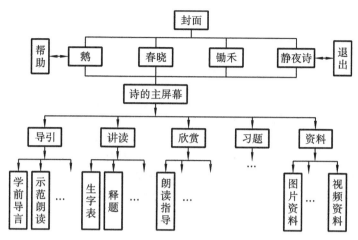

图 6-3　软件的系统结构

《春晓》的多媒体课件制作稿本如表6-16至表6-19所示。

表 6-16　《春晓》制作稿本 1

课件名称	古诗欣赏	内容	目录	文件名	gushi	序号	1

古　诗　欣　赏（标题）

静夜思　鹅　锄禾　春晓　古诗目录　　　退出

内容呈现区域

进入方式: 由　封面　页面,通过 古诗欣赏 按钮进入	本屏呈现信息顺序说明: 先呈现背景图,再呈现文字。
键出方式: 1.通过 退出 按钮,可结束播放 2.通过 单击"春晓",可进入 2 号页面 3.通过 单击"锄禾",可进入 8 号页面 4.通过 单击"鹅",可进入 14 号页面 5.通过 单击"静夜思",可进入 20 号页面	制作说明: 插入山水画作为背景图。

表 6-17　《春晓》制作稿本 2

课件名称	古诗欣赏	内容	春晓	文件名	gushi	序号	2

进入方式： 由　1　页面,通过 春晓按钮进入	本屏呈现信息顺序说明： 先呈现背景图,再呈现文字、声音。
键出方式： 1.通过单击导引按钮,可进入3号页面 2.通过单击讲读按钮,可进入4号页面 3.通过单击欣赏按钮,可进入5号页面 4.通过单击练习按钮,可进入6号页面 5.通过单击资料按钮,可进入7号页面	制作说明： (1)插入背景图； (2)输入"春晓"全诗。

表 6-18　《春晓》制作稿本 3

课件名称	古诗欣赏	内容	讲读	文件名	gushi	序号	3

进入方式： 由2、3、5、6、7页面,通过单击讲读按钮进入	本屏呈现信息顺序说明： 先呈现图像,再呈现文字。
键出方式： 1.通过单击导引按钮,可进入 3号 页面 2.通过单击欣赏按钮,可进入5号页面 3.通过单击练习按钮,可进入6号页面 4.通过单击资料按钮,可进入7号页面	制作说明： 插入山水画作为背景图。

第六章 信息化教学资源的设计

表 6-19 《春晓》制作稿本 4

课件名称	古诗欣赏	内容	欣赏	文件名	gushi	序号	4

进入方式： 由 2、3、4、6、7 页面，通过单击欣赏按钮进入	本屏呈现信息顺序说明： 先显现文字、图像，再呈现声音。
键出方式： 1. 通过单击导引按钮，可进入 3 号页面 2. 通过单击讲读按钮，可进入 4 号页面 3. 通过单击练习按钮，可进入 6 号页面 4. 通过单击资料按钮，可进入 7 号页面	制作说明： 插入"春晓"全诗的配乐朗诵。

(资料来源：http://wenku.baidu.com/view/1c6463fcfab069dc50220115.html?from=related&rl=regok)

实践活动 6-1

多媒体课件设计

【活动目标】

通过该实践活动，学习者了解多媒体课件设计和开发的基本流程，掌握运用现代教育理论和学习理论进行多媒体课件设计及编写稿本的方法。

【活动任务】

通过与主讲教师讨论，选择有实际价值的课题并完成多媒体课件的设计工作。

【活动步骤】

1. 规划实践活动

多媒体课件设计是一项综合性的工程，活动安排建议如下：

第一阶段，确定开发小组成员及小组负责人，并根据个人的优势进行任务分工；

第二阶段，根据教学内容，完成教学设计部分，并编写文字稿本、制作稿本，完成多媒体素材的准备工作。

2. 课件选题和分析

课件选题主要考虑以下几个方面：

(1) 课件是否符合教学内容的需要，即使用多媒体课件进行教学是否能提高教学效率、改善教学效果；

(2) 课件制作是否在实际条件允许的条件下,即制作者要考虑经费、时间、设备及所拥有的各种资源等因素,是否能够完成课件的制作。

3. 系统分析

系统分析部分主要完成需求分析、内容分析和资源分析的工作,即对课件的可行性进行考察,回答"为什么要开发"、"开发什么内容"、"是否可行"等问题。

4. 系统设计

系统设计部分需要完成教学设计和系统结构设计等工作。在教学设计部分,设计者要确定合适的教学目标,利用何种形式呈现教学内容等;系统结构设计则要关注多媒体教学信息的组织与表现形式,确定教学课件的整体风格。

5. 稿本编写

稿本编写部分包括文字稿本的编写和制作稿本的编写。

文字稿本是根据教学设计部分对教学内容进行细致的描述,一般包括知识单元、目标描述、媒体类型和呈现方式。制作稿本则是制作者根据文字稿本编写的课件制作脚本,它要重点描述课件的交互、导航、屏幕呈现等内容,是多媒体课件制作的直接依据。

【活动成果】

(1) 该实践活动结束时,小组成员要提交一份完整的活动报告,其中包括多媒体课件的各阶段设计稿本等。

(2) 稿本提交之后,学习者分小组针对稿本设计过程和情况进行现场汇报。

本章小结

信息化教学资源泛指各种为教育目的服务的资源,不同于传统教学资源,信息化教学资源除了具有一般教学资源的共同特性外,还具有多媒体、超文本、交互性、虚拟仿真等属性,这些属性是由教学资源所处的环境决定的。所以,在信息化教学环境下,合理地选择、设计、开发、利用教学资源就成为现阶段每一个信息化教学工作者的基本素养。本章以培养教师信息化教学素养为目标,分别介绍了信息化教学资源的类型、特点,以及信息化教学资源的主要组成部分——多媒体课件的设计开发过程,以方便各类信息化教学工作者认识、了解信息化教学。

本章练习

1. 名词解释:

信息化教学资源　多媒体课件

2. 信息化教学资源是信息化教学环境下信息化技术与传统教学资源的整合,在学习过本章后,请结合实际谈谈信息化与传统教学资源的整合需要注意些什么。

3. 请结合实际的案例,简述多媒体课件的开发过程和脚本编写的过程。

第七章 信息化教学资源开发

核心概念

多媒体素材
多媒体课件
电视教材
微课

学习目标

(1) 了解多媒体素材的分类及相关处理工具软件。
(2) 掌握应用 Flash，PowerPoint 2013 开发多媒体课件的基本技术和方法。
(3) 了解编制电视教材的基本方法。
(4) 了解微课制作的基本方法。

知识概览

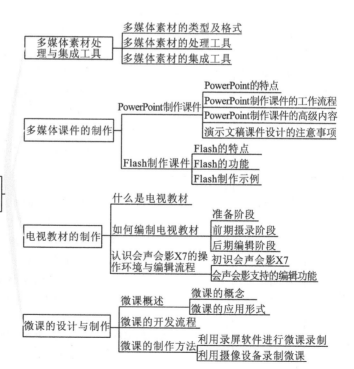

第一节 多媒体素材处理与集成工具

一、多媒体素材的类型及格式

根据媒体的不同性质,一般把媒体素材分成文字、声音、图形、图像、动画、视频和程序等类型。在不同的开发平台和应用环境下,即使是同种类型的媒体,也有不同的文件格式。如文字媒体常见的有纯文本格式(.txt)和 Word 文档格式(.doc),还有富文本格式(.rtf);声音媒体有 wav 文件格式(.wav)和 mp3 文件格式(.mp3)等。不同格式的文件用不同的扩展名加以区别。表 7-1 列举了一些常用媒体类型的文件扩展名。

表 7-1 常用媒体类型的文件扩展名

媒体类型	扩展名	说明
文字	txt	纯文本文件
	doc	Word 文件
	wps	WPS 文件
	wri	写字板文件
	rtf	Rich Text Format 格式文件,可以作为通用文件交换格式
	hlp	帮助信息文件
声音	wav	标准 Windows 声音文件,是波形文件的一种存储格式
	mid(rmi)	乐器数字接口的音乐文件
	mp3	MPEG LayerⅢ声音文件
	au(snd)	Sun 平台的声音文件
	aif	Macintosh 平台的声音文件
	vqf	最新的 NTT 开发的声音文件,比 mp3 的压缩比还高
	rm	RealAudio 流式音频格式
	cda	唱片采用的格式,一种波形文件
图形、图像	bmp	Windows 位图文件
	pcx	Zsoft 的位图文件
	png	针对 Web 开发的无损压缩格式
	gif	图形交换格式文件
	jpg	JPEG 压缩的位图文件
	tif	标记图像格式文件
	tga	计算机生成图像向电视转换的一种首选格式
	wmf	矢量图形格式,Windows 中常见的一种图元文件格式
	eps	Post Script 图像文件
	icon	图标格式

续表

媒体类型	扩展名	说明
动画	gif	图形交换格式文件
	flc	Autodesk 的 Animator 文件
	fli	Autodesk 的 Animator 文件
	swf	Macromedia 的 Flash 动画文件
	spl	Macromedia 的 Flash 动画文件
	mmm	Microsoft Multimedia Movie 文件
	avi	Audio Visual Interleave, Windows 视频文件
视频	avi	Windows 视频文件
	mov	Quick Time 视频文件
	mpg	MPEG 视频文件
	dat	VCD 上的数字视频文件格式
	vob	DVD 上的数字视频文件格式
	rm	RealVideo 流媒体文件格式
	asf	微软公司的流媒体格式
	wmv	微软公司的数字视频文件格式
其他	exe	可执行程序文件
	wrl	VRML 的虚拟现实对象文件
	ram(ra、rm)	RealAudio 和 RealVideo 的流媒体文件

二、多媒体素材的处理工具

在多媒体课件中包含大量的多媒体信息,这些数字化教学信息的质量直接影响到软件的应用效果,因此有必要对其处理方法进行探讨。

教学信息的处理是根据多媒体课件设计稿本的描述进行的,一般情况下涉及以下方面的工作。

1. 文本信息的处理

文本信息的处理通常是指大量文字的输入和编辑工作。目前计算机上运行有各种强大的文字处理软件,如 Microsoft 的 Word、Kingsoft 的 WPS 等,使用这些软件可以方便地实现数字化文本制作。为了能在著作工具中集成,一般情况下将制作的文本存储为 txt 或 rtf 文本。

如果输入的文本数量大并且有字形规范的原件,则可以考虑通过扫描仪使用光学字符识别(OCR)技术来将扫描所得的位图转化为文本。另外,语音和手写识别技术已逐步走向成熟,在合适的条件下可以通过语音输入或手写的方式来输入文本。

除了文字文本外,多媒体 CAI 软件中还包含位图形式的文本,它通常是在使用绘图软件时输入的文本。注意:对位图文本的处理一般需要考虑到文本信息的提示功能及与背景图像的配合效果等问题。

2. 图形信息的处理

图形是由基本图元单位组成的。与图像不同,图形文件不描述屏幕上每个显示像素的数据内容,而是描述产生这些点的方法。它通常包含产生矢量图形的指令数据,这些指令描述图中包含了线、面、体等几何要素及它们的色彩特征。与图像相比,图形占有较小的存储空间,但其生成需要较长的时间。在实际的屏幕交互过程中,图像作为一个整体接受用户操作,而图形则以图元为单位进行交互操作。

多媒体课件中常用的图形文件格式有 dxf、shp 等,它们的生成途径通常有以下几种。

(1) 利用图形制作工具。使用 AutoCAD、CorelDraw、3DS MAX 等图形制作工具可以得到非常具有表现力的图形,这些软件都提供了丰富的处理功能,可以制作出高精度的专业图形。

(2) 使用著作工具提供的绘图工具。几乎所有的多媒体著作工具(如 Authorware、Toolbook 和 PowerPoint 等)都提供绘制基本图形的工具,它们非常适合于在 CAI 课件中快速地制作图形对象。

(3) 使用程序设计语言。目前计算机的可视化编程工具(如 Visual Basic、Inprise Delphi 等)都提供了可产生矢量图形的函数语句,而多媒体著作工具中也提供了大多数简单的绘图语句。这种方法在需要对图形对象进行动态控制或实现依赖于坐标参数的复杂交互时应用。

3. 图像信息的处理

图像文件包含了对屏幕显示的每个像素的色值描述,它又称为位图。在 CAI 课件中图像文件常被用来制作整体交互的可视对象或各种显示元素的背景。在 CAI 课件中应用最为广泛的图像文件格式有 bmp、jpg、gif、tif、tga、wmf、dib、pic、png 等。制作和修饰图像的方法有以下几种。

(1) 使用 Windows 中的 PaintBrush 工具制作简单的图像。这个工具操作简单、便捷,生成的 bmp 文件为大多数集成工具所支持,适合于制作构成简单、色彩层次不是十分丰富的图像。

(2) 使用专业图像制作和编辑工具。如果需要图像具有较丰富的视觉表现,则可以考虑使用诸如 MetaCreation Painter、Microsoft PhotoDraw 等专业工具来制作。这些工具提供了丰富的绘图功能和逼真的绘图材质,可以制作出高质量的静止图像。在 CAI 课件的素材处理过程中还常常需要对已有的数字化图像进行修饰。另外,利用扫描等方法获取的图像中往往包含了噪声信息,需要加以清除。这时就必须应用专业的图像编辑工具进行处理,在这方面 Adobe 公司的 Photoshop 堪称典范。

(3) 利用数字化图像捕捉设备获取图像。数字化图像捕捉设备主要是指扫描仪、数码照相机和数码摄像机。随着相应硬件技术的提高,利用扫描仪和数码照相机已经可以得到高分辨率的专业图像。

(4) 使用屏幕捕捉软件。当课件中需要再现当前计算机屏幕显示的内容时,应该使用屏幕捕捉软件。优秀的屏幕捕捉软件如 HyperSnap-DX、SnagIt 等可以捕捉屏幕上用户定义的任何区域的内容。其操作简单,使用方便,可以得到高清晰度的图片。

4. 动画信息的处理

动画信息适合于在多媒体课件中表现动态的或由复杂因素支配的过程。多媒体课件中常用的动画文件格式有 flc/fli、avi、mov、mmm、gif 等。动画的制作方法有以下几种。

（1）利用一般动画制作工具。常用的二维动画制作工具有 Autodesk 公司的 Animator Pro 等，三维动画制作工具有 3DS MAX、MAYA、SOFTIMAGE、TRUESPACE 等。利用上述工具可以方便地得到形象而生动的动画。利用工具软件制作动画的效率较高，适合于表现复杂的动画效果；但制作的动画在程序运行时的可控性较差，一般被用来制作演示内容而不作为交互手段。

（2）使用多媒体著作工具的动画制作工具。诸如 Flash、Authorware、Toolbook 等专业著作工具都提供了实现动画效果的工具，利用它们制作的动画较为简单，具有一定的交互性能。相对而言，利用 Macromedia Flash 制作出的动画具有卓越的交互性能和专业的视觉表现，是在 CAI 课件中制作交互式动画的首选。

（3）利用程序设计工具。在专业编程工具中可以借助于一定的算法以动态显示图像的形式制作动画。这种方法的特点是可以实现灵活的控制，但开发时间长，效率不高。一个值得推荐的设计工具组合是 Microsoft Visual C++/Fortran PowerStation（这是因为 Fortran 语言在数值计算领域中具有独特优势）。

5. 声音信息的处理

在多媒体课件中声音信息被用来实现在线提示、解说、背景音乐等效果。多媒体课件中的声音信息主要包括语音和音乐。语音信息的制作是通过使用数字化声音处理设备录制，然后进行编辑处理来完成的。目前计算机的声卡大都支持麦克风和 Line 语音输入，它可以将语音模拟量转化为波形（即 wave 格式）数字化声音文件。同时有大量的波形声音编辑软件可供使用，它们的功能大同小异。对于录制的语音，经常进行的工作是去除杂音和调整音量，最后还可以和音乐混合。

多媒体课件中使用的音乐素材可以通过使用 CDDA 工具从 CD 唱片上抓取，也可以通过将 mp3 文件转化为 wave 文件得到。另外，还可以利用数字化作曲工具创作音乐素材，在这种情况下一般都制作成 midi 音乐文件。Cakewalk 是一种比较优秀的 midi 制作软件。

在实际制作时，应该根据声音信息的不同类型选用不同的制作标准，争取在实现清晰的播放效果的前提下尽可能减小文件的容量和播放时的系统开销。一般的录制指标（采样频率 22.05 kHz、单声道、8 位采样精度）即可满足收听要求，而音乐素材的制作实际要求可以有适当的提高（CD 音乐效果参考指标：采样频率 44.1 kHz、双声道、16 位采样精度）。

6. 视频信息的处理

在多媒体课件中需要展示真实的场景，就必须引入数字化视频信息。数字化视频处理需要视频捕捉设备和视频编辑软件。目前市场上有很多性能优良的专业数字化视频实时捕捉卡（如 Broadway、Snazzi 等），使用它们可以从外接视频源中实时地将信息捕捉到计算机上。另外，还可以使用数字化的摄像机来实地采集。目前使用这两种方式可以得到 avi 格式（这也是被各种多媒体课件著作工具广泛支持的文件格式）的视频文件。视频信息被捕捉到计算机上后，需要进行编辑处理以适应课件播放的要求。Adobe 公司的 Premiere 是非常出色的视频编辑工具，利用它可以实现专业视频的编辑效果。会声会影则更适合家庭使用。

三、多媒体素材的集成工具

多媒体素材集成工具是指能够把文本、图形、图像、声音、动画和视频等多种素材集成为一个交互式软件(或课件)的工具软件。目前能用于多媒体素材集成的软件很多,其中运用最为广泛的集成平台主要有 PowerPoint、Authorware、Flash、FrontPage、Dreamweaver、方正奥思等多媒体编著系统。

1. PowerPoint

微软 Office 系列软件中的 PowerPoint 是一款专用于制作演示型多媒体课件的工具,是课件制作软件中操作最为简单、使用最为广泛的多媒体集成软件。它的最大优点是制作者可以很方便地输入文字,插入图片、声音、动画、视频等多媒体素材,并根据需要形成各种演示效果,不用编写复杂的控制程序便能实现生动、形象的课件制作。

2. Authorware

Authorware 是一种基于设计图标和流程图结构的编辑平台,具有丰富的函数和程序控制功能。它通过流程图将文字、图形、图像、声音、动画和视频等素材信息以图标方式依次连接起来,从而形成一个交互灵活的多媒体课件。它具有丰富的交互方式,适合制作多媒体辅助教学和培训演示课件。

3. Flash

Flash 是一款二维动画软件,现在也越来越多地用于多媒体课件的制作。它能够集成文字、图形、图像、声音、动画和视频等多种素材,并以动画的形式展现教学内容。通过 Flash 内置的动作语言能够制作出复杂的交互性课件,对于实验演示有很好的表现效果。

4. FrontPage

FrontPage 是一款简单的网络版多媒体课件制作软件,其功能虽比其他专业级的网页制作软件逊色,但界面直观,简单易用。制作者能够将文字、图形、图像、声音、动画和视频等素材集成到 FrontPage 中,以网站的形式向学习者呈现教学内容,提供内容丰富、界面友好、链接灵活的学习环境,充分调动学习者的学习积极性。

5. Dreamweaver

利用 Dreamweaver 可以轻而易举地做出很多炫目的互动页面特效,插件式的程序设计使得其功能可以无限扩展,支持网页文件很多的课件制作。与 FrontPage 相比,Dreamweaver 功能更为强大,其直观性和高效性是 FrontPage 无法比拟的。

6. 方正奥思

方正奥思多媒体创作工具是方正技术研究院面向教育领域研究开发的一个可视化、交互式多媒体集成创作工具,具有直观、简便、友好的用户界面。用户可以根据自己的设计,将文字、图形、图像、声音、动画和视频等多媒体素材进行集成,不需要使用高级编程语言便可制作出有充分交互性的多媒体课件。

第二节 多媒体课件的制作

多媒体课件的类型和制作工具较多,本书主要介绍 PowerPoint 和 Flash 制作课件的基本流程和方法。

一、PowerPoint 制作课件

PowerPoint 是 Microsoft 公司推出的 Office 系列产品之一,主要用于设计制作广告宣传、产品演示的电子版幻灯片,也是目前开展多媒体教学、制作课堂教学课件的得力助手。

它继承了 Windows 的友好图形界面,包含多种模板和版式,我们可以根据自己的要求选择,以这些模板和版式为基础,制作课件变得简单容易。利用 PowerPoint 可以在幻灯片中加入各种颜色、图形、声音、影片剪辑等,制作出各种独具特色的演示文稿。制成的演示文稿可以通过不同的方式播放,可以在演示文稿中设置各种引人入胜的视觉、听觉效果;可以直接在计算机和大屏幕投影机上播放使用,或借助互联网进行展示;可以将演示文稿打印成一页一页的投影片,使用投影仪播放;也可以制成 135 幻灯片。

(一) PowerPoint 的特点

- PowerPoint 具有广泛的用途。
- 演示文稿由一张张幻灯片构成,易于理解,制作简单。
- 幻灯片可以集成文本、声音、图形、图像、视频、动画等多种媒体。
- PowerPoint 具有超强的链接和调用其他程序的功能。
- 具有丰富多彩的动画放映功能和一般动画制作功能,形象生动。
- 可将讲课的提纲、线索等加入备注栏,打印后可以作为上课时的讲稿。

(二) PowerPoint 制作课件的工作流程

1. 创建演示文稿

1) 启动 PowerPoint

要使用 PowerPoint 创建演示文稿,第一步要做的工作就是启动 PowerPoint。启动 PowerPoint 的方法:单击"开始"按钮,到"程序"的"Microsoft Office"组中单击"Microsoft PowerPoint 2013"程序快捷方式图标。

启动 PowerPoint 之后,单击添加第一张幻灯片后,屏幕上将出现 PowerPoint 编辑演示文稿的界面。可以看出,建立的新演示文稿实际上是一张具有一定布局的空白幻灯片。

2) 利用模板和主题新建演示文稿

- 在 PowerPoint 2013 中,单击"文件"选项卡(见图 7-1),然后单击"新建"选项。
- 单击选择模板或主题,然后单击"创建"按钮。

2. 单张幻灯片的编辑

1) 插入文本

可以向文本占位符、文本框和形状中添加文本。可以自定义文本大小、颜色等格式,也可

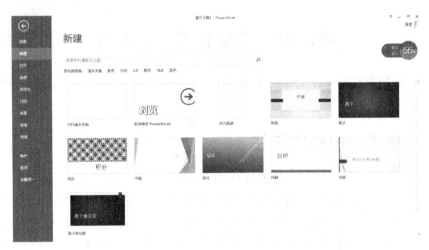

图 7-1　PowerPoint 利用模板和主题新建演示文稿

以向文本添加项目符号或编号。

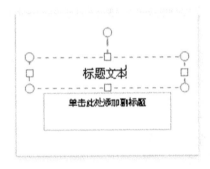

图 7-2　占位符

● 将文本添加到占位符中。

图 7-2 中的虚线边框表示包含幻灯片标题文本的占位符。单击占位符即可输入文本。

● 将文本添加到文本框中。

文本框就是一个能放置文本的矩形框。利用矩形框,可以将文本框中的文字作为一个整体来移动。用户也可以随意改变文本框的大小。

在"插入"选项卡上的"文本"组中,单击"文本框"(见图 7-3)。

单击幻灯片,然后拖动指针以绘制文本框。在该文

图 7-3　插入文本框

本框内部单击,然后键入或粘贴文本。

● 添加作为形状组成部分的文本。

正方形、圆形、标注批注框和箭头总汇等形状可以包含文本。若要添加作为形状组成部分的文本,就要选择该形状,然后键入或粘贴文本。

2)插入艺术字

在"插入"选项卡上的"文本"组中,单击"艺术字"(见图 7-4),然后单击所需艺术字样式,最后输入文字。

3)插入形状

可以在 Microsoft PowerPoint 2013 文件中添加一个形状,或者合并多个形状以生成一个绘图或一个更为复杂的形状。可用的形状包括线条、基本几何形状、箭头、公式形状、流程图形

图 7-4 插入艺术字

状、星、旗帜和标注。添加一个或多个形状后,就可以在其中添加文字、项目符号、编号和快速样式。插入形状的方法如下。

在"HOME"选项卡上的"绘图"组中,单击"形状"(见图 7-5),或者在"插入"选项卡上的"插图"组中,单击"形状"。

在形状面板中单击所需的形状,接着单击幻灯片上的任意位置,然后拖动以放置形状。若要创建规范的正方形或圆形(或限制其他形状的尺寸),请在拖动的同时按住 Shift 键。

图 7-5 形状

4)插入图片

图片可以来自于图像文件或通过屏幕截图获得,插入图片的方法如下。

(1)插入"图片"。

● 在"插入"选项卡上的"图像"组中,单击"图片",弹出"插入图片"对话框(见图 7-6)。

● 在弹出的"插入图片"对话框中,设置好图像文件所在的目录,单击选择要插入的图像文件名,再单击"插入"按钮或单击"插入"按钮右边的下拉按钮,从其菜单中选择一种方式(插入或链接到文件),将图像插入到演示文稿中。

图 7-6 插入图片

(2) 插入"联机图片"。

在"插入"选项卡上的"图像"组中,单击"联机图片",在弹出的对话框中可对图片进行网上搜索,如图 7-7 所示。

图 7-7　插入图片

(3) 插入"屏幕截图"。

● 在"插入"选项卡上的"图像"组中,单击"屏幕截图"。再在弹出的"可用视窗"对话框(见图 7-8)中单击"屏幕剪辑",可以插入屏幕任何部分的图片。

图 7-8　"可用视窗"对话框

5) 插入表格和图表

(1) 插入表格。

在"插入"选项卡上的"表格"组中,单击"表格"。在"表格"的下拉列表(见图7-9)中,执行下列操作之一:

● 单击并移动指针以选择所需的行数和列数,然后释放鼠标按钮;
● 单击"插入表格",然后在"列数"和"行数"列表中输入数字;
● 单击"绘制表格",然后结合表格工具各命令按钮,用鼠标在幻灯片上绘制表格;
● 单击"Excel 电子表格",插入电子表格。

图 7-9 插入表格

（2）插入图表。
● 在"插入"选项卡上的"插图"组中，单击"图表"。
● 在"插入图表"对话框（见图 7-10）中，单击箭头，滚动图表类型。选择所需图表的类型，然后单击"确定"按钮。

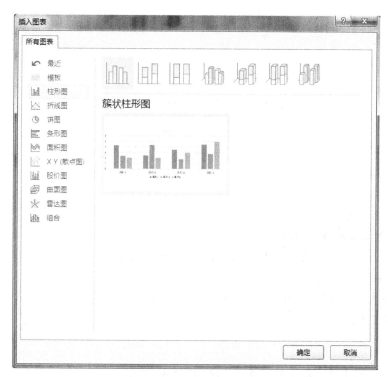

图 7-10 "插入图表"对话框

6）插入音频

在幻灯片上插入音频剪辑时，将显示一个表示音频文件的图标 。在进行演讲时，可以将音频剪辑设置为在显示幻灯片时自动开始播放、在单击鼠标时开始播放或播放演示文稿中的所有幻灯片。甚至可以循环连续播放媒体，直至停止播放。插入音频的方法如下。

图 7-11 插入音频

- 单击要添加音频剪辑的幻灯片。
- 在"插入"选项卡的"媒体"组中,单击"音频"按钮或单击"音频"按钮下方的下拉按钮(见图7-11),从其菜单中选择一种方式(联机音频、PC 上的音频、录制音频),找到要添加的文件、音频剪辑或现场录制音频,将其添加到幻灯片中。

在幻灯片上,选择音频剪辑图标 。在"音频工具"下,在"播放"选项卡上的"音频选项"组(见图 7-12)中,执行下列操作之一设置音频剪辑的播放方式:

- 若要在放映该幻灯片时自动开始播放音频剪辑,请在"开始"列表中单击"自动";
- 若要通过在幻灯片上单击音频剪辑来手动播放,请在"开始"列表中单击"单击时";
- 若要在演示文稿中单击切换到下一张幻灯片时播放音频剪辑,请在"开始"列表中单击"跨幻灯片播放";
- 若要连续播放音频剪辑直至您停止播放,请选中"循环播放,直到停止"复选框。

图 7-12 设置音频剪辑的播放方式

7)插入视频

可以从 PowerPoint 演示文稿嵌入视频或链接到外部视频文件或电影文件。通过链接视频,可以减小演示文稿的文件大小。如果安装了 QuickTime,则 PowerPoint 将支持 QuickTime(.mov、.mp4)文件。

插入视频的方法如下:

- 单击要添加视频的幻灯片;
- 在"插入"选项卡上的"媒体"组中,单击"视频"下方的下拉按钮(见图 7-13),然后单击"PC 上的视频";
- 在"插入视频"对话框中,找到并单击要嵌入的视频,然后单击"插入"按钮。

3. 幻灯片管理

PowerPoint 创建的演示文稿由多个幻灯片组成,幻灯片的管理包括添加、复制、移动、删除等基本操作。

1)添加幻灯片

方法 1:在"HOME"选项卡上的"幻灯片"组中,单击"新建幻灯片"上方按钮,如果单击"新建幻灯片"旁边的箭头,可

图 7-13 插入视频

选择新建其他不同版式的幻灯片。

方法2：在包含"大纲"和"幻灯片"选项卡的左侧窗格中，单击"幻灯片"选项卡，右键单击幻灯片缩略图，然后在快捷菜单中单击"新建幻灯片"命令。

2）复制幻灯片

在包含"大纲"和"幻灯片"选项卡的左侧窗格中，单击"幻灯片"选项卡，单击选择要复制的幻灯片，在弹出的快捷菜单中单击"复制幻灯片"命令。右键单击目标位置，在快捷菜单中单击"粘贴"命令，即可完成所需幻灯片的复制。

可以选择多张幻灯片同时进行复制。若要选择多张连续的幻灯片，请单击要选择的第一张幻灯片，在按住 Shift 的同时单击要选择的最后一张幻灯片。若要选择多张不连续的幻灯片，请在按住 Ctrl 的同时单击每张幻灯片。

3）移动幻灯片

在包含"大纲"和"幻灯片"选项卡的左侧窗格中，单击"幻灯片"选项卡，左键拖移要移动的幻灯片。

4）删除幻灯片

在包含"大纲"和"幻灯片"选项卡的左侧窗格中，单击"幻灯片"选项卡，右键单击要删除的幻灯片，然后在弹出的快捷菜单中单击"删除幻灯片"。可以选择多张幻灯片同时删除，选择方法如前所述。

4．演示文稿的美化

1）应用版式

版式是指幻灯片上标题和副标题文本、列表、图片、表格、图表、自选图形和视频等元素的排列方式。幻灯片版式包含要在幻灯片上显示的全部内容的格式设置、位置和占位符。可以利用版式来调整幻灯片的整体结构。PowerPoint 中包含 11 种内置幻灯片版式（见图 7-14），用户也可以创建满足特定需求的自定义版式。在 PowerPoint 中打开空演示文稿时，将显示名

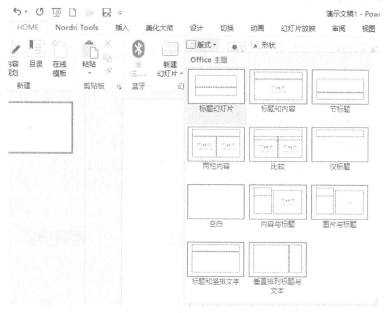

图 7-14　版式

为"标题幻灯片"的默认版式,用户可以通过使用"开始"选项卡上"幻灯片"组中的"版式"命令按钮来应用其他标准版式。

也可以在幻灯片页面旁边单击鼠标右键,选择菜单中的"版式",应用其他标准版式。微软从 PowerPoint 2007 开始增加了自定义"版式"功能,并将这一功能与"母版"功能结合。

2）应用背景

在默认的情况下,幻灯片的背景是白色的,用户可以设置成任何其他颜色,还可以用渐变色、文理、图案和图片做背景,或者在部分幻灯片后面插入图片作为水印。实现方法如下。

● 单击要为其添加背景图片的幻灯片。
● 在"设计"选项卡上的"自定义"组中,单击"设置背景格式"（见图 7-15）。

单击选择"纯色填充""渐变填充""图片或纹理填充""图案填充"其中一种方式（见图 7-16），接着还可以选择颜色、设置透明度等。

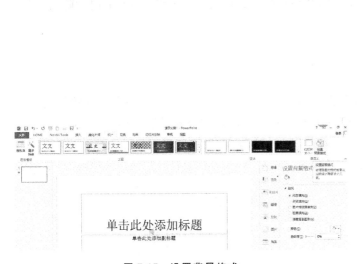

图 7-15　设置背景格式　　　　　　　　　　图 7-16　背景格式

3）应用主题调整演示文稿外观

应用主题可以简化专业设计师水准的演示文稿的创建过程。若要尝试不同的主题,请将指针停留在"设计"选项卡上的"主题"组中主题库的相应缩略图上（见图 7-17）,并注意文档将如何变化。可以通过变换不同的主题来使幻灯片的版式和背景发生显著变化。

图 7-17　应用主题

如果用户喜欢某主题呈现的外观,则通过一个单击操作即可完成对演示文稿格式的重新设置。如果要进一步自定义用户的演示文稿,则可以使用"设计"选项卡上的"主题"组中右侧命令按钮更改主题颜色、主题字体或主题效果。

4）在幻灯片之间添加切换效果

幻灯片切换效果是在演示期间从一张幻灯片移到下一张幻灯片时在"幻灯片放映"视图中出现的动画效果。用户可以控制切换效果的速度,添加声音,甚至还可以对切换效果的属性进行自定义。

● 在"切换"选项卡的"切换到此幻灯片"组中,选择要向其应用切换效果的幻灯片的幻灯片缩略图(见图 7-18)。

● 单击要应用于该幻灯片的幻灯片切换效果。

图 7-18　切换效果

5. 演示文稿的广播

1）控制演示文稿播放时间

通常在幻灯片放映时,是用单击鼠标的方法进行下一张幻灯片的放映的。我们也可以通过使用排练功能,在排练时自动记录时间,设置每张幻灯片在屏幕上显示时间的长短,自动进行幻灯片的换片。排练时自动设置幻灯片放映时间间隔的方法如下。

● 单击"幻灯片放映"选项卡上的"设置"组中的"排练计时"命令(见图 7-19),激活排练方式,屏幕进入到放映状态。

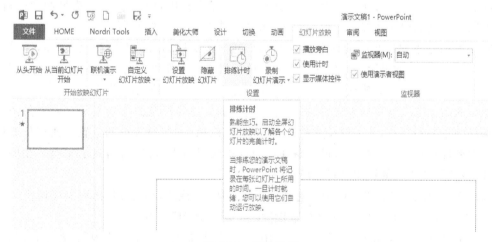

图 7-19　排练计时

● 利用出现的预演工具栏(见图 7-20)中的图标按钮,控制演示文稿的放映。

图 7-20　预演工具栏

● 放映结束后,屏幕出现询问对话框,要保存记录的幻灯片计时,请单击"是"按钮。

2）切换视图及广播课件

视图是 PowerPoint 的人机交互工作环境。每种视图都包含特定的工作区、工具栏和按钮等组成部分。默认情况下，打开 PowerPoint 时会显示普通视图。演示文稿广播的时候切换到幻灯片放映视图即可。

以下是 PowerPoint 2013 中可用于编辑、打印和放映演示文稿的视图：

- 普通视图。
- 幻灯片浏览视图。
- 备注页视图。
- 幻灯片放映视图（包括演示者视图）。
- 阅读视图。
- 母版视图（包括幻灯片母版视图、讲义母版视图和备注母版视图）。

普通视图是主要的编辑视图，可用于撰写和设计演示文稿。

幻灯片浏览视图可使用户查看缩略图形式的幻灯片。通过此视图，用户在创建演示文稿以及准备打印演示文稿时，将可以轻松地对演示文稿的顺序进行排列和组织。还可以在幻灯片浏览视图中添加节，并按不同的类别或节对幻灯片进行排序。

在备注页视图中，"备注"窗格位于"幻灯片"窗格下。用户可以键入要应用于当前幻灯片的备注。以后，用户可以将备注打印出来并在放映演示文稿时进行参考。

幻灯片放映视图可用于向受众放映演示文稿。幻灯片放映视图会占据整个计算机屏幕，这与受众观看演示文稿时在大屏幕上显示的演示文稿完全一样。用户可以看到图形、计时、电影、动画效果和切换效果在实际演示中的具体效果。

演示者视图是一种可在演示期间使用的基于幻灯片放映的关键视图。借助两台监视器，用户可以运行其他程序并查看演示者备注，而这些是受众所无法看到的。

阅读视图用于向用自己的计算机查看用户的演示文稿的人员而非受众（例如，通过大屏幕）放映演示文稿。如果用户希望在一个设有简单控件以方便审阅的窗口中查看演示文稿，而不想使用全屏的幻灯片放映视图，则也可以在自己的计算机上使用阅读视图。

母版视图包括幻灯片母版视图、讲义母版视图和备注母版视图。它们是存储有关演示文稿的信息的主要幻灯片，其中包括背景、颜色、字体、效果、占位符大小和位置。使用母版视图的一个主要优点在于，在幻灯片母版、备注母版或讲义母版上，可以对与演示文稿关联的每个幻灯片、备注页或讲义的样式进行全局更改。

如图 7-21 所示，可在以下两个位置找到 PowerPoint 视图，单击按钮即可完成切换。

（1）"视图"选项卡上的"演示文稿视图"组和"母版视图"组中。

（2）在 PowerPoint 窗口底部有一个易用的栏，其中提供了各个主要视图（普通视图、幻灯片浏览视图、阅读视图和幻灯片放映视图）。

（三）PowerPoint 制作课件的高级内容

1. 创建或自定义幻灯片母版

1）幻灯片母版概述

幻灯片母版是幻灯片层次结构中的顶层幻灯片，用于存储有关演示文稿的主题和幻灯片版式的信息，包括背景、颜色、字体、效果、占位符大小和位置。

第七章 信息化教学资源开发

图 7-21 视图

幻灯片母版影响整个演示文稿的外观,每个演示文稿至少包含一个幻灯片母版。修改和使用幻灯片母版的主要优点是用户可以对演示文稿中的每张幻灯片(包括以后添加到演示文稿中的幻灯片)进行统一的样式更改。使用幻灯片母版时,由于无须在多张幻灯片上键入相同的信息,因此节省了时间。

2) 创建和编辑幻灯片母版的方法

最好在开始构建各张幻灯片之前创建幻灯片母版,而不要在构建了幻灯片之后再创建幻灯片母版。如果先创建了幻灯片母版,则添加到演示文稿中的所有幻灯片都会基于该幻灯片母版和相关联的版式。

创建和编辑幻灯片母版的具体过程和操作方法如下。

● 在"视图"选项卡上的"母版视图"组中,单击"幻灯片母版"(见图 7-22)。

图 7-22 幻灯片母版

● 进入"幻灯片母版"视图(见图 7-23),将显示一个具有默认相关版式的空幻灯片母版。在幻灯片缩略图窗格中,幻灯片母版是那张较大的幻灯片图像,相关联的版式位于幻灯片母版下方。

(1)"幻灯片母版"视图中的幻灯片母版;

(2) 与它上面的幻灯片母版相关联的幻灯片版式。

● 在"幻灯片母版"选项卡上的"编辑主题"组中,单击"主题""颜色""字体""效果"按钮,以及"背景"组中"背景样式"等按钮,可以设置幻灯片母版的新主题、颜色、字体、效果和背景,从而改变当前幻灯片母版的主题(见图 7-24)。

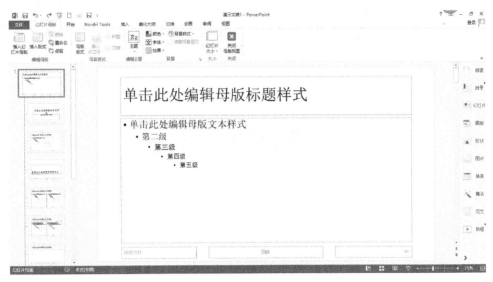

图 7-23 "幻灯片母版"视图

图 7-24 修改"幻灯片母版"主题

● 若要创建版式,请在"幻灯片母版"选项卡上的"编辑母版"组中单击"插入版式"。

● 若要自定义现有版式,请在幻灯片缩略图窗格中,单击要编辑的幻灯片版式,删除现有标题、文本、日期、幻灯片编号、页脚占位符,或者在"幻灯片母版"选项卡上的"母版版式"组中单击"插入占位符"或"标题"、"页脚"(见图 7-25),添加文本、图片、日期、幻灯片编号、页脚占位符,调整这些占位符的位置和大小。

● 若要删除默认幻灯片母版附带的任何内置幻灯片版式,请在幻灯片缩略图窗格中,右键单击要删除的每个幻灯片版式,然后单击快捷菜单上的"删除版式"。

● 若要设置演示文稿中所有幻灯片的页面方向,请在"幻灯片母版"选项卡上的"页面设置"组中单击"幻灯片方向",然后单击"纵向"或"横向"。

● 在"文件"选项卡上,单击"另存为"。在"文件名"框中,键入文件名。在"保存类型"列表中单击"PowerPoint 模板",然后单击"保存"。可以创建一个包含一个或多个幻灯片母版的演示文稿,然后将其另存为 PowerPoint 模板(.potx 或.pot 文件),并使用该文件创建其他演示文稿。

● 幻灯片母版修改完成后,在"幻灯片母版"选项卡上的"关闭"组中,单击"关闭母版视图"结束编辑。

2. 动画制作

1) 动画效果介绍

动画就是给文本或对象添加特殊视觉或声音效果。例如,用户可以使文本项目符号点逐

第七章 信息化教学资源开发

图 7-25 修改"幻灯片母版"版式

字从左侧飞入,或在显示图片时播放掌声。用户可以将 Microsoft PowerPoint 演示文稿中的文本、图片、形状、表格、SmartArt 图形和其他对象制作成动画,赋予它们进入、退出、大小或颜色变化甚至移动等视觉效果。

PowerPoint 中有"进入"、"退出"、"强调"、"动作路径"四种不同类型的动画效果(见图 7-26)。

图 7-26 四类动画效果

(1)"进入"效果。使用这些效果可以使对象逐渐淡入焦点、从边缘飞入幻灯片或者跳入视图中。例如,教学课件中显示三角形以及表现试管溶液增加的动态效果,可以应用"进入"效果中的"擦除"实现。

(2)"退出"效果。这些效果包括使对象飞出幻灯片、从视图中消失或者从幻灯片旋出。

(3)"强调"效果。这些效果的示例包括使对象缩小或放大、更改颜色或沿着其中心旋转。

(4)"动作路径"。动作路径是指定对象或文本移动的路径,它是幻灯片动画序列的一部分。使用这些效果可以使对象上下移动、左右移动或者沿着星形或圆形图案移动。

2)使用动画

向对象添加动画的具体方法如下。

(1)选择要制作成动画的对象。

(2)在"动画"选项卡上的"动画"组(见图 7-27)中,选择所需的动画效果。单击"添加动画"按钮,可以看到更多动画效果选择。

图 7-27　使用动画

(3)设置动画开始的事件方式、时间和速度:在"动画"选项卡上的"高级动画"组(见图 7-27)中单击"动画窗格"按钮,弹出"动画窗格"对话框(见图 7-28),单击对话框中动画列表项目右边的下拉按钮后,在菜单中选择动画开始的事件方式。动画开始的事件方式包括"单击开始"、"从上一项开始"和"从上一项之后开始"。"单击开始"表示通过鼠标单击可触发动画事件,动画列表项目前,会有一个鼠标的图样,并标有表示触发先后顺序的 1、2、3……数字序列;"从上一项开始"表示在上一个动画事件被触发的同时,自动触发当前动画事件;"从上一项之后开始"表示在上一个动画事件播放完后,自动触发当前动画事件。上一事件之前和上一事件之后的具体时间要先通过"计时"设置。在弹出的菜单中选择"计时",在"计时"对话框的"延迟"中输入具体的时间值。"期间"设置项用于设置动画的速度。

图 7-28　自定义动画

（4）在"效果"选项卡（见图7-29）中还可以添加效果音效，以及设置动画播放后变成其他颜色或隐藏、动画文本整批发送或按字/词出现等增强效果。

图 7-29　自定义动画的效果设置

3. 插入 Flash 动画文件

Flash 动画文件目前应用广泛。如果安装了 Adobe Flash 播放器，则 PowerPoint 将支持 Adobe Flash（.swf）文件。不过，在 PowerPoint 中使用 Flash 尚存在一些限制，包括不能使用特殊效果（例如阴影、反射、发光效果、柔化边缘、棱台和三维旋转）、淡出和剪裁功能，以及不能使用压缩这些文件以更加轻松地进行共享和分发的功能。

插入 Flash 动画文件的方法如下。

● 如果未显示"开发工具"选项卡，请单击"文件"选项卡。单击"选项"，在"PowerPoint 选项"对话框中单击"自定义功能区"，再在"自定义功能区"列表中，选择"开发工具"（见图 7-30），然后单击"确定"。

● 在"开发工具"选项卡上的"控件"组中单击"其他控件"按钮（见图 7-31）。

● 在"其他控件"对话框中，从下拉列表中选择"Shockwave Flash Object"选项（见图 7-32），然后单击"确定"。鼠标变成"+"形状，在幻灯片上将其拖动即出现 Flash 控件图形。如果 Shockwave Flash Object 显示在控件列表中，则表示它已在计算机上注册。如果尚未注册，则请从 Adobe 网站上下载最新版本的 Flash Player，以便在计算机上注册 Shockwave Flash Object。

● 单击"开发工具"选项卡上的"控件"组中的"属性"按钮，打开"属性"对话框。

● 在弹出的"属性"对话框中的"Movie"框（见图 7-33）中输入 Flash（.swf）文件名称。

图 7-30 "PowerPoint 选项"对话框

图 7-31 "开发工具"选项卡

图 7-32 "其他控件"对话框

第七章 信息化教学资源开发

4. 使用交互

有两种方法可以控制播放进程以及实现与演示文稿的交互，一种是使用超级链接，另一种是使用动作。

1) 插入超链接

在 PowerPoint 中，超链接可以是从一张幻灯片到同一演示文稿中另一张幻灯片的连接，也可以是从一张幻灯片到不同演示文稿中另一张幻灯片、到电子邮件地址、网页或文件的连接。可以从文本或对象（如图片、图形、形状或艺术字）创建超链接。实现方法如下。

● 选择要用作超链接的文本或对象。

● 在"插入"选项卡上的"链接"组中，单击"超链接"（见图 7-34）。

● 在弹出的"插入超链接"对话框中"链接到"（见图 7-35）下，单击选择"现有文件或网页"、"本文档中的位置"、"新建文档"或"电子邮件地址"，再在对话框右侧做相应设置，最后单击"确定"按钮。

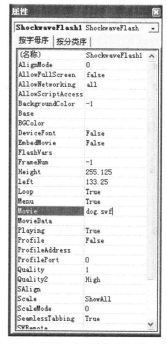

图 7-33 "属性"对话框

图 7-34 超链接

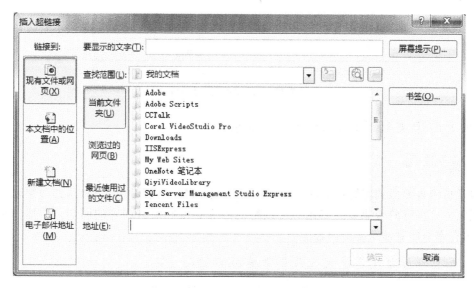

图 7-35 "插入超链接"对话框

2) 使用动作

动作是为所选对象添加一个操作，即单击对象或者鼠标在对象上悬停时应执行的操作。可通过动作实现超链接或调用可执行程序。动作的具体实现方法如下。

- 选择要添加动作的对象。
- 在"插入"选项卡上的"链接"组中，单击"动作"按钮（见图 7-36）。

图 7-36 动作

- 单击"单击鼠标"或"鼠标悬停"标签（见图 7-37），设置"超链接到"其他幻灯片。

图 7-37 "操作设置"对话框

（四）演示文稿课件设计的注意事项

1. 避免照搬书本

将教材内容照搬到幻灯片上进行讲解，由于文字密集，内容缺乏生动性，其效果还不如传统的黑板方式讲解的效果好。多用易于理解的图表和反映演讲内容的图形。广播演示文稿时，也不宜完全照着演示文稿内容讲。

2. 界面设计要注意艺术性与教学效果的统一

文字不宜过多，要精练、醒目、突出；模板不宜太鲜艳，以明亮清爽为主，否则会造成学生视觉疲劳，分散注意力；图示清晰、线条粗细合适，版面布局要舒展耐看；自定义动画要有助于教

• 第七章 信息化教学资源开发 •

学内容的表达,应体现教学思路,不能单纯为了追求动画效果而盲目地应用动画、频繁变换动画效果,避免使学生眼花缭乱。

3. 讲究设计技巧

收集各类素材时,应将素材保存为 PowerPoint 支持的文件格式,psd(Photoshop 源文件)、fla(Flash 源文件)、a7p(Authorware 源文件)等特殊格式不被 PowerPoint 支持;通过超链接或动作进行交互设计时,要避免频繁在各相关应用软件、课件、网页间或幻灯片间来回切换,以提高课堂演示效率;在调用外部视频、动画等素材时,要使用相对路径,避免当广播环境改变时由于使用绝对路径而导致链接到外部文件的超级链接不能正确响应;使用 swf 动画文件的方式有很多种,应尽量使用 Flash 控件来调用 swf 动画文件;声音主要是为了引起学生注意、渲染和烘托气氛、帮助创设情境,要注意尽量使用柔和、悦耳的声音,如风铃、照相机、打字机之类。

【制作实例】

用 PowerPoint 制作语文课件

任务一:新建演示文稿及修改母版背景

(1) 准备工作:新建文件夹 A 用于存放 PowerPoint 课件和课件的素材,将收集和制作好的课件素材文件复制到文件夹 A 中。

(2) 启动 PowerPoint,单击添加第一张幻灯片。

(3) 在"视图"选项卡上的"母版视图"组中,单击"幻灯片母版"按钮,进入"幻灯片母版"视图。

(4) 在"幻灯片母版"选项卡上的"背景"组中单击"背景样式"按钮。在弹出的对话框中再单击"设置背景格式"按钮(见图 7-38)。

(5) 在"设置背景格式"对话框(见图 7-39)中,"填充"选择"图片或纹理填充","插入自"选择"文件"。选择文件夹 A 中的一幅莲花图像作为演示文稿的背景,设置图片透明度为 88%。在"幻灯片母版"选项卡上的"关闭"组中,单击"关闭母版视图"结束编辑。

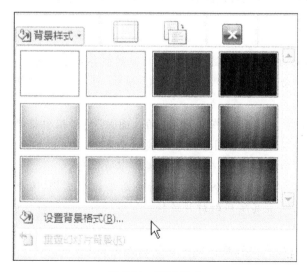

图 7-38 背景样式

图 7-39 "设置背景格式"对话框

任务二：制作课件的开始部分

本部分一共涉及 6 张幻灯片（见图 7-40），其中第 6 张幻灯片中的动作设置在后期的任务七中进行。

图 7-40 "爱莲说"语文课件开始部分

（1）编辑第 1 张幻灯片：在"插入"选项卡上的"图像"组中，单击"图片"按钮。在弹出的"插入图片"对话框中，选择文件夹 A 中的莲花图像文件名，单击"插入"按钮，将图像插入到演示文稿中。

（2）新建幻灯片，重复插入图片操作。如此，一共制作了 5 张幻灯片。

（3）在左侧窗格中，单击幻灯片缩略图，选择幻灯片 5。在"插入"选项卡上的"文本"组中，单击"文本框"按钮后在幻灯片上单击以插入文本框。输入文字"爱莲说"，使用"开始"选项卡上的"字体"组中的命令按钮设置文字的颜色和大小。

（4）复制幻灯片 5。选择幻灯片 6。使用"开始"选项卡上的"绘图"组中的"形状"命令按钮插入矩形，输入文字"作者介绍"，使用"快速样式"命令按钮，应用样式将矩形制成按钮形式。同样方法，在幻灯片 6 上制作"课文学习"、"问题回答"、"类文赏读"按钮。

（5）添加幻灯片 1 至幻灯片 5 的切换效果：选择幻灯片 1，在"切换"选项卡上的"切换到此幻灯片"组中，单击选择"擦除"切换效果。同样方法，应用"擦除"切换效果到幻灯片 2 至幻灯片 5。

（6）添加幻灯片 5 的文本动画效果：选择幻灯片 5，单击选择"爱莲说"文本框对象，在"动画"选项卡上的"动画"组中，单击选择"缩放"动画效果。

（7）添加幻灯片 6 的文本动画效果：选择幻灯片 6，单击选择"爱莲说"文本框对象，在"动画"选项卡上的"高级动画"组中，单击"添加动画"按钮后，在"动作路径"组中选择"直线"动画效果，用鼠标调整路径终点。

任务三：制作课件的"作者介绍"部分

本部分仅涉及 1 张幻灯片（见图 7-41），幻灯片中的超链接设置在后期的任务七中进行。

（1）新建幻灯片。在"开始"选项卡上的"幻灯片"组中，单击"版式"按钮，再单击选择"两栏内容"版式。

（2）单击幻灯片中左侧栏的"图片"按钮（见图 7-42），在弹出的"插入图片"对话框中选择文件夹 A 中的作者头像图像文件名，单击"插入"按钮，将图像插入到演示文稿中。

（3）单击幻灯片中右侧栏的"单击此处添加文本"占位符，输入作者介绍的信息。

（4）使用"开始"选项卡上的"绘图"组中的"形状"命令按钮，在箭头总汇组中选择"左箭头"，在幻灯片右下角插入一个左箭头，任务七设置其实现幻灯片跳转。

任务四：制作课件的"课文学习"部分

本部分共涉及 9 张幻灯片（见图 7-43），幻灯片中的超链接和动作设置在后期的任务七中进行。

（1）制作幻灯片 8：新建幻灯片，在"开始"选项卡上的"幻灯片"组中，单击"版式"按钮，再单击选择"标题和内容"版式。标题输入"爱莲说"，内容输入课文。调整文本框的宽度。使用

第七章 信息化教学资源开发

图 7-41 "爱莲说"语文课件幻灯片 7

图 7-42 插入图片

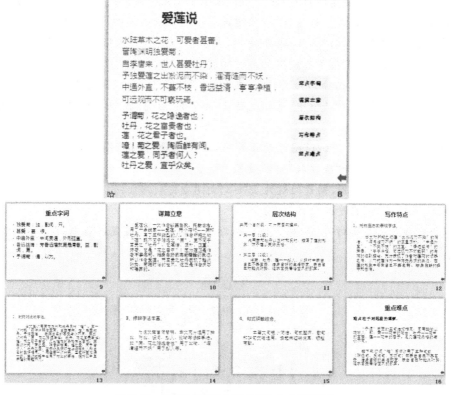

图 7-43 "爱莲说"语文课件"课文学习"部分

"开始"选项卡上的"绘图"组中的"形状"命令按钮插入矩形,输入文字"重点字词",使用"快速样式"命令按钮,应用样式将矩形制成按钮形式。同样方法,在幻灯片 8 上制作"谋篇立意"、"层次结构"、"写作特点"、"重点难点"按钮。使用"开始"选项卡上的"绘图"组中的"形状"命令按钮,在箭头总汇组中选择"左箭头",在幻灯片右下角插入一个左箭头,任务七设置其实现幻灯片跳转。

(2)类似方法,制作幻灯片9~幻灯片16。

(3)添加幻灯片8的文本动画效果。

任务五:制作课件的"问题回答"部分

本部分共涉及8张幻灯片(见图7-44),幻灯片中的超链接设置在后期的任务七中进行。

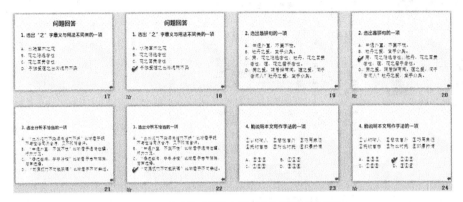

图7-44 "爱莲说"语文课件"问题回答"部分

(1)制作幻灯片17:新建幻灯片,在"开始"选项卡上的"幻灯片"组中,单击"版式"按钮,再单击选择"标题和内容"版式。标题输入"问题回答",内容输入问题1的题目和选项。使用"开始"选项卡上的"绘图"组中的"形状"命令按钮,在箭头总汇组中选择"左箭头",在幻灯片右下角插入一个左箭头,任务七设置其实现幻灯片跳转。

(2)复制幻灯片17。选择幻灯片18。在"插入"选项卡上的"图像"组中,单击"图片"按钮。在弹出的"插入图片"对话框中,选择文件夹A中的"红勾"图像文件名,单击"插入"按钮,将图像插入到演示文稿中。

(3)添加幻灯片18的"红勾"图像动画效果:单击选择"红勾"图像对象,在"动画"选项卡上的"动画"组中,单击选择"阶梯状"动画效果。

(4)按前面的制作步骤,制作幻灯片19~幻灯片24。

任务六:制作课件的"类文赏读"部分

本部分仅涉及1张幻灯片(见图7-45),幻灯片中的超链接设置在后期的任务七中进行。

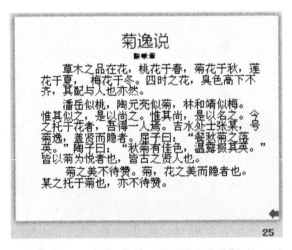

图7-45 "爱莲说"语文课件"类文赏读"部分

(1) 新建幻灯片,在"开始"选项卡上的"幻灯片"组中,单击"版式"按钮,再单击选择"标题和内容"版式。标题输入"菊逸说",内容输入文章正文。取消项目符号标记,调整正文格式。

(2) 在"插入"选项卡上的"文本"组中,单击"文本框"按钮后,在幻灯片上单击以插入文本框。输入文字"陈献章",使用"开始"选项卡上的"字体"组中的命令按钮设置文字的大小、加粗等格式。

(3) 使用"开始"选项卡上的"绘图"组中的"形状"命令按钮,在箭头总汇组中选择"左箭头",在幻灯片右下角插入一个左箭头,任务七设置其实现幻灯片跳转。

任务七:制作课件的超链接和动作

(1) 添加幻灯片 6 的按钮动作:单击选择"作者介绍"矩形对象,在"插入"选项卡上的"链接"组中,单击"动作"按钮,设置单击鼠标时的动作为超链接到"幻灯片 7"。同样方法,设置"课文学习"矩形对象动作为超链接到"幻灯片 8"、"问题回答"矩形对象动作为超链接到"幻灯片 17"、"类文赏读"矩形对象动作为超链接到"幻灯片 25"。

(2) 添加幻灯片 7、幻灯片 8 和幻灯片 17 至幻灯片 25 的超链接:分别选择幻灯片 7、幻灯片 8 和幻灯片 17 至幻灯片 25,单击选择右下角"左箭头"对象,在"插入"选项卡上的"链接"组中,单击"链接"按钮,设置超链接到本文档中的位置的"幻灯片 6"。

(3) 添加幻灯片 9 至幻灯片 16 的超链接:分别选择幻灯片 9 至幻灯片 16,单击选择右下角"左箭头"对象,在"插入"选项卡上的"链接"组中,单击"链接"按钮,设置超链接到本文档中的位置的"幻灯片 8"。

实践活动 7-1

用 PowerPoint 制作课件

【实践目标】

通过该实践活动,系统地掌握使用 PowerPoint 进行多媒体教学课件开发的步骤和有关技术。

【实践任务】

根据自身所学专业,选择相关课件题目,将 PowerPoint 的多媒体课件制作技术与相关课程整合,设计制作多媒体教学课件。

【实践步骤】

(一) 课件选题与需求分析

1. 首先对项目进行初步分析,构思创作计划,并填写项目分析表(见表 7-2)。

表 7-2 课件开发项目分析表

课件题目	
使用对象	
课件类型	◎助学(学生使用) ◎助教(老师使用)
使用环境	◎单机使用 ◎网络环境
教材依据	
开发工具	
项目限制条件	

2. 需求分析。

分析学习者特征：
_____
_____

功能分析：课件需要满足使用者的哪些需求？
_____
_____

（二）系统设计

首先进行教学设计，确定教学目标，选择教学策略和教学媒体。其次，进行系统结构设计，确定课件结构。

1. 教学内容分析：
_____
_____

2. 教学目标分析：
_____
_____

3. 教学过程：
_____
_____

（三）稿本编写

稿本分为文字稿本和制作稿本。

文字稿本可以以卡片为单位或以列表形式进行编写。

制作稿本是课件制作者根据文字脚本编写的制作时的脚本，是多媒体课件制作的直接依据。PowerPoint制作的演示文稿是基于幻灯片的，卡片的形式与幻灯片相似，因而制作脚本以卡片形式非常合适。

（四）素材准备

课件需要哪些主要素材？素材有哪些主要属性？分类列出需要准备的素材名称和属性。

1. 文本：
_____
_____

2. 图像：
_____
_____

3. 声音：
_____
_____

4. 动画：
_____
_____

5. 视频：

（五）创作设计

创作设计主要是按照制作稿本，使用 PowerPoint 完成录入文本、插入表格、插入图表等操作，对图像、声音、视频等外部素材进行插入、处理。首先完成各个单张幻灯片内容的制作，再进行幻灯片的美化以及设置幻灯片的播放进程。

（六）测试与评价

课件在使用过程中，会逐步暴露出许多不完善的地方，还要多次重复地进行测试、评价和修改，以获得比较满意的运行表现。

初步试用，你的课件还存在哪些问题？还需进一步改进的地方有哪些？

【实践结果】

1. 书写课件介绍以及使用说明。
2. 将课件作品及文档资料上传至指导老师指定的 E-mail 邮箱，或通过课程网站上传提交。

二、Flash 制作课件

Flash 是美国 Macromedia 公司设计的一种二维矢量动画软件，2005 年 12 月 Macromedia 公司被 Adobe 公司收购后，Flash 成为 Adobe 公司的产品。较新的零售版本为 2013 年发布的 Adobe Flash Professional CC。Adobe Flash Professional CC 为创建数字动画、交互式 Web 站点、桌面应用程序以及手机应用程序开发提供了功能全面的创作和编辑环境。

Flash 技术发展到今天，已经成为二维动画和多媒体交互技术的标准，并在全世界范围内得到了广泛的应用和推广。使用 Flash 不仅可以快速地创建应用于网络的各种内容和交互程序，并且其创建的文件具有不可比拟的优点。能够以很小的数据量实现更多更好的效果，这使得 Flash 成为网页设计的重要工具，并在网页动画、网络游戏、网络广告等多个领域获得了广泛的应用。Flash 是 Macromedia 提出的"富因特网应用"（RIA）概念的实现平台。

（一）Flash 的特点

（1）Flash 动画有崭新的视觉效果，比传统的动画更加轻易与灵巧。它已经成为一种新时代的艺术表现形式。Flash 动画制作的成本非常低，使用 Flash 制作的动画能够大大地减少人力、物力资源的消耗及制作时间。

（2）Flash 动画使用矢量图技术。矢量图放大不失真，产生出来的影片占用存储空间较小，具有文件小、传输速度快、播放采用流式技术的特点。动画可以边下载边播放，如果速度控制得好，则根本感觉不到文件的下载过程。可以放在网上供人欣赏和下载，所以 Flash 动画在网上被广泛传播。

（3）Flash 动画具有交互性优势，可以更好地满足用户的需要。它可以让欣赏者的动作成为动画的一部分。用户可以通过单击、选择等动作,决定动画的运行过程和结果,这一点是传统动画所无法比拟的。

(4) Flash 动画在制作完成后,可以把生成的文件设置成带保护的格式,从而维护设计者的版权利益。

(5) Flash 具有跨平台的特性(这点和 Java 语言一样),所以无论你处于何种平台,只要你安装了支持的 Flash Player,就可以保证它们最终显示效果的一致。目前,全世界 97％的网络浏览器都内建了 Flash 播放器(Flash Player),因此同 Java 语言一样,它有很强的可移植性。最新版本的 Flash 还具有的手机支持功能,可以让用户为自己的手机设计喜爱的功能。当然首先必须要有支持 Flash 的手机,同时它还可以应用于 Pocket PC。

(二) Flash 的功能

Flash 是一种创作工具,使用它可以制作多种形式的动画、视频内容,复杂演示文稿和应用程序,以及其他允许用户交互的内容。通常,使用 Flash 创作的各个内容单元称为应用程序。可以通过添加图片、声音、视频和特殊效果,构建包含丰富媒体的 Flash 应用程序。

Flash 功能强大,其主要功能如下。

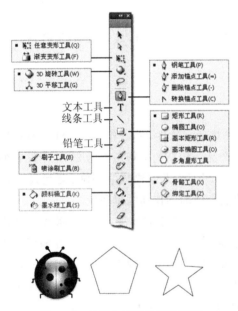

图 7-46　绘图工具及绘制的图形

1. 绘图

绘图是动画制作的基础。Flash 提供了丰富易用的绘图工具。使用工具栏中的绘图工具(见图 7-46),可以方便地创建各种基本形态的对象。

2. 创建动画

在 Flash 中,动画的创建方式主要有两种:逐帧动画和补间动画。补间动画又包括三种类型,即传统补间、形状补间和动画补间。补间动画中使用引导层及遮罩层,还可以控制对象沿路径运动及得到遮罩效果。通过结合使用这些动画创建方法,可以制作出丰富多彩的动画效果。

1) 逐帧动画

帧是在动画最小时间里出现的静态画面。

Flash 的帧有三种基本类型:普通帧、关键帧和空白关键帧。普通帧在时间轴上用灰色显示,并且在连续普通帧的最后一帧中有一个空心矩形块。普通帧用来放置动画中静止不变的对象。关键帧是用来定义动画变化的帧,在动画制作过程中是最重要的帧类型。

逐帧动画(见图 7-47)就是对每一帧的内容都逐个进行绘制,然后将这些帧按照一定的速度顺序进行播放而形成的动画。它是最基本的动画形式。这种动画方式最适合于创建图像在每一帧中都在变化而不是在舞台上移动的复杂动画。由于每一帧都需要手动制作,因此创建逐帧动画通常需要较大的工作量,使用逐帧动画生成的文件也要比补间动画大得多。

逐帧动画的每一帧都是关键帧。关键帧有两种形式,有内容的关键帧以实心圆表示,而空白的关键帧则以空心圆表示。

2）补间动画

补间是指由 Flash 根据两个关键帧的区别,自动计算和补充两个关键帧之间的帧。创建随时间移动或变化的动画,可以选择采用 Flash 提供的补间动画方法。

（1）传统补间（见图 7-48）。传统补间是指在 Flash CS4 之前的版本中,基于关键帧的运动渐变动画。传统补间用于实现实例、群组或文字产生位移移动、旋转等运动。

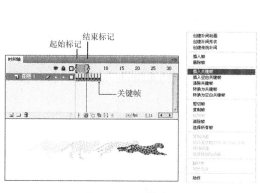

图 7-47　逐帧动画　　　　　　　　　　图 7-48　传统补间

（2）形状补间（见图 7-49）。形状补间动画通过插入菜单中"补间形状"命令或快捷菜单中的"插入补间形状"命令设置,可用于创建动画对象形状发生变化的动画。形状变化的对象是分离的可编辑的图形,如果要对文字、位图等进行形状变化,需要先对其执行"修改"菜单中的"分离"命令,将其变成分散的图形,然后才能进行相应的动画制作。

如果需要制作更加复杂的形状变化或限制形状变化过程,可以使用 Flash 的形状提示功能。

（3）动画补间:"补间动画"（见图 7-50）是 Flash CS4 版本中引进的一种动画形式,是通过为一个帧中的对象属性指定一个值并为另一个帧中的该相同属性指定另一个值创建的动画。动画补间动画通过插入菜单中"补间动画"命令或快捷菜单中的"插入补间动画"命令设置,主要用于创建使实例、群组或文本对象发生位移、大小改变、旋转等与运动相关的动画,以及颜色、亮度、透明度等发生变化的动画。

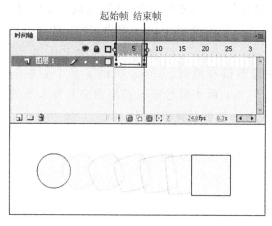

图 7-49　形状补间

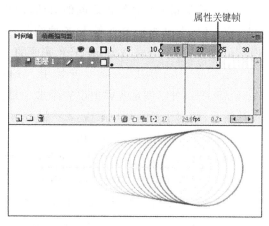

图 7-50　"补间动画"

"补间动画"是一种在尽可能减小文件大小的同时,创建随时间移动和变化的动画的有效方法。在"补间动画"中,只有指定的属性关键帧的值存储在 fla 文件和发布的 swf 文件中。

"补间动画"中在时间轴上显示为具有蓝色背景的单个图层的一组帧是补间范围。属性关键帧是在补间动画的补间范围中为补间目标对象显示定义一个或多个属性值的帧。

如果补间对象在补间过程中更改舞台位置,则补间范围具有与之关联的运动路径。此运动路径显示补间对象在舞台上移动时所经过的路径。用户可以使用部分选取、转换锚点、删除锚点和任意变形等工具修改该运动路径。

补间动画可以为 3D 对象创建动画效果,也可以保存为动画预设。

(4) 运动引导动画(见图 7-51):在 Flash 中,通过使用引导图层,除了可以使对象沿直线运动外,还能够使其沿某种特定的轨迹运动。

(5) 遮罩效果动画(见图 7-52):对于一些特殊的动画效果,比如聚光灯、水波纹、百叶窗式的图片切换等,可以通过 Flash 的遮罩功能来实现。

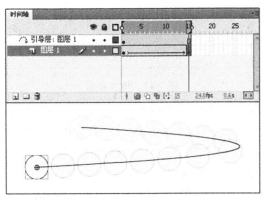

图 7-51　运动引导动画

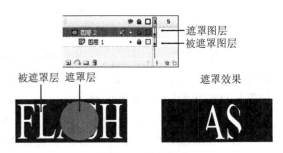

图 7-52　遮罩效果

遮罩效果需要两个图层才能实现,上面一层称为遮罩图层,下面一层称为被遮罩图层。遮罩图层的作用就是透过遮罩图层内的图形看被遮罩图层的内容。也就是说,遮罩图层与被遮罩图层内容重叠的部分将会显示出来。

3. 交互功能

交互就是指人与计算机之间的对话过程。人操作计算机,发出命令,计算机执行操作,做出响应。Flash 动画的交互性和各种绚烂缤纷的复杂效果吸引了很多用户,这些都是通过 Flash 内置的脚本语言 ActionScript 完成的。

ActionScript 是从 Flash 5 开始引入的一种脚本撰写语言。Flash 提供了多个版本的 ActionScript,可以满足各类用户的需求。相比之下,3.0 版本更着重于满足程序开发人员的设计需求;而对于普通用户来说,2.0 版本则可以更容易地被理解和掌握。

1) ActionScript 中常用术语

(1) 数据类型:可用于描述一个数据片段及可对其执行的各种操作。

(2) 变量:保存信息的容器,可用于保存不同类型的数据。

(3) 运算符:指定如何组合、比较或更改表达式中的值的字符。

(4) 表达式:由运算符和操作数组成。

(5) 类:ActionScript 是一种面向对象的语言,在面向对象的编程中,类包括对象、对象的属性及对象的方法等概念。

（6）函数：一些可以在 swf 文件中的任意位置重复使用的 ActionScript 代码块，可以向其传递参数并能返回值。Flash 提供了丰富的内置函数，另外，设计人员可以编制自定义函数以扩展函数的功能。

（7）方法：属于一个类的函数称作该类的方法。例如，loadMovie()是一个与 MovieClip 类关联的内置方法(loadMovie()是 Flash 中内置的预定义 MovieClip 类的一个函数)。

（8）实例：属于某些类的对象。每个类的实例都包含该类的所有属性和方法。

（9）实例名：在脚本中用于指向影片中实例的唯一名称。

（10）动作：指定 Flash 动画在播放时执行某些操作的语句。

（11）事件：swf 文件播放时发生的动作。

（12）事件处理函数：为使应用程序能够对事件做出反应，必须使用事件处理函数。事件处理函数是用于与特定对象和事件关联的 ActionScript 代码。

2）处理事件

Flash 对事件的处理能力是产生交互性的基础。Flash 中的事件包括用户事件和系统事件两类。用户事件是指用户直接与计算机交互操作而产生的时间，例如鼠标事件、按键事件；系统事件是 Flash 影片运行时自动生成的事件，如载入和卸载某个影片剪辑、播放头经过某个关键帧等。

（1）鼠标事件：在按钮上发生的常见鼠标事件有七种，包括 press（在按钮区域按下了鼠标左键）、release（在按钮区域按下了和释放了鼠标左键）、releaseOutside（在按钮区域按下了鼠标左键，然后在鼠标指针移出按钮区域后释放了鼠标左键）、rollOver（鼠标指针移入按钮区域）、rollOut（鼠标指针移出按钮区域）、dragOver（按着鼠标左键不放，然后鼠标划入按钮）、dragOut（按着鼠标左键不放，然后鼠标划出按钮）。可以通过为按钮实例创建 on 事件处理函数来处理以上事件，如图 7-53 所示。

图 7-53 鼠标事件

（2）按键事件：用户的按键操作可以产生 keyPress 事件。设计人员可以创建一个 keyPress 事件处理器，当观众按下键盘中的某一键时，对按键进行判断并执行相应的操作。keyPress 事件处理器通常附着在按钮实例或影片剪辑实例上。比如：

```
on (keyPress"< Space> ") {
  stop();
}

onClipEvent () {
}
```

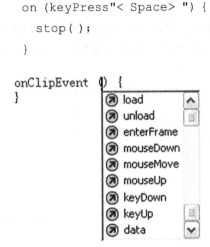

图 7-54　onClipEvent( )函数的触发事件

（3）影片剪辑相关事件：onClipEvent( )事件处理函数用于影片剪辑实例。比如：

```
onClipEvent("load") {
  gotoAndplay(2);
}
```

onClipEvent( )函数的触发事件有九种，如图 7-54 所示。

3）组件

组件是可以重复使用的 Flash 预先构建的功能模块，是一种特殊的影片剪辑。组件包括用户界面组件（UI 组件）、FLVPlayback 组件、媒体组件和屏幕组件等。Flash 的 UI 组件提供了许多交互性的界面元素，如单选按钮、复选框、菜单、列表框、标签等。利用 UI 组件，可以创建功能强大、效果丰富的程序界面。

当用户在组件实例进行了某种操作时，将会产生 change 事件，利用 on( )函数可对组件实例的 change 事件进行处理，先判断用户进行了什么操作，然后执行相应行为。另外，使用广播器/侦听器事件模型也可对组件进行编程控制。比如：

```
on (change) {
  gotoAndStop(this.value);
}
```

4．视频处理

Flash 从 Flash MX 版本开始全面支持视频文件的导入和处理。

Flash 可以对导入的视频进行缩放、旋转、扭曲、遮罩等操作，以及可以使用 Alpha 通道将视频编码为透明背景的视频，并且可以通过脚本来实现交互效果。Flash 专有的 flv 视频格式具备创造性的技术优势，允许把视频、数据、图形、声音和交互式控制融为一体，给用户带来丰富体验，且能使用户轻松地将视频以几乎任何人都可以查看的格式放在网页上。视频输出可以选择视频的外观及播放条的颜色。

1）导入视频文件

Flash 允许导入多种格式的视频文件。在 Windows 系统中，Flash 可以导入 avi、mpg/mpeg、flv 格式的视频文件，如果系统中安装有 QuickTime，还可以导入 mov 和 dv 格式的视频文件。

当导入非 flv 或 f4v 格式的视频文件时，Flash 使用内置的编解码器对视频数据进行重新编码。视频可以选择直接导入至当前时间轴，或者导入为影片剪辑元件或图形元件。

利用 Flash 的"视频导入"向导（见图 7-55），用户可以轻松地部署视频内容，以供嵌入、渐进下载和流视频传输。可以导入存储在本地计算机上的视频，也可以导入已部署到 Web 服务器或 Flash Media Server 上的视频。

2）视频转换及导出.flv 视频文件

单击"启动 Adobe Media Encoder"按钮,将启动视频转换组件以进行视频格式转换。Adobe Media Encoder 功能强大,直观易用,可以在视频中添加提示点,而且在 CS4 版本中已开始支持 Alpha 通道。

5. 制作演示文稿

很多人都知道,PowerPoint 可以用来制作幻灯片演示文稿。从 Flash Mx 2004 开始,Flash 新增了幻灯片模板和屏幕功能,如图 7-56 所示。幻灯片模板提供了基本的交互功能、示例文本和背景图形图像,根据这些模板,可以像 PowerPoint 使用幻灯片模板一样快速便捷地创建演示文稿。Flash 创作的演示文稿结构清晰,动画元素丰富,拥有更多动画功能和发挥创意的空间,并且文件存储空间小,更方便传输和在线发布。

图 7-55 "视频导入"向导

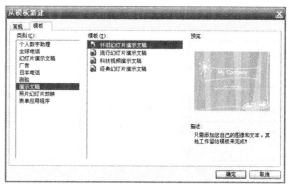

图 7-56 演示文稿模板

在 Flash CS4 版本中,设计者依然可以使用屏幕功能来创建 Flash 幻灯片演示文稿(见图 7-57)。幻灯片屏幕具有为连续性演示文稿设计的功能。Flash 演示文稿使用幻灯片屏幕作为默认的屏幕类型。

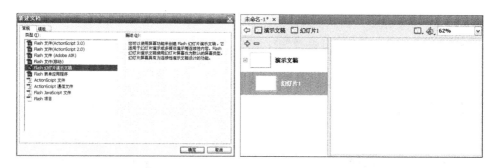

图 7-57 Flash CS4 创建 Flash 幻灯片演示文稿

(三)Flash 制作示例

用 Flash 制作"数学测验"课件(见图 7-58),这里分五个任务来进行讲解。

任务一:借助公用库,制作三个按钮元件,即"下一题"、"提交"和"再做一次",如图 7-59 所示。

任务二:将图层1更名为"背景和标题"。

设置舞台背景色为设计颜色。该图层第1帧为空白关键帧,在第2帧上插入关键帧,添加显示的对象如图7-60所示,在第5帧插入普通帧。

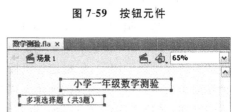

图 7-59 按钮元件

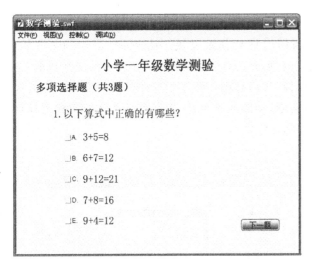

图 7-58 "数学测验"课件　　　　　　　　图 7-60 背景和标题

任务三:插入新图层"题目与成绩显示"。
(1) 该图层第1帧为空白关键帧。
(2) 第2帧上放置第1题题目,如图7-61所示。
(3) 第3帧上放置第2题题目,如图7-62所示。

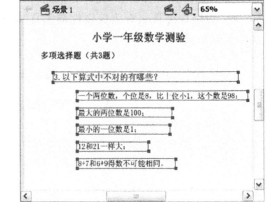

图 7-61 第1题题目　　　　　　　　图 7-62 第2题题目

(4) 第4帧上放置第3题题目,如图7-63所示。
(5) 第5帧用来显示成绩,如图7-64所示。

图 7-63 至图 7-65 中可见的文字为静态文本。

图 7-64 中间空的框为动态文本:第一个动态文本的实例名为 ygjt(一共几题),第二个动态文本的实例名为 ddjt(答对几题),第三个动态文本的实例名为 dcjt(答错几题),第四个动态文本的实例名为 ddsf(得多少分),如图 7-65 所示。

· 第七章 信息化教学资源开发 ·

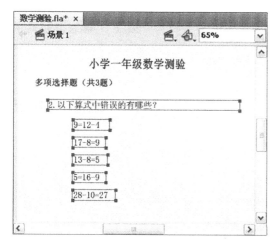

图 7-63　第 3 题题目

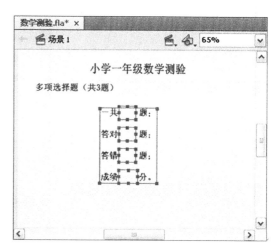

图 7-64　成绩显示

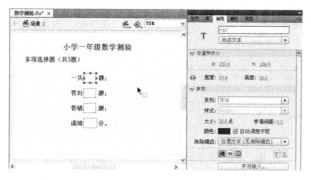

图 7-65　动态文本设置

任务四:插入新图层"复选框"。

(1) 该图层第一帧为空白关键帧,第 2、3、4 帧上都放着代表选项的若干个复选框。从组件面板中把 CheckBox 拖到舞台上,有几个选项,就需要拖动多少个。组件面板如图 7-66 所示。

(2) 打开组件检查器面板,对每个 CheckBox 的组件参数进行设置。在组建检查器面板中修改 label 的值,第一题的五个 CheckBox 的 label 值分别设置为 A.、B.、C.、D.、E.。为每个 CheckBox 组件实例命名,第一题的五个 CheckBox 分别被命名为 A1、B1、C1、D1、E1,如图 7-67 所示。

任务五:插入"翻页与统计成绩"图层。

步骤 1:在各帧上使用任务一制作完成的按钮元件,并为按钮写入代码。

(1) 该图层第 1 帧为空白关键帧。

(2) 在第 2 帧插入关键帧,打开库窗口,将库中"下一题"按钮拖入舞台。右键单击按钮为按钮添加动作,代码如图 7-68 所示。

代码文本如下。

```
on (release) {
    if (A1.selected = = 1 && B1.selected = = 0 && C1.selected = = 1 && D1.selected = = 0 && E1.selected = = 0) {
```

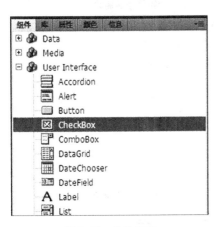

图 7-66　组件面板

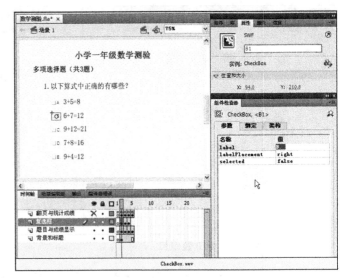

图 7-67　设置组件参数值

```
on (release) {
    if (A1.selected == 1 && B1.selected == 0 && C1.selected == 1 && D1.selected == 0 && E1.selected == 0) {
        zdts++;
    } else {
        cdts++;
    }
    nextFrame();

}
```

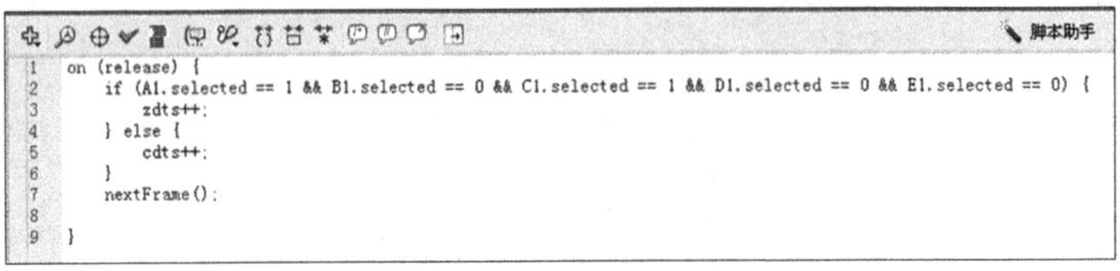

图 7-68　第 2 帧中“下一题”按钮的动作代码

```
        zdts+ + ;
    } else {
        cdts+ + ;
    }
    nextFrame();
}
```

代码中 if(A1.selected = = 1)表示是否实例名为 A1 的这个 CheckBox 被用户勾选(如果复选框被勾选,则其 selected 属性将为 1)。第 1 题的正确答案为 A 和 C 两项,如果 A1 和 C1 被用户勾选,而且 B1、D1、E1 未被用户勾选,那么 zdts 加 1(正确答题数加 1),否则的话,cdts 加 1(错误答题数加 1)。

(3) 在第 3 帧插入关键帧,打开库窗口,将库中“下一题”按钮拖入舞台。右键单击按钮为按钮添加动作,代码如图 7-69 所示。

```
on (release) {
    if (A2.selected == 1 && B2.selected == 0 && C2.selected == 0 && D2.selected == 1 && E2.selected == 1) {
        zdts++;
    } else {
        cdts++;
    }
    nextFrame();

}
```

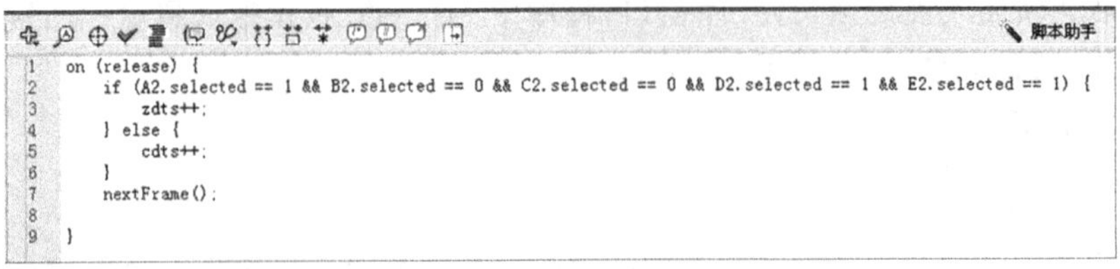

图 7-69　第 3 帧中“下一题”按钮的动作代码

代码文本如下。

```
on (release) {
    if (A2.selected = = 1 && B2.selected = = 0 && C2.selected = = 0 && D2.selected = = 1 && E2.selected = = 1) {
        zdts+ + ;
    } else {
        cdts+ + ;
    }
    nextFrame();
}
```

（4）在第 4 帧插入关键帧，打开库窗口，将库中"提交"按钮拖入舞台。右键单击按钮为按钮添加动作，代码如图 7-70 所示。

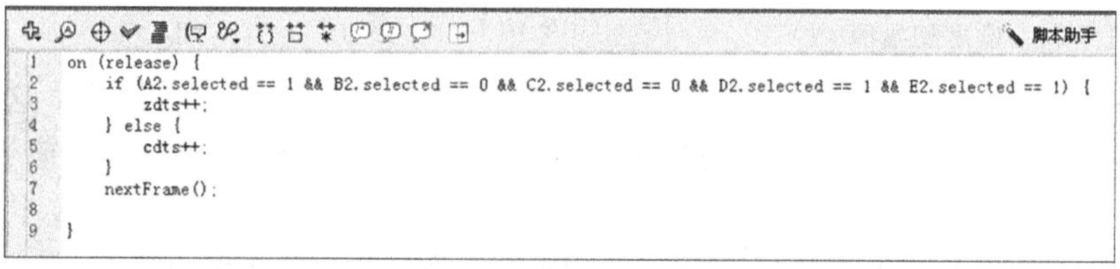

图 7-70 第 4 帧中"下一题"按钮的动作代码

代码文本如下。

```
on (release) {
    if (A3.selected = = 0 && B3.selected = = 1 && C3.selected = = 1 && D3.selected = = 1 && E3.selected = = 1) {
        zdts+ + ;
    } else {
        cdts+ + ;
    }
    nextFrame();
}
```

（5）在第 5 帧插入关键帧，打开库窗口，将库中"再做一次"按钮拖入舞台。右键单击按钮为该按钮添加动作，代码如图 7-71 所示。

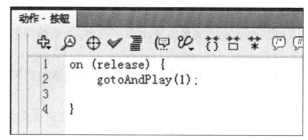

图 7-71 第 5 帧中"再做一次"按钮的动作代码

代码文本如下。

```
on (release) {
    gotoAndPlay(1);
}
```

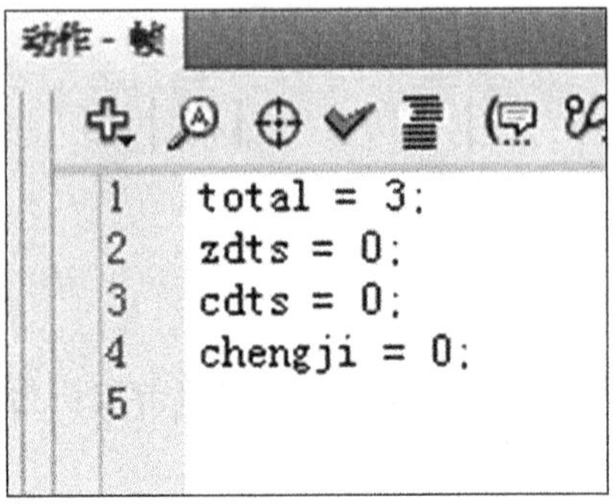

图 7-72 设定初始值

步骤 2：为各帧添加代码。

（1）在"翻页与统计成绩"图层上，每帧上都有代码。分别右键单击各帧，添加动作。第 1 帧的 AS 代码如图 7-72 所示。

设定初始值的代码文本如下。

```
total = 3;
zdts = 0;
cdts = 0;
chengji = 0;
```

在该帧处设定相关变量的初始值。这几行代码的含义是：设置题目总数为 3，zdts（正确答题数）初值为 0，cdts（错误答题数）初值为 0，chengji（成绩）初值为 0。

（2）第 2、3、4 帧上的代码都是 stop();，用于显示题目及等待用户答题。

（3）第 5 帧上的代码如图 7-73 所示。

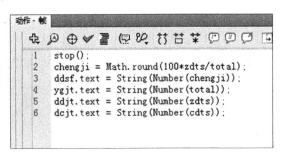

图 7-73 设置动态文本的 text 属性

设置动态文本的 text 属性的代码文本如下。

```
stop();              //停在这一帧,执行以下操作
chengji = Math.round(100* zdts/total);
                    //计算学生的分数,round 为 Math 类函数中的取整函数
ddsf.text = String(Number(chengji));
                    //把 chengji 变量值转化为字符串,并传给动态文本 ddsf
ygjt.text = String(Number(total));
                    //把 total 变量值转化为字符串,并传给动态文本 ygjt
ddjt.text = String(Number(zdts));
                    //把 zdts 变量值转化为字符串,并传给动态文本 ddjt
dcjt.text = String(Number(cdts));
                    //把 cdts 变量值转化为字符串,并传给动态文本 dcjt
```

至此,课件制作完毕。

测试影片。如果有异常,应注意仔细检查所有实例名和代码,大小写和拼写要准确。

实践活动 7-2

Flash 制作课件

【活动目标】

通过该实践活动系统地掌握使用 Flash 进行多媒体教学课件开发的步骤和有关技术。

【活动任务】

根据自身所学专业,选择相关课件题目,将 Flash 的多媒体课件制作技术与相关课程整合,设计制作多媒体教学课件。

【活动步骤】

(一)课件选题与需求分析

(1)首先对项目进行初步分析,构思创作计划,并填写项目分析表(见表 7-3)。

表 7-3 课件开发项目分析表

课件题目	
使用对象	
课件类型	○助学(学生使用)　　○助教(教师使用)
使用环境	○单机使用　○网络环境
教材依据	
开发工具	
项目限制条件	

(2)需求分析。

功能分析:课件需要满足哪些使用者的需求?

_____

_____

(二)教学设计

(1)教学内容分析:

_____

_____

(2)教学目标分析:

_____

_____

(3)教学过程:

_____

_____

(三)创作设计

(1)制作 Flash 课件中的元素。

准备好课件需要的文本、图像、声音等素材,以及制作课件中的元件。

(2) 制作课件中的画面。

将课件各帧画面准备好,以方便接下来课件代码的编写。

(3) 为课件添加代码。

万事俱备,只欠东风了。为课件中的各个元素添加上程序代码,课件就可以运行了。

(四) 测试与评价

课件在使用过程中,会逐步暴露出许多不完善的地方,还要多次重复地进行测试、评价和修改来获得比较满意的运行表现。

【活动结果】

(1) 书写课件介绍及使用说明。

(2) 将课件作品及文档资料上传至指导老师指定的 E-mail 邮箱,或者通过课程网站上传提交。通过在网站上发布,开展学生作品互评活动。

第三节 电视教材的制作

一、什么是电视教材

电视教材是指具有特定的教学对象和明确的教学目标,用声画结合的电视艺术手法表现教学内容的教材。电视教材亦称电视教学片或教学录像片,是电视节目的一种类型。由于题材内容和表现形式的不同,可以对电视教材从不同的角度进行分类。按教育目的可以把电视教材分为思想政治教育片、科学知识教学片、技能技巧教学片;按教学任务可将其分为整门课程的教学片、专题教学片、教学片断片和教学参考片;按表达形式可将其分为讲授型、图解型、表演型和示范型。

电视教学片创作已成为电视艺术创作的重要组成部分,它把电视媒介艺术与教育艺术完美结合,制作出优质的教学材料,成为现代教育的重要教学手段。

二、如何编制电视教材

电视教材的编制过程一般包括准备阶段、前期摄录阶段和后期编辑阶段等三个主要的阶段。

(一) 准备阶段

准备阶段主要包括选题、编写稿本、对拍摄工作的整体规划和组织拍摄队伍等环节。其中选题是关键,稿本则是工作指南。

1. 选题

电视教材的选题一般可以从以下几个方面考虑。

(1) 从教学目的和成本的关系来考虑,电视教材所选的课题应是传统教学方法或其他教学媒体不容易表达的教学重、难点。由于电视教材制作成本高,需要大量的人力物力,因此题材的选择应具有典型性,可以被教学人员广泛使用。

(2) 从电视媒体的特点考虑,能发挥电视媒体表现力强的优势。

(3) 从资源条件考虑,在现有设备、人员允许的情况下选择合适的题材。

2. 文字稿本的编写

文字稿本是在选题的基础上用来阐述电视教材内容的书面材料,即根据教学大纲的要求和教学内容的需要,按电视教学媒体的表现手法进行构思设计,写出的画面与解说相对应的文字材料。它决定了电视教材的框架结构和风格类型,通常由学科教师编写。

电视教材的表达形式不同,文字稿本写法也可以用不同的形式。较常用的是声画对应式文字稿本,它适合用于编写图解型、示范型的电视教材。常见的格式是画面和解说词对应,即左边描述画面,右边写解说词,如表7-4所示。

表7-4 文字稿本的格式

画 面	解 说 词
一学生在作业休息时打开盛有葡萄糖的玻璃瓶子,用不锈钢勺满满地取出一勺,放进玻璃杯中,然后用热水冲调搅匀。	在我们日常生活中,每天都在接触溶液。
学生拿起杯子喝了一口,随即把杯子放在桌上。	
镜头推近玻璃杯,出现片名:"溶液"。	那么,到底什么是溶液呢?

3. 分镜头稿本的编写

分镜头稿本是根据文字稿本应用电视艺术的理论与技巧编写而成的,是电视教材编制过程的具体施工蓝图,通常由导演完成。分镜头的编写格式如表7-5所示。

表7-5 分镜头稿本的格式

镜号	机号	景别	技巧	时间	画面内容	解说词	音乐	音效

(1)镜号:电视教材的镜头画面的编辑序号。

(2)机号:多机拍摄时所用摄像机的编号。

(3)景别:拍摄取景范围的大小。拍摄范围从大到小可分为远景、全景、中景、近景和特写等。

(4)技巧:镜头拍摄的运动技巧和镜头巧借。常用的拍摄技巧有推、拉、摇、移、跟等;镜头的巧借有切换、淡变、划变、叠化等。

(5)时间:镜头的时间长度,常用秒表示。

(6)画面内容:用文字描述拍摄的具体画面。

(7)解说词:与画面相对应的解说内容。

(8)音乐:根据画面内容所选的乐曲。一般应注明乐曲的名称、起始位置和进入方式等。

(9)音效:为加强环境气氛效果选用的各种音响等。

(二)前期摄录阶段

前期摄录就是根据分镜头稿本拍摄所需要的素材。拍摄时要特别注意画面的构图、景别和拍摄技巧的运用,要善于选择拍摄机位,引导学生从不同距离和方位去观察拍摄对象,尽量做到科学性、教育性、艺术性和技术性的统一。

1. 景别应用

在现实生活中,人们观察事物往往要远眺取其势,近观取其神。影视艺术正是为了适应人们的这种视觉心理需求,才产生了画面远景、全景、中景、近景和特写等不同的景别。

景别一般是按摄像画面表现出的景物范围划分的,这种划分通常以人的活动作为标准。

(1) 远景:是表现空间范围最大的画面。远景注重景物和事件的空间、规模、气势、场面等方面的宏观表现,人物在其中显得很小,基本上为一个点状,看不清细节。远景经常用来交代事物发生的地点及其周围的环境,也经常用来借景抒情,展示人们对景物和事件的感受。

(2) 全景:是表现人物全身形象或某具体场景全貌的画面。全景主要表现人的全身动作和活动空间,或者某一具体事物的整体形态。拍摄全景时要安排好画面布局,调动各种视觉要素,突出主体。

(3) 中景:是表现人膝盖以上部分或场景局部的画面。中景重视具体动作和情节,拍摄时必须抓住最能吸引观众的表情神态和动作姿势。中景非常适合观众的视觉距离,这是教学中常用的镜头景别。

(4) 近景:是表现人胸部以上部分或物体局部的画面。近景可以用来表现人物的心理活动或物体富有意义的局部等。

(5) 特写:是表现人肩部以上的头像或某些被摄体的细部画面。特写镜头画面简洁单一,视觉冲击力强,能通过面部细微表情的变化,揭示人的内心世界;能通过细部描写,揭示事物本质。

2. 运动拍摄

运动拍摄是电视教材的重要表现手段。常用的镜头运动有推、拉、摇、移、跟等。

(1) 推镜头:产生的画面效果是由整体引向局部,突出介绍重点。

(2) 拉镜头:产生的画面效果是由局部引向整体,突出介绍整体。

(3) 摇镜头:在水平或垂直等轴线上改变拍摄方向,用来展示环境或景物之间的关系。

(4) 移镜头:移动摄像机的机位进行拍摄,主题距离不变,背景变化,达到边走边看的视觉效果。

(5) 跟镜头:摄像机镜头跟随主题进行拍摄,常用于表现事物的运动过程。

3. 拍摄过程中的注意事项

(1) 做好场记,以便后期编辑时查找素材。

(2) 录制同期音,以便配必要的现场效果声。

(3) 场景不同时要保持全片色调的一致性。

(4) 摄像师遵循"平、稳、匀、清、准"的拍摄要领。

(三) 后期编辑阶段

后期编辑阶段主要是利用电子编辑方法把素材镜头组接成连贯教材的过程。这部分将介绍视频编辑软件会声会影 X7 的功能及后期编辑的主要过程。

1. 镜头组接的基本原则

(1) 镜头组接要符合逻辑。

(2) 镜头方位要一致。

(3) 景别过渡要自然流畅。必须遵循景别要有明显变化、景别变化不大时机位要变的原则。

(4) 镜头组接要遵从"动接动,静接静"的原则。

(5) 镜头组接的光线、色调要统一。

2. 编辑方式

1) 线性编辑

线性编辑(linear editing)是传统的视频编辑方式。线性编辑系统由一台放像机、一台录像机和编辑控制器组成,也可以由多台录像机、放像机和特技设备组成复杂系统。通过放像机选择一段合适的素材,并把它记录到录像机中的磁带上,再寻找下一个镜头,然后再记录,如此反复,直到把所有的素材都按顺序剪辑记录下来。通常完成一个视频的剪辑要反复更换录像带,寻找需要的部分,整个制作过程非常烦琐,而且经过多次的重复编辑还会降低视频质量。

2) 非线性编辑

非线性编辑(non-linear editing)是针对线性编辑而言的,简称非编。非线性编辑系统实际上是扩展的计算机系统。由一台高性能计算机和一套视频、音频输入/输出卡(即非线性编辑卡),配上一个大容量 SCSI 磁盘阵列便构成了一个非线性编辑系统的基本硬件。非线性编辑系统直接从计算机的硬盘中以帧或文件的方式存取素材、进行编辑。它是以计算机为平台的专用设备,可以实现多种传统视频制作设备的功能,对素材可以随意地改变顺序,随意地缩短或加长某一段,添加各种效果等。支持非线性编辑的软件有很多,按照应用领域的不同可以将其分为如下几种:专业级的有大洋 ME 和 Premiere,广播级的有大洋 D3-EDIT、索贝 E1、新奥特、AVID、Apple,家用级的有会声会影等。

三、认识会声会影 X7 的操作环境与编辑流程

(一) 初识会声会影 X7

在计算机上安装会声会影 X7,双击桌面图标,打开会声会影 X7 的工作界面,如图 7-74 所示。

图 7-74 所示的是会声会影的工作界面,初步了解各组成部分的功能。

(1) 菜单栏,提供"文件""编辑""工具""设置"和"帮助"五大类别命令。

(2) 步骤面板,将创建影片的过程简化为"捕获""编辑""输出"三大步骤,只要从左到右按顺序进行操作,就可以完成自己的视频作品。

(3) 预览窗口和导览面板,通过此窗口,可以对原素材、正在剪辑的素材以及剪辑完成后的作品进行预览;在导览面板上可以播放选定的素材或项目,还可以使用修整功能快速地编辑素材。

(4) 素材库,是整理影片所需资料的区域,例如视频素材、音频素材、照片、转场效果、图形、标题等,会声会影内置了一些媒体素材。

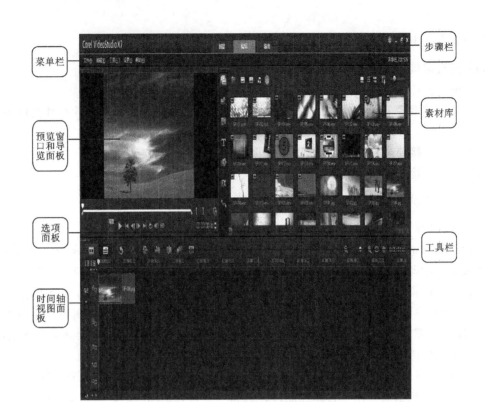

图 7-74 会声会影 X7 的工作界面

(5) 选项面板,会以当前查看的素材、模式、步骤或所在资料轨的不同而显示相关设置属性。

(6) 工具栏,包括"故事板视图"、"时间轴视图"、"撤销"、"重复"、"录制/捕获选项"、"混音器"、"自动音乐"、"追踪运动"、"字幕编辑器"等。

(7) 时间轴视图面板,显示在时间轴视图下的各种轨道等。

(二) 会声会影支持的编辑功能

完整的电视教学片的剪辑过程,包括导入视频素材、视频素材的剪辑、标题和字幕的编辑以及音频的剪辑等部分。会声会影对各部分的编辑提供了强大的支持。

1. 捕获视频素材

好的影视作品离不开高质量的视频素材,因此,捕获视频素材是影片编辑制作中一个十分重要的环节,捕获视频质量的高低直接关系到影片制作的成败。

会声会影 X4 为捕获素材提供了五种不同的捕获方式,分别为捕获视频、DV 快速扫描、从数字媒体导入、定格动画和屏幕捕捉。

会声会影 X7 的捕获界面如图 7-75 所示,各部分功能如下。

(1) 捕获视频。需要通过外部移动设备导入素材,系统需要安装捕获驱动程序。

(2) DV 快速扫描。将摄像机内的素材导入计算机中,系统需要安装视频采集卡等装置。

(3) 从数字媒体导入。将存放在计算机或移动存储设备中的数据文件导入到会声会影中时可以使用此项功能捕获素材。

(4) 定格动画。用户通过此选项可以快捷地制作定格动画。

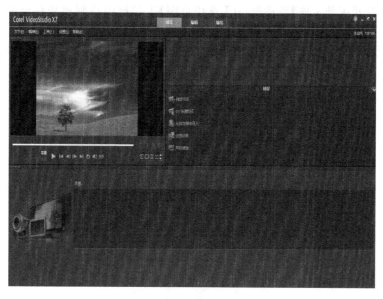

图 7-75 捕获界面

（5）屏幕捕捉。通过此选项，用户可以将正在使用的桌面内容录制成个人所需要的视频。

2．添加和编辑视频素材

在会声会影 X7 中，根据剪辑的需要，用户经常需要将一些素材导入到视频轨中，用于编辑。用户可以使用菜单命令将视频素材直接添加到视频轨中。下面将介绍在会声会影 X7 中添加视频素材的方法。

（1）创建项目文件后，选择【文件】菜单项，在弹出的下拉菜单中选择【将媒体文件插入到时间轴】命令，在弹出的子菜单中选择【插入视频】命令，如图 7-76 所示。

图 7-76 添加视频

(2) 弹出【打开视频文件】对话框,在【查找范围】下拉框中找到视频存放的位置,单击【打开】按钮,如图 7-77 所示。

图 7-77　打开视频文件

通过以上操作后,素材就成功地添加到视频轨中了。

完成视频的捕获和添加后,接着就是编辑捕获的视频素材。会声会影提供了两种视频素材的编辑模式:故事板视图模式(见图 7-78)和时间轴视图模式(见图 7-79)。

图 7-78　故事板视图模式

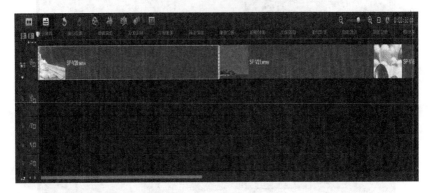

图 7-79　时间轴视图模式

第七章 信息化教学资源开发

在会声会影中,素材库是一个很重要的预览存储区域,可以存放视频、音频、图像、转场、滤镜、标题、路径等媒体素材,如图 7-80 所示。在会声会影 X7 中,可以将素材库中的素材直接拖动到对应的轨道上。

图 7-80　素材库

在"编辑"步骤中根据选取的素材类别,分别可以对视频及其属性进行设置,如图 7-81 所示。

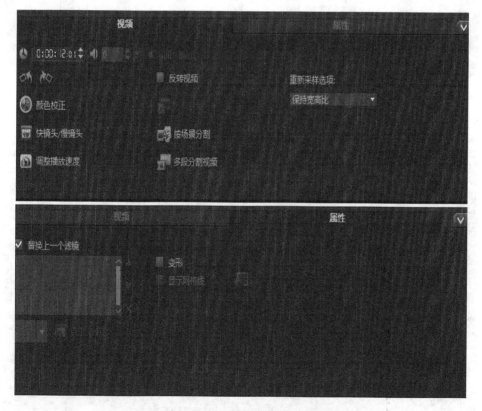

图 7-81　视频素材设置及其属性设置

使用视频设置中的"按场景分割"功能,可以将长视频分割为短视频,有利于剧情的安排和编辑。使用"多段分割视频",可以根据个人的需要,将单个视频分割成多个视频片段。

在编辑过程中,还可以给视频素材添加滤镜效果,进行色彩校正,调整播放速度、反转视频等。

3. 添加转场效果

简单来讲,转场效果就是在两段素材之间,使用一定的特技如淡入淡出、缩放、抖动等实现场景之间的平滑过渡,达到流畅剪辑、丰富画面和吸引受众的目的。

需要注意的是,在两段影片之间插入转场效果后,将会占用两段影片的部分时长,因为转场效果利用了影片重叠融合的功能。

在会声会影 X7 中,转场面板由画廊下拉列表框、"添加到收藏夹"按钮、"对视频轨应用当前效果"按钮、"对视频轨应用随机效果"按钮和"获取更多内容"按钮、缩放滑块等组成,如图 7-82 所示。

图 7-82　转场面板

添加转场时,可以将所需要的转场效果拖动到两段素材之间,如图 7-83 所示。

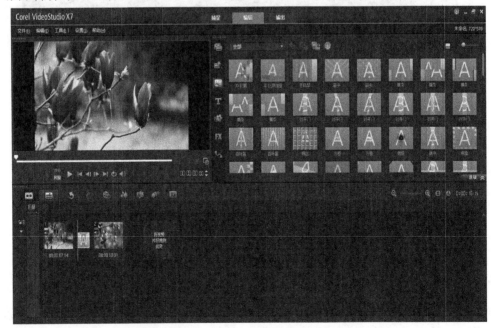

图 7-83　添加转场

添加完转场后,还可以在转场效果属性中对转场效果进行设置,如图 7-84 所示。

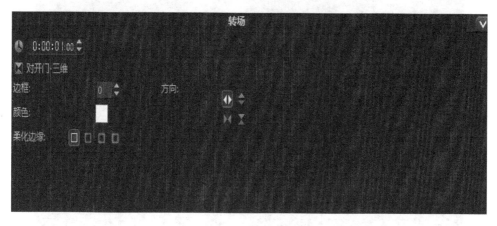

图 7-84　转场效果属性

4．标题及字幕的制作

标题、字幕是视频作品不可缺少的重要组成部分,在影片的后期处理中常常需要在画面中加入一些文字和字幕效果,从而加深对影片的理解,使影片更具感染力。会声会影 X7 提供了两种添加文字的方法:一种是自行输入文字;另一种是应用现有的文字模板,再编辑文字及其属性。添加文字如图 7-85 所示,会声会影中可以选择制作单个或多个标题效果。单个标题和多个标题是指标题类型,而不是标题的个数。单个标题主要是指将整个预览窗口设置为一个标题输入区,而多个标题则是把预览窗口设置为多个标题输入区。使用多个标题输入文字时,可以把文字放在任何位置,并且可以安排文字的叠放秩序。

在标题素材的工作界面中,除了可以对标题进行编辑外,还可以对其属性进行设置,如图 7-86 和图 7-87 所示。

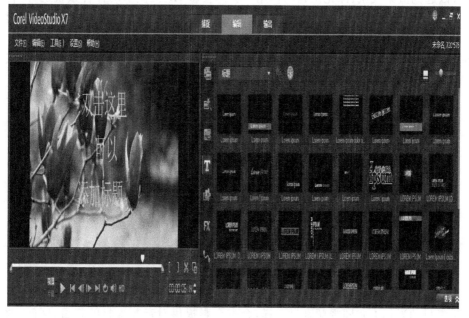

图 7-85　添加字幕

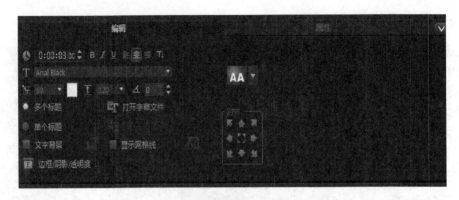

图 7-86 标题设置

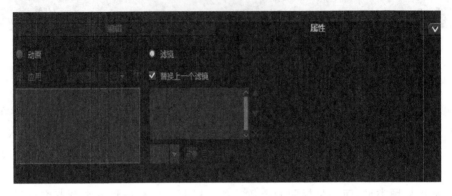

图 7-87 标题属性

5. 音频素材的编辑

在影片的制作过程中,添加合适的音频效果,既可以丰富影片的层次,给观众带来愉悦感,同时还可以起到渲染气氛、深化主题的作用。会声会影 X7 提供了两种音频轨道:声音轨和音乐轨。当需要录制旁白时,通过麦克风录音可为影片配制声音旁白,并且将该声音素材文件添加到"声音轨"中;当需要添加音乐时,可以将音乐素材添加到音乐轨中。会声会影 X7 还提供了自动音乐功能,使用此功能,可以将音乐 CD 转换成 WAV 文件后,自动添加到"音乐轨"中,如图 7-88 所示。

图 7-88 应用音频效果

音频素材的添加方式同视频素材一样,会声会影提供对音频素材的音量、区间、改变素材的播放速度、添加音频滤镜等属性的设置,如图 7-89 所示。

第七章 信息化教学资源开发

图 7-89 音频素材属性

对声音的效果设置"音频滤镜",如图 7-89 所示,可用的滤镜有"长回音""长重复""放大""共鸣"等。

6. 影片合成输出

通过以上步骤的操作,影片的剪辑工作基本完成,最后只需要将剪辑好的文件输出成合适的文件格式即可。在会声会影 X7 中,可以通过"输出"这一步骤,将剪辑好的素材合成输出相应的格式。"输出"操作界面如图 7-90 所示。

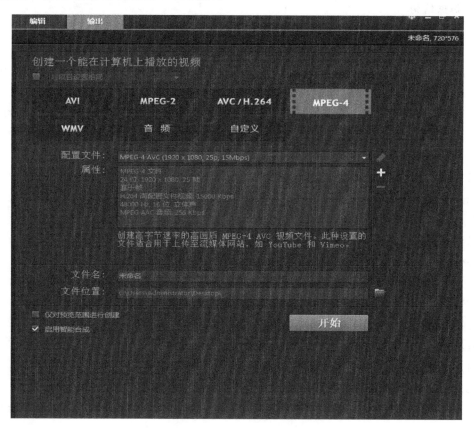

图 7-90 "输出"操作界面

在"输出"操作界面,用户可以选择自己所需要的文件格式,然后在"配置文件"中选择详细的文件标准,在这些设置完成以后,就可以单击"开始"按钮进行视频的渲染了。

通过本章内容的学习,你是否了解了电视教材制作的完整过程呢?下面就来自己动手制作剪辑一部电视教学片吧!

实践活动 7-3

用会声会影编制电子相册

【活动目标】

掌握会声会影编制电子相册的过程和基本方法。

【活动任务】

确定选题,拍摄素材,用会声会影编辑电子相册。

【活动步骤】

1. 确定选题

请利用下面这个提示页,确定电子相册的选题。

(1) 分析电子相册面向的学习对象,从以下几个方面考虑:

√ 学习者的年龄

√ 心理特点

√ 知识结构

√ 认知技能

√ 经验背景

(2) 分析电子相册的教学目标:提出电子相册要解决的主要问题、要达到的具体教学目标。

(3) 确定电子相册的内容和表现形式:在对电子相册的对象和目标进行分析的基础上,确定电子相册的主要内容,选择具体的表现形式和时间长度。

2. 撰写文字稿本和分镜头稿本

(1) 根据已确定的选题的表现类型来选择编写稿本的形式。

(2) 将编写好的文字稿本转换成分镜头稿本的形式。

3. 准备素材

根据分镜头稿本划分出需要拍摄的部分和可以通过网络搜索获得的图像资料。

若需要外景拍摄,则按以下情况进行:

(1) 确定摄制计划;

(2) 外景拍摄。

4. 后期编辑

根据稿本及拍摄和收集到的素材,编辑教学片。

(1) 打开会声会影,将相片、音效、背景音乐等素材导入素材库。

(2) 在故事板视图模式下将相片从素材库拖入图像轨,设定好相片出场的顺序。

(3) 转换到时间轴视图模式。设定各相片的时间长度,并尝试利用覆叠轨增加相片的动画效果。

(4) 添加两张相片之间的转场效果,在相应属性栏设置好转场效果。

(5) 在标题轨上添加标题或字幕,在相应属性栏设置好文字效果。

(6) 在音乐轨上添加背景音乐或音效,编辑和设置好音频效果。

5. 电子相册合成输出

单击"分享"菜单,再单击"创建视频文件"按钮,选择合适的视频文件格式,输出电子相册。

【活动成果】

将文字稿本和分镜头稿本以及编制好的电子相册放入个人博客中保存。

第四节 微课的设计与制作

一、微课概述

在国家大力推行教育信息化的今天,伴随着"微时代"的来临,以"微课"为代表的"微教育"受到人们的普遍关注。

(一) 微课的概念

微课又称微课程,英文译作"micro-lecture"。微课程的概念源自于美国"一分钟教授"戴维·彭罗斯,2008年他提出"一分钟微视频"的微课程概念,强调将教学内容和目标紧密结合,以产生一种"更加聚焦式的学习体验"。实际上,微型视频在微课程的概念出现之前,就已经悄然兴起。2006年,美国教育工作者萨尔曼·可汗创办了可汗学院,他录制的教学视频风靡美国,并影响到世界各国。可汗录制的微视频被认定为微课的原型。

在国内,关于微课的概念没有一个统一的定论。在基础教育领域,以广东佛山市胡铁生为代表,高校理论研究人员对微课的定义,则以焦建利教授、张一春教授、黎加厚教授为主要代表。

胡铁生老师认为,微课又名微课程,是"微型视频网络课程"的简称,它是以微型教学视频为主要载体,针对某个学科知识点(如重点、难点、疑点、考点等)或教学环节(如学习活动、主题、实验、任务等)而设计开发的一种情景化、支持多种学习方式的在线视频课程资源。

焦建利教授认为,微课是以阐释某一知识点为目标,以短小精悍的在线视频为表现形式,以学习或教学应用为目的的在线教学视频。通俗地讲,微课是在线教学视频,以阐释某一知识点为目标,以短小精悍的在线视频为表现形式,以学习或教学应用为目的。

张一春教授认为,"微课"是指为使学习者自主学习获得最佳效果,经过精心的信息化教学设计,以流媒体形式展示的围绕某个知识点或教学环节开展的简短、完整的教学活动。

黎加厚教授认为,微课或者说微课程,是指时间在10分钟以内,有明确的教学目标,内容短小,集中说明一个问题的小课程。

综合以上观点,我们可以看到,在基础教育领域和高校理论研究领域,大家对"微课"的理解虽有不同,但在微课的本体特征上存在着很多的共识。具体来说,微课具有以下特征。

(1) 以在线视频为表现形式。微课是在线教学视频,学习者可以通过网络,随时、随地进行学习。

(2) 教学目标单一,主题明确。微课主要围绕教学中的重点、难点、疑点等展开教学活动,主题非常明确,教学目标常常集中于解决某一个知识点,相对单一。

(3) 内容短小精悍。通常认为,微课的时长以 10 分钟以内为宜。鉴于不同领域的教学特点,中小学微课的时长一般为 5~8 分钟,在高等教育领域,时长一般在 10~20 分钟。这就决定了微课在内容的选择上必须短小精悍,以能在短时间内解决某一个问题为宜。

(4) 结构独立。微课建立在某个知识点或者教学主题的基础上,各个知识点之间呈现出松散的状态,结构上相对独立。只有若干知识模块以某种意义联结在一起,才能形成主题明确、内容完整的结构化资源应用环境。

(5) 资源丰富多样。微课以教学视频为主要载体,同时还提供习题作业、教学课件、互动等多种学习资源。

(二) 微课的应用形式

微课的应用,最终是为了提高教学质量,促进学习者的自主学习。在具体的教学应用中,微课主要有以下几种应用形式。

(1) 进行教学创新。利用微课进行教学创新,主要表现在,将微课作为课堂教学的一部分,创新教学模式,如翻转课堂。使用翻转课堂进行教学的课程,学生可以在课下利用微课学习相关的知识,在课堂上和同学、老师进行沟通和交流,进行知识的内化。

(2) 作为课堂教学的补充。若学生在课堂学习后,对某些知识点仍然存在着困惑,这时候,就可以利用微课对相关知识点进行巩固、理解和学习。

(3) 作为自主学习资源。微课资源是以促进学生自主学习为目的的,是支持学生个性化学习、在线学习和碎片化学习的重要手段。微课作为自主学习资源存在,能更好地帮助学习者进行知识的理解和建构。

(4) 作为一种开放的教育资源,支持各种移动终端,开展移动学习实践。

二、微课的开发流程

微课作为一种微型化的学习资源或教学资源,它有效地撬动了学习者的碎片时间,广泛地应用于在线学习、移动学习和混合学习等多种学习环境中,极大地促进了学习者的自主学习。那么,一线教师应该如何开发微课呢?实际上,微课的开发同其他课程的开发一样,都遵循课程开发的基本流程。具体来说,微课的开发流程包括选题、教学设计、教学准备、视频制作、反思与修改、上传到平台 6 个步骤,如图 7-91 所示。

图 7-91 微课的开发流程

1. 选题

合理的、恰当的选题是进行微课开发的第一步。鉴于微课自身的特征,在进行微课的选题时,选题应细而小,不宜过大。尽可能地以教学重点、难点或某一教学主题为主,内容应短小精悍。

2. 教学设计

在选题确定以后,就必须从总体上对微课进行设计。所谓教学设计,就是应用系统方法,分析、研究教学中的问题和需求,确立教学策略、教学方法和步骤,并对教学结果做出评价的一种计划过程。教学设计是微课开发中的重要一环,因此,教学设计的好坏直接关系着微课水平的高低。教学设计主要包括内容分析、教学对象分析、媒体设计等。

在微课的设计过程中,对微课的学习者特征、教学任务和内容进行分析,明确教学目标,制定出符合学习者学习的教学策略和教学方法,选择合适的媒体呈现,设计教学视频的情境、案例、教学过程以及相关的网络教学支持材料和评价、反馈机制等。

在进行微课视频的制作过程中,要尽可能地降低学习者的认知负荷。根据认知负荷理论,学习材料的组织与呈现方式、学习材料的复杂性和学习者的先验知识是影响认知负荷的基本因素。短小精悍是微课的鲜明特点,因此,在设计微课的时候,要组织好教学内容,简洁、生动地呈现教学内容,避免给学习者有限的工作记忆空间带来太大压力。

3. 教学准备

教学准备就是要准备供教学所用的资源,包括课件、习题作业等,还包括微课教学过程中所使用的教具、素材等。

4. 视频制作

在选题确定,教学设计、教学准备完成之后,就可以开始进行微课的视频制作。微课的视频制作主要包括视频的录制和后期制作两个部分。

在视频的录制阶段,根据录制微课的类型不同,主要有两种方法,一种是录屏,另一种就是拍摄。

录屏就是利用录屏软件对教学过程进行录制,这种录制方法对软硬件要求很低,教师只需要准备一台装有录屏软件的计算机和一个麦克风就可以了。录制时,教师只用设置合适的视音频格式,将准备好的课件演示出来,软件就会自动地全程录制教师的屏幕操作和讲解,非常简单,容易操作。

拍摄就是利用摄像设备进行微课的拍摄,比如摄像机、手机等。利用拍摄方法录制微课时,要注意灯光的设置、摄像机的机位、画面的景别和角度等。此外,使用拍摄方式录制微课时,教师多出镜,因此教师要注意自己的仪态。在进行正式录制前,可以提前试讲,以保证正式录制时的最佳效果。

在视频录制完成以后,教师可以利用视频编辑软件如会声会影、Premiere等视频剪辑软件对视频进行剪辑和处理。

5. 反思与修改

微课设计的过程,不断地伴随着反思与修改,既有设计过程的反思,也有实践过程中、过程后的反思。通过反思与修改,可以不断地改进、完善微课的教学过程,达到精益求精的效果。

6. 上传到平台

微课制作完成以后,就可以上传到相应的平台上。在上传到平台的时候应注意平台对微课视音频格式的要求。通常情况下,为了能够流畅地在线播放,微课的文件大小不宜过大,最好不超过20M,文件格式一般为支持网络播放的流媒体格式,如.rm、.wmv、.flv等,必要时可以通过视频转换软件进行格式转换,如小日本、格式工厂等。

三、微课的制作方法

根据录制方式的不同,微课的制作方式主要分为两种,一种就是利用录屏软件直接录制,另一种就是利用摄像设备进行拍摄制作。

(一)利用录屏软件进行微课录制

在制作录屏型微课时,所使用的录屏软件多种多样,常用的有 PPT、屏幕录像专家、微课宝、快课工具、Camtasia Studio 等。其中,Camtasia Studio 软件以其强大的录制和编辑功能及简单易用性深得广大老师的好评。Camtasia Studio 是美国 TechSmith 公司出品的一款屏幕录制和编辑软件,它不仅可以同时录制屏幕、录制声音,还可以对视频进行后期编辑,如标注、变焦、添加字幕、画中画等。Camtasia Studio 8 软件制作微课,既可以直接使用该软件进行录制,还可以将录制好的视频直接导入 Camtasia Studio 8 中进行编辑。下面就以 Camtasia Studio 8 为例来讲解微课的制作方法。

1. 初识 Camtasia Studio 8

在计算机上安装 Camtasia Studio 8,双击桌面图标,打开 Camtasia Studio 8 工作界面,如图 7-92 所示。

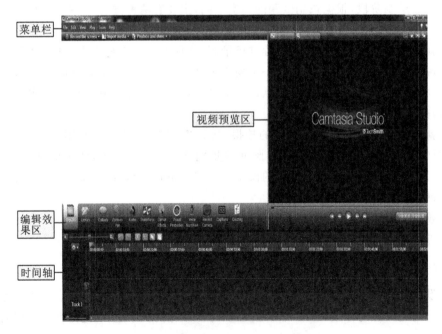

图 7-92 Camtasia Studio 8 工作界面

图 7-92 所示的是 Camtasia Studio 8 的工作界面,初步了解各部分的功能。

(1)菜单栏。菜单栏提供了"File""Edit""View""Play""Tools""Help"六大类别命令。

(2)编辑效果区。编辑效果区提供了 12 种编辑效果的选项。在此区域,用户可以实现重点标注、声音设置、放大、缩小设置、对声音、对视频的单独录制以及对鼠标的设定等。

(3)视频预览区。在视频预览区,可以对录制的素材以及正在编辑的素材进行预览。

(4)时间轴。在此区域,可以显示素材的时间轴视图模式,便于用户对素材的精确定位。

2. 使用 Camtasia Studio 8 制作微课

用户使用 Camtasia Studio 8 软件录制微课,一般要经历录制、编辑、生成和上传等几个步骤。

1)录制

录制微课时,用户需要打开 Camtasia Studio 8 软件和事先准备好的课件或者资料,单击"rec"按钮进行录制,录制完成,按 F10 键结束录制。录制界面如图 7-93 所示。

图 7-93 Camtasia Studio 8 录制界面

在录制之前,可以通过"Select area"选项选择录制桌面的范围,可以选择满屏录制,也可以自定义录制范围。录制的时候,还可以通过"Webcam off"选项对外接摄像头进行设置,通过"Audio on"选项对声音等进行设置。在这些设置完成以后,就可以单击"rec"按钮进行录制了。录制完以后,按 F10 键停止录制后,就可以将录制的视频保存到合适的位置。

录制前,还可以设置项目文件的尺寸。可以单击预览窗口上面的窗口大小设置按钮对项目文件尺寸进行设置,如图 7-94 所示。

图 7-94 设置项目文件尺寸

2)编辑

录制完成以后,就可以对录制的视频进行编辑了。Camtasia Studio 8 提供了便捷的勾勒重点、添加标注、添加标题、画中画、单独录制声音、鼠标显示样式、测验等众多功能。这些功能对录制微课非常实用,可以帮助用户很快完成对素材的编辑。

Camtasia Studio 8 录制画中画,可以实现教师和课件同时显示,也可以实现拍摄素材和课件同时显示。这一画面的实现,用户只需要在原有计算机的基础上,外接一摄像头,将摄像头对准要录制的对象就可以了。录制画中画的时候,用户可以通过单击编辑效果区的"Record the Camera",然后单击"Start recording"就可以实现录制,具体如图 7-95 所示。

图 7-95　录制画中画

　　录制完成后,通过摄像头拍摄的素材自动显示在画面上,这时候就可以拖动鼠标将此素材调整到合适的位置和大小,非常方便快捷。
　　用户还可以通过 Camtasia Studio 8 软件添加字幕、对重点标注等,如图 7-96 和图 7-97 所示。

图 7-96　添加字幕　　　　　　　　　　图 7-97　对重点标注

　　除此之外,Camtasia Studio 8 还提供了一个非常有特色的功能,就是测验功能。在微课视频中一个知识点讲解完以后,通常会和学生有所互动,以检测学生的学习效果,这时候就可以使用 Camtasia Studio 8 的测验功能。首先,选择好要添加测验的时间点,单击"Quizzing"按钮后,就会出现"Add Quiz"对话框,如图 7-98 所示。在这个编辑框里,可以设置测试题的类型、测试的题目、测试反馈、正确答案等。
　　3) 生成和上传
　　对视频编辑完以后,就可以生成最终的作品。Camtasia Studio 8 提供了比较多的流媒体视频格式供用户选择,如 .mp4、.mov、.wmv 等。用户在生成作品的时候,只需要单击

第七章 信息化教学资源开发

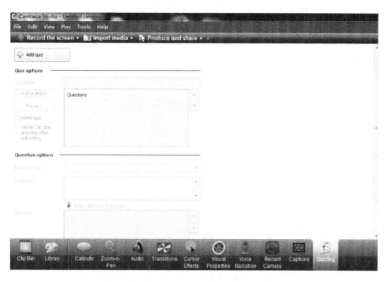

图 7-98　添加测试

"Produce and share"按钮,设置好需要的格式,就可以生成所需要的作品了,如图 7-99 所示。

在生成视频时,用户还可以自定义视频的格式,单击图 7-99 所示下拉框,选择"Custom production settings",出现"Production Wizard"对话框,单击"下一步"按钮,就可以自定义成所需要的视频格式,如图 7-100 所示。

图 7-99　生成作品

图 7-100　自定义视频格式

(二) 利用摄像设备录制微课

使用摄像设备录制微课,通常的做法有摄像机录制、手机拍摄、IPAD 拍摄等多种方式。在使用摄像设备进行录制时,首先要对自己使用的摄录设备性能非常熟悉,其次,要掌握基本的视频拍摄的技巧,如固定画面的拍摄、运动画面的拍摄、画面的景别和角度等,同时还应注意灯光、场景的布置,教师自身的仪态等。

在用摄像设备录制好视频素材后,还需要通过非线性编辑软件如会声会影、Camtasia Studio、Premiere 等视频剪辑软件对素材进行剪辑和处理,直到完成满意的作品。

通过本节内容的学习,你是否了解了微课设计和制作的方法,下面就自己动手制作一个微课吧。

实践活动 7-3

利用录屏软件录制微课

【活动目标】

掌握利用录屏软件录制微课的过程和基本方法。

【活动任务】

确定选题,教学设计,制作PPT,利用录屏软件录制微课。

【活动步骤】

1. 确定选题,选择自己感兴趣的课题,选题应细而小,不宜过大。尽可能地以教学重点、难点或某一教学主题为主,内容应短小精悍。

2. 教学设计,在选题确定以后,就必须从总体上对微课进行设计,具体来说,对微课的学习者特征、教学任务和内容进行分析,明确教学目标,制定出符合学习者学习的教学策略和教学方法,选择合适的媒体呈现,设计教学视频的情境、案例、教学过程以及相关的网络教学支持材料和评价、反馈机制等。

3. 制作PPT

根据上述的教学设计,制作PPT供录制微课时使用。

4. 录制微课

(1) 将计算机的分辨率调为1024像素×768像素。

(2) 计算机录音设备调试:调节扬声器(方法:开始—程序—附件—录音机)。

(3) 熟悉录制软件快捷键功能。F2:录制、停止键。F3:暂停、继续键。F11:打开、关闭屏幕画板。Alt+Tab:在不同的软件环境下进行切换。

(4) 在录制课件时,按F2键播放,然后按Alt+Tab进行切换。注意要关闭一切计算机上的其他软件(如QQ),保持室内安静,鼠标不要在屏幕上乱晃。在讲解知识时,在屏幕上鼠标不易太快,画面保持整洁,与教学内容无关的图标、背景等都要删除。停止录制时,要稍等3秒再关闭计算机,给计算机缓冲的过程,以免出现录制不完整的情况。

本 章 小 结

信息化教学资源的开发是一个操作性很强的过程,具有实用性,对学生动手能力和信息技术要求比较高,信息教学资源的开发不仅要实现其功能,还要注意艺术性,开发出的产品要能够符合大多数学生的审美。本章详细介绍了多媒体素材的类型、多媒体素材的处理工具和集成工具,为多媒体课件的开发奠定了基础。之后,结合实例详细地介绍了PPT、Flash课件的制作过程。在探讨电视教材编写过程时,本章以会声会影为主要的操作软件,详细地介绍如何运用会声会影进行后期视频编辑。关于微课的制作,我们初步了解了微课的特点和制作方法,为教师制作教学课件提供了帮助和支持。

第七章 信息化教学资源开发

 本 章 练 习

1. 名词解释

   多媒体素材　多媒体课件　电视教材　微课

2. 结合自己的实际经验,谈谈 PPT 课件和 Flash 课件哪个更加受教师的欢迎,为什么?

3. 会声会影是处理视频最简单的软件,除了此软件,大家还知道哪些处理音视频的软件?课下,学习其他处理音视频的软件,并与同学交流分享。

4. 结合实例,简述在制作微课的过程中我们应该注意什么,什么样的课题属于微课,微课具有哪些特征。

参 考 文 献

[1] 顾小清.信息技术与课程整合教程[M].上海:华东师范大学出版社,2008.
[2] 祝智庭.现代教育技术—走进信息化教育[M].北京:高等教育出版社,2001.
[3] 黄荣怀.信息技术与教育[M].北京:北京师范大学出版社,2002.
[4] 雷体南,金林.教育技术学导论[M].武汉:湖北科学技术出版社,2006.1.
[5] 雷体南.现代教育技术教程[M].武汉:华中师范大学出版社,2001.7.
[6] 傅钢善.现代教育技术[M].西安:陕西师范大学出版社,2008.2.
[7] 杨九民.现代教育技术[M].华中师范大学出版社,2005.12.
[8] 张剑平.现代教育技术——理论与应用(第2版)[M].北京:高等教育出版社,2006.6.
[9] 黄河明.现代教育技术[M].北京:高等教育出版社,2004.11.
[10] 王素荣.教育信息化理论与方法[M].北京:社会科学文献出版社,2006.7.
[11] 曾录华.论现代教育技术的发展趋势.希望月报,2007.10.
[12] 孔令旗.云计算对教育影响的探讨[J].焦作师范高等专科学校学报.2011(3).
[13] 贺志强,庄君明.物联网在教育中的应用及发展趋势[J].现代远程教育研究.2011(3)
[14] 教育部办公厅.《中小学教师信息技术应用能力标准(试行)》[S].2014.05.27.
[15] 教育部.《关于实施全国中小学教师信息技术应用能力提升工程的意见》[R].2013.11.19.
[16] 孙雷,周凌波.信息技术人才:两种文化间的成长[M].北京:清华大学出版社,2006.1.
[17] 侯耀先,李建鹏.信息技术条件下学生学习角色和行为的变化[J].安康学院学报,2009.6.
[18] 李清平.试论信息时代大学生学习能力的构成及其影响因素[J].法制与社会,2008.11.
[19] 李颖.解读教师专业化发展的系统结构[J].东北师大学报,2005.6.
[20] 刘芳.论教育技术能力标准与教师专业化发展[J].教育与职业,2007.4.
[21] 成艳萍,邱服斌.信息时代教师角色的重新定位[J].山西医科大学学报(基础医学教育版),2004.2.
[22] 夏宗禄.信息时代对教育与人才培养的要求[J].九江学院学报(哲学社会科学版),2004.4.
[23] 苗露.教育科研促进教师专业化发展实施策略的研究[J].东北师范大学硕士学位论文,2005.5.
[24] 陈列尊,皮修平,陈卫东.提高信息素养与教育技术能力促进教师教育信息化[J].湘潭师范学院学报(自然科学版),2009,3.
[25] 张宏.教学情境创设的基本思路与方法[J].吉林教育,2014,14:22.
[26] 郭绍青,金彦红,黄建军.开放式学习平台中的学习活动及多媒体资源设计[J].中国教育信息化,2010,21:35-38.
[27] 陈作锋.课堂教学活动设计概念的初步构建与分析[J].文教资料,2009,05:125-126.
[28] 李赫,陈晓慧.信息化环境下的教学设计操作模式[J].电化教育研究,2003,11:58-60.

[29] 何克抗.信息技术与课程深层次整合理论[M].北京:北京师范大学出版社,2008.8.

[30] 张升武.关于教学模式的探讨[J].教育研究,1988.5.

[31] 吴也显.课堂教学模式浅谈.教育研究与实验,1988.1.

[32] 柳海民.略论教学过程模式研究的意义.东北师大学报(教育版),1988.4.

[33] 叶澜.新编教育学教程[M].上海:华东师范大学出版社,1993:104.

[34] 李艺,李冬梅.信息技术教学方法:继承与创新[M].北京:高等教育出版社,2003.

[35] 李芒.技术与学习-论信息化学习方式[M].北京:科学出版社,2007.

[36] 余胜泉,张建伟.教育技术理论导读-信息时代的教学与实践[M].北京:高等教育出版社,2001.

[37] 赵居礼,梅创社.信息化教学模式的实践与探索[J].陕西工业职业技术学院学报,2008.9.

[38] 李芒,郑葳.信息化学习方式的历史审视[J].电化教育研究,2006.5.

[39] 李红梅.网络环境下信息技术与阅读教学的整合.课程.教材.教法[J],2004.5.

[40] 余胜泉等.信息技术与课程整合(网络时代的教学模式与方法)[M].上海:上海教育出版社,2005.1

[41] 赵建华,周秋怡.基于交互式电子白板的课堂教学过程分析[J].中国电化教育,2011,01:92-96.

[42] 吴筱萌.交互式电子白板课堂教学应用研究[J].中国电化教育,2011,03:1-7.

[43] 孔晶,赵建华,刘家亮.交互式电子白板支持探究性学习活动过程分析[J].电化教育研究,2014,12:86-92+120.

[44] 祝智庭,管珏琪,邱慧娴.翻转课堂国内应用实践与反思[J].电化教育研究,2015,06:66-72.

[45] 钟晓流,宋述强,焦丽珍.信息化环境中基于翻转课堂理念的教学设计研究[J].开放教育研究,2013,01:58-64.

[46] 朱宏洁,朱赟.翻转课堂及其有效实施策略刍议[J].电化教育研究,2013,08:79-83.

[47] 董黎明,焦宝聪.基于翻转课堂理念的教学应用模型研究[J].电化教育研究,2014,07:108-113+120.

[48] 刘繁华,于会娟,谭芳.电子书包及其教育应用研究[J].电化教育研究,2013,01:73-76+85.

[49] 祝智庭,郁晓华.电子书包系统及其功能建模[J].电化教育研究,2011,04:24-27+34.

[50] 胡卫星,张婷.电子书包的系统构建与教学应用研究[J].现代教育技术,2011,12:120-123.

[51] 钱冬明,管珏琪,郭玮.电子书包终端技术规范设计研究[J].华东师范大学学报(自然科学版),2012,02:91-98.

[52] 祝智庭,钱冬明,管珏琪,何超.电子书包:从一堂课走向常态化[J].中国教育网络,2014,07:68-69.

[53] 吴国新,吉逸.计算机网络(第2版)[M].北京:高等教育出版社,2008.4.

[54] 石明贵.教育多媒体软件开发.清华大学出版社,2003.8.

[55] 李焕勤,郭峰.多媒体网络教学资源库的开发与应用[J].现代教育技术,2005.15.

[56] 尹睿.区域基础教育信息资源共建共享机制的研究[J].中国电化教育,2007.9.

[57] 徐建中,李有彬.教育资源整合因素分析[J].现代远距离教育,2006.4.

[58] 周跃良.中小学虚拟学习环境设计与应用[M].北京:人民教育出版社,2006.6.

[59] 王慧芳.网络教育技术基础[M].北京:国防工业出版社,2003.9.

[60] 柯清超,马秀芳.基于学习对象的专题学习资源设计[J].中国电化教育,2004.8.

[61] 刘国丽,李玉海,郭淑霞,高敬惠.网络教学平台的设计[J].中国电化教育,2004.5.

[62] 李兆延,傅建,邓英.网络教学平台的设计与实现[J].高等教育研究,2008.9.

[63] 宗思生,胡仁喜,熊慧.FlashCS4 入门与提高实例教程,机械工业出版社,2009.4

[64] 吴飞,吴兵,申志斌.新一代网络教学平台特征和技术难点的分析与探讨[J].开放教育研究,2008.9.

[65] 余胜泉,何克抗.网络教学平台的体系结构与功能[J].中国电化教育,2001.8.

[66] 李青,刘涛,徐鹏.网络教学平台的可用性测试研究[J].现代教育技术,2009.7.

[67] 林宏伟.中学物理教学互动网络平台的设计与实现[D].山东师范大学,2007.4.

[68] 张志刚.一个网络教学管理系统中的设计和实现[D].华中科技大学,2006.10.

[69] 王秀丽.网络环境下 Moodle 在教学中的应用研究[D].辽宁师范大学,2007.5.

[70] 汪琼,费龙.网上教学支撑平台现状分析[J].电化教育研究,2008.18.

[71] 王志军.多媒体教学软件设计与开发,高等教育出版社,2006.7.

[72] 彭宗勤,孙利娟,徐景波.Flash8 中文版基础与实例教程,电子工业出版社,2008.7

[73] 袁海东.深入 Authorware7.0 编程.电子工业出版社,2004.3

[74] Moodle 中国[EB/OL].http://www.cmoodle.cn.2010-8-28.

[75] Moodle 官网[EB/OL].http://www.moodle.org/.2010-8-28.

[76] P·L·史密斯,T·J·雷根.庞维国、屈程译.《教学设计》华东师范大学出版社,2008.7.

[77] 何克抗,郑永柏,谢幼如.教学系统设计.北京大学出版社,2002.10.

[78] 朱仁成.多媒体 CAI 课件制作实用教程(第三版).西安电子科技大学出版社,2009.9.

[79] 张卫平.教学媒体概论[M].昆明:云南大学出版社,2005.7.

[80] 易康,范宁,李光明.多媒体课件设计与制作[M].北京:冶金工业出版社,2003.1.

[81] 吴疆.多媒体课件设计与制作[M].北京:人民邮电出版社,2002.1.

[82] 项国雄,周勤.多媒体课件设计基础[M].北京:高等教育出版社,2000.1.

[83] 丁革建.多媒体素材采集与制作[M].北京:高等教育出版社,2000.7.

[84] 乌美娜.教育电视节目制作[M].北京师范大学出版社,1993.1.

[85] 李宏虹.电视节目制作与非线性编辑[M].中国广播电视出版社,2008.1.

[86] 美 A·F 奥斯本,王明利等译.创造性想象.广州:广东人民出版社,1987:199-216

[87] 游陆莲.探究中国的春节.信息技术教育,2005.1.

[88] 王国胜.《会声会影 X4-从入门到精通》.北京:中国青年出版社 2011 年 11 月第 1 版.

[89] 孟祥增,刘瑞梅,王广新.微课设计与制作的理论与实践[J].远程教育杂志.2014 年第 6 期.

[90] 张琛.微课的设计与制作[J].中国职业技术教育.2013年第35期.
[91] 单从凯,王丽.微课程的开发与应用[J].中国远程教育.2013年12月.
[92] 刘红霞,赵蔚,陈雷.基于"微课"本体特征的教学行为设计与实践方式[J].现代教育技术.2014年第2期.
[93] 梁乐明,曹俏俏,张宝辉.微课设计模式研究-基于国内外微课程的对比分析[J].开放教育研究.2013年第1期.
[94] 汤才梅,鲍贤清,李娇娇,陈倩.基于CamtasiaStudio的微课程设计与制作[J].软件导刊.教育技术.2014年第5期(下半月).